大学赤本シリーズ

281

上智大学

法学部・経済学部

は　し　が　き

おかげさまで，大学入試の「赤本」は，今年で創刊 70 周年を迎えました。

これまで，入試問題や資料をご提供いただいた大学関係者各位，掲載許可をいただいた著作権者の皆様，各科目の解答や対策の執筆にあたられた先生方，そして，赤本を使用してくださったすべての読者の皆様に，厚く御礼を申し上げます。

以下に，創刊初期の「赤本」のはしがきを引用します。これからも引き続き，受験生の目標の達成や，夢の実現を応援してまいります。

本書を活用して，入試本番では持てる力を存分に発揮されることを心より願っています。

編者しるす

＊　＊　＊

学問の塔にあこがれのまなざしをもって，それぞれの志望する大学の門をたたかんとしている受験生諸君！　人間として生まれてきた私たちは，自己の欲するままに，美しく，強く，そして何よりも人間らしく生きることをねがっている。しかし，一朝一夕にして，この純粋なのぞみが達せられることはない。私たちの行く手には，絶えずさまざまな試練がまちかまえている。この試練を克服していくところに，私たちのねがう真に人間的な世界がはじめて開かれてくるのである。

人生最初の最大の試練として，諸君の眼前に大学入試がある。この大学入試は，精神的にも身体的にも，大きな苦痛を感ぜしめるであろう。あるスポーツに熟達するには，たゆみなき，はげしい練習を積み重ねることが必要であるように，私たちは，計画的・持続的な努力を払うことによって，この試練を克服し，次の一歩を踏みだすことができる。厳しい試練を経たのちに，はじめて満足すべき成果を獲得できるのである。

本書は最近の入学試験の問題に，それぞれ解答を付し，さらに問題をふかく分析することによって，その大学独特の傾向や対策をさぐろうとした。本書を一般の参考書とあわせて使用し，まとはずれのない，効果的な受験勉強をされるよう期待したい。

（昭和 35 年版「赤本」はしがきより）

挑む人の、いちばんの味方

1954年に大学入試の過去問題集を刊行してから70年。赤本は大学に入りたいと思う受験生を応援しつづけてきました。これからも，苦しいとき落ち込むときにそばで支える存在でいたいと思います。

そして，勉強をすること，自分で道を決めること，努力が実ること，これらの喜びを読者の皆さんが感じることができるよう，伴走をつづけます。

そもそも赤本とは…

受験生のための大学入試の過去問題集！

70年の歴史を誇る赤本は，500点を超える刊行点数で全都道府県の370大学以上を網羅しており，過去問の代名詞として受験生の必須アイテムとなっています。

なぜ受験に過去問が必要なのか？

大学入試は大学によって問題形式や頻出分野が大きく異なるからです。

赤本の掲載内容

傾向と対策

これまでの出題内容から，問題の「**傾向**」を分析し，来年度の入試に向けて具体的な「**対策**」の方法を紹介しています。

問題編・解答編

- 年度ごとに問題とその解答を掲載しています。
- 「**問題編**」ではその年度の試験概要を確認したうえで，実際に出題された過去問に取り組むことができます。
- 「**解答編**」には高校・予備校の先生方による解答が載っています。

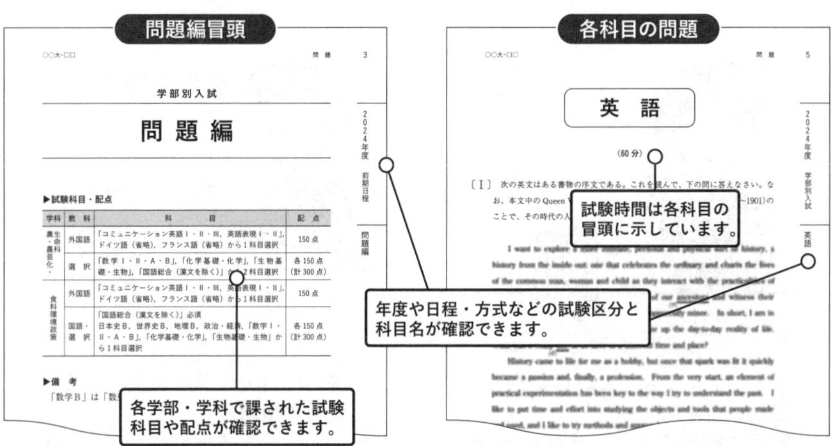

他にも，大学の基本情報や，先輩受験生の合格体験記，在学生からのメッセージなどが載っていることがあります。

掲載内容について

著作権上の理由やその他編集上の都合により問題や解答の一部を割愛している場合があります。なお，指定校推薦入試，社会人入試，編入学試験，帰国生入試などの特別入試，英語以外の外国語科目，商業・工業科目は，原則として掲載しておりません。また試験科目は変更される場合がありますので，あらかじめご了承ください。

受験勉強は

過去問に始まり，

STEP 1 なにはともあれ

まずは解いてみる

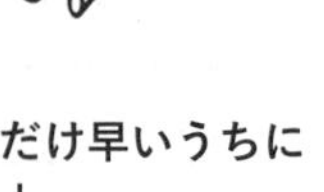

過去問は，**できるだけ早いうちに解く**のがオススメ！
実際に解くことで，**出題の傾向，問題のレベル，今の自分の実力**がつかめます。

STEP 2 じっくり具体的に

弱点を分析する

間違いは自分の弱点を教えてくれる**貴重な情報源。**
弱点から自己分析することで，**今の自分に足りない力や苦手な分野**が見えてくるはず！

合格者があかす赤本の使い方

傾向と対策を熟読
(Fさん／国立大合格)

大学の出題傾向を調べるために，赤本に載っている「傾向と対策」を熟読しました。

繰り返し解く
(Tさん／国立大合格)

1周目は問題のレベル確認，2周目は苦手や頻出分野の確認に，3周目は合格点を目指して，と過去問は繰り返し解くことが大切です。

赤本の使い方 解説

過去問に終わる。

STEP 3

志望校にあわせて

苦手分野の重点対策

参考書や問題集を活用して，苦手分野の**重点対策**をしていきます。**過去問を指針**に，合格へ向けた具体的な学習計画を立てましょう！

STEP 1▶2▶3

サイクルが大事！

実践を繰り返す

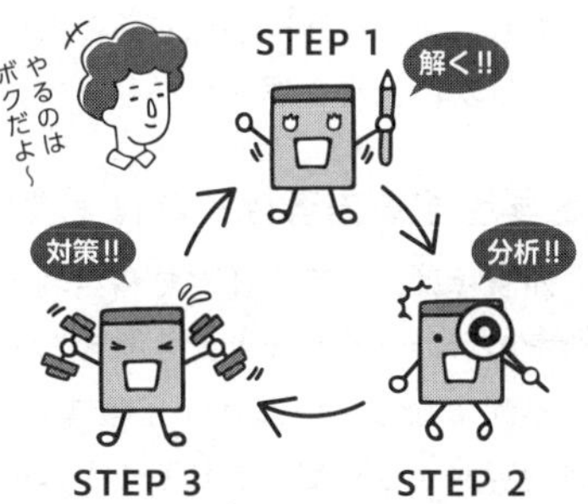

STEP 1～3を繰り返し，実力アップにつなげましょう！
出題形式に慣れることや，**時間配分を考えること**も大切です。

目標点を決める

（Yさん／私立大合格）

赤本によっては合格者最低点が載っているので，それを見て目標点を決めるのもよいです。

時間配分を確認

（Kさん／私立大学合格）

赤本は時間配分や解く順番を決めるために使いました。

添削してもらう

（Sさん／私立大学合格）

記述式の問題は先生に添削してもらうことで自分の弱点に気づけると思います。

新課程入試 Q&A

2022 年度から新しい学習指導要領（新課程）での授業が始まり，2025 年度の入試は，新課程に基づいて行われる最初の入試となります。ここでは，赤本での新課程入試の対策について，よくある疑問にお答えします。

Q1. 赤本は新課程入試の対策に使えますか？

A. もちろん使えます！

旧課程入試の過去問が新課程入試の対策に役に立つのか疑問に思う人もいるかもしれませんが，心配することはありません。旧課程入試の過去問が役立つのには次のような理由があります。

● 学習する内容はそれほど変わらない

新課程は旧課程と比べて科目名を中心とした変更はありますが，学習する内容そのものはそれほど大きく変わっていません。また，多くの大学で，既卒生が不利にならないよう「経過措置」がとられます（Q３参照）。したがって，出題内容が大きく変更されることは少ないとみられます。

● 大学ごとに出題の特徴がある

これまでに課程が変わったときも，各大学の出題の特徴は大きく変わらないことがほとんどでした。入試問題は各大学のアドミッション・ポリシーに沿って出題されており，過去問にはその特徴がよく表れています。過去問を研究してその大学に特有の傾向をつかめば，最適な対策をとることができます。

出題の特徴の例	・英作文問題の出題の有無 ・論述問題の出題（字数制限の有無や長さ） ・計算過程の記述の有無

新課程入試の対策も，赤本で過去問に取り組むところから始めましょう。

Q2. 赤本を使う上での注意点はありますか？

A. 志望大学の入試科目を確認しましょう。

過去問を解く前に，過去の出題科目（問題編冒頭の表）と 2025 年度の募集要項とを比べて，課される内容に変更がないかを確認しましょう。ポイントは以下のとおりです。科目名が変わっていても，実際は旧課程の内容とほとんど同様のものもあります。

英語・国語	科目名は変更されているが，実質的には変更なし。 ▶▶ **ただし，リスニングや古文・漢文の有無は要確認。**
地歴	科目名が変更され，「歴史総合」「地理総合」が新設。 ▶▶ **新設科目の有無に注意。ただし，「経過措置」（Q３参照）により内容は大きく変わらないことも多い。**
公民	「現代社会」が廃止され，「公共」が新設。 ▶▶ **「公共」は実質的には「現代社会」と大きく変わらない。**
数学	科目が再編され，「数学 C」が新設。 ▶▶ **「数学」全体としての内容は大きく変わらないが，出題科目と単元の変更に注意。**
理科	科目名も学習内容も大きな変更なし。

数学については，科目名だけでなく，どの単元が含まれているかも確認が必要です。例えば，出題科目が次のように変わったとします。

旧課程	「数学Ⅰ・数学Ⅱ・数学 A・数学 B（数列・ベクトル）」
新課程	「数学Ⅰ・数学Ⅱ・数学 A・**数学 B（数列）・数学 C（ベクトル）**」

この場合，新課程では「数学C」が増えていますが，単元は「ベクトル」のみのため，実質的には旧課程とほぼ同じであり，過去問をそのまま役立てることができます。

Q3.「経過措置」とは何ですか？

A. 既卒の旧課程履修者への対応です。

多くの大学では，既卒の旧課程履修者が不利にならないように，出題において「経過措置」が実施されます。措置の有無や内容は大学によって異なるので，募集要項や大学のウェブサイトなどで確認しておきましょう。

○旧課程履修者への経過措置の例

- 旧課程履修者にも配慮した出題を行う。
- 新・旧課程の共通の範囲から出題する。
- 新課程と旧課程の共通の内容を出題し，共通範囲のみでの出題が困難な場合は，旧課程の範囲からの問題を用意し，選択解答とする。

例えば，地歴の出題科目が次のように変わったとします。

旧課程	「日本史 B」「世界史 B」から１科目選択
新課程	「**歴史総合**，日本史探究」「**歴史総合**，世界史探究」から１科目選択※ ※旧課程履修者に不利益が生じることのないように配慮する。

「歴史総合」は新課程で新設された科目で，旧課程履修者には見慣れないものですが，上記のような経過措置がとられた場合，新課程入試でも旧課程と同様の学習内容で受験することができます。

要チェックだホン

新課程の情報は WEB もチェック！
より詳しい解説が赤本ウェブサイトで見られます。
https://akahon.net/shinkatei/

科目名が変更される教科・科目

	旧課程	新課程
国語	国語総合 国語表現 現代文A 現代文B 古典A 古典B	現代の国語 言語文化 論理国語 文学国語 国語表現 古典探究
地歴	日本史A 日本史B 世界史A 世界史B 地理A 地理B	歴史総合 日本史探究 世界史探究 地理総合 地理探究
公民	現代社会 倫理 政治・経済	公共 倫理 政治・経済
数学	数学Ⅰ 数学Ⅱ 数学Ⅲ 数学A 数学B 数学活用	数学Ⅰ 数学Ⅱ 数学Ⅲ 数学A 数学B 数学C
外国語	コミュニケーション英語基礎 コミュニケーション英語Ⅰ コミュニケーション英語Ⅱ コミュニケーション英語Ⅲ 英語表現Ⅰ 英語表現Ⅱ 英語会話	英語コミュニケーションⅠ 英語コミュニケーションⅡ 英語コミュニケーションⅢ 論理・表現Ⅰ 論理・表現Ⅱ 論理・表現Ⅲ
情報	社会と情報 情報の科学	情報Ⅰ 情報Ⅱ

目　次

2022年度 問題と解答

基本情報

沿革

1913（大正 2）	専門学校令による上智大学の開校。哲学科，独逸文学科，商科を置く
1928（昭和 3）	大学令による大学として新発足
1948（昭和 23）	新制大学として発足。文学部，経済学部を設置
1957（昭和 32）	法学部を設置
1958（昭和 33）	神学部，外国語学部を設置
1962（昭和 37）	理工学部を設置
1973（昭和 48）	上智短期大学開設
1987（昭和 62）	比較文化学部を設置
2005（平成 17）	文学部（教育学科，心理学科，社会学科，社会福祉学科）を総合人間科学部に改組
2006（平成 18）	比較文化学部を国際教養学部に改組
2013（平成 25）	創立 100 周年
2014（平成 26）	総合グローバル学部を設置

エンブレム

エンブレムの鷲は「真理の光」を目指して力強く羽ばたく鷲をかたどったもので，その姿は上智大学の本質と理想とを表している。中央にしるされた文字は，本学の標語「真理の光」，ラテン語で Lux Veritatis の頭文字である。

「真理の光」を目指して力強く羽ばたく鷲のシンボルに，学生が優れた知恵を身につけて，よりよい未来を拓いてほしいという上智大学の願いが込められています。

学部・学科の構成

大　学

●神学部

神学科

●文学部

哲学科，史学科，国文学科，英文学科，ドイツ文学科，フランス文学科
新聞学科

●総合人間科学部

教育学科，心理学科，社会学科，社会福祉学科，看護学科

●法学部

法律学科，国際関係法学科，地球環境法学科

●経済学部

経済学科，経営学科

●外国語学部

英語学科，ドイツ語学科，フランス語学科，イスパニア語学科，ロシア語学科，ポルトガル語学科

●総合グローバル学部

総合グローバル学科

●国際教養学部

国際教養学科

●理工学部

物質生命理工学科，機能創造理工学科，情報理工学科

大学院

神学研究科 / 文学研究科 / 実践宗教学研究科 / 総合人間科学研究科 / 法学研究科・法科大学院 / 経済学研究科 / 言語科学研究科 / グローバル・スタディーズ研究科 / 理工学研究科 / 地球環境学研究科 / 応用データサイエンス学位プログラム

大学所在地

目白聖母キャンパス

四谷キャンパス

四谷キャンパス　〒102-8554　東京都千代田区紀尾井町 7 - 1
目白聖母キャンパス　〒161-8550　東京都新宿区下落合 4-16-11

アドミッション・ポリシー

大学より公表されているアドミッション・ポリシー（入学者受け入れの方針）を以下に示します。学部・学科ごとのアドミッション・ポリシーは大学ウェブサイト等を参照してください。

大学全体のアドミッション・ポリシー

本学は，カトリシズムの精神を基盤に，次の４つを柱とする人材養成を教育の目標としており，それらを高めたいと望む学生を受け入れます。

1．キリスト教ヒューマニズム精神の涵養

本学の建学の理念であるキリスト教ヒューマニズムに触れてこれを理解すること，他者や社会に奉仕する中で自己の人格を陶冶すること，真理の探究と真の自由を得るために自らを高めること。

2．他者に仕えるリーダーシップの涵養

他者のために，他者とともに生きる精神―“For Others, With Others”―を育むこと，社会から受ける恩恵を自覚し，それにともなう責任感を抱くこと，リーダーシップに必要な基礎能力を培うこと。

3．グローバル・コンピテンシーの養成

グローバル・イシューへの関心を抱くこと，複数の言語でコミュニケーションできること，さまざまな文化の違いを理解し，その違いを肯定的に受け止め，それらのかけ橋となれること。

4．幅広い教養と専門分野の知識・能力の修得

幅広い教養やコミュニケーション能力など社会人としての基礎能力，専攻する学問分野における専門的知識・能力を修得すること。

上記を学力の３要素に対比させると，１・２に関連して，「主体性・対話性・協働性」を高めていこうとする人，３に関連して，「思考力・判断力・表現力」を深めていこうとする人，４に関連して，「知識・教養・技能」の獲得を目指そうとする人を本学は求めています。

 各方式におけるアドミッション・ポリシー

一般選抜の各方式で求める学生像は下記のとおり。

TEAP スコア利用方式

基礎的な学力（知識・技能）に加えて，高度な文章理解力，論理的思考力，表現力，実践的な英語力（４技能）を備えた入学者を受け入れることを目的としています。

学部学科試験・共通テスト併用方式

基礎的な学力（知識・技能）に加えて，高度な文章理解力，論理的思考力，表現力，各学問分野への意欲・適性を備えた入学者を受け入れることを目的としています。

共通テスト利用方式（３教科型・４教科型）

本学独自試験を行わないことで全国の志願者に受験機会を提供するとともに，他方式では設定されていない科目選択を可能にし，多様な入学者を受け入れることを目的としています。

一般選抜の各方式で特に重視する学力の要素は下記のとおり。

区　分	知識・教養・技能	思考力・判断力・表現力	主体性・対話性・協働性
TEAP スコア利用方式	○	◎	○ （面接該当学科）
学部学科試験・共通テスト併用方式	○	◎	○ （面接該当学科）
共通テスト利用方式（３教科型・４教科型）	◎	○	○ （面接該当学科）

入試データ

入試状況（志願者数・競争率など）

◯競争率は第１次受験者数÷最終合格者数で算出。
◯個別学力試験を課さない大学入学共通テスト利用選抜は１カ年のみ掲載。

2024 年度 入試状況

●一般選抜 TEAP スコア利用方式

（ ）内は女子内数

学部・学科		募集人員	志願者数	第１次受験者数	最終合格者数	競争率
神	神	8	20（ 18）	20（ 18）	8（ 8）	2.5
文	哲	14	99（ 62）	97（ 61）	34（ 27）	2.9
	史	23	139（ 93）	139（ 93）	62（ 42）	2.2
	国文	10	80（ 66）	80（ 66）	38（ 30）	2.1
	英文	24	220（ 173）	218（ 173）	89（ 73）	2.4
	ドイツ文	13	126（ 95）	123（ 94）	45（ 37）	2.7
	フランス文	15	109（ 83）	108（ 83）	25（ 22）	4.3
	新聞	20	171（ 142）	169（ 140）	37（ 29）	4.6
総合人間科	教育	18	117（ 90）	117（ 90）	37（ 27）	3.2
	心理	15	105（ 83）	105（ 83）	16（ 15）	6.6
	社会	17	140（ 103）	137（ 102）	39（ 31）	3.5
	社会福祉	15	87（ 74）	86（ 74）	27（ 25）	3.2
	看護	15	41（ 39）	40（ 38）	15（ 15）	2.7
法	法律	44	230（ 149）	227（ 148）	83（ 58）	2.7
	国際関係法	29	260（ 175）	257（ 172）	93（ 64）	2.8
	地球環境法	18	131（ 88）	131（ 88）	48（ 32）	2.7
経済	経済（文系）	30	137（ 60）	133（ 57）	60（ 29）	2.2
	経済（理系）	10	99（ 30）	94（ 29）	25（ 10）	3.8
	経営	25	319（ 191）	316（ 188）	50（ 32）	6.3
外国語	英語	45	405（ 278）	403（ 277）	132（ 90）	3.1
	ドイツ語	15	146（ 100）	144（ 99）	44（ 31）	3.3
	フランス語	18	197（ 145）	197（ 145）	63（ 46）	3.1
	イスパニア語	18	194（ 120）	193（ 119）	85（ 55）	2.3
	ロシア語	14	220（ 133）	218（ 133）	87（ 54）	2.5
	ポルトガル語	14	209（ 137）	206（ 135）	87（ 64）	2.4
総合グローバル		65	562（ 393）	561（ 392）	112（ 80）	5.0

（表つづく）

学部・学科		募集人員	志願者数	第１次受験者数	最終合格者数	競争率
理工	物質生命理工	22	147(　78)	145(　77)	70(　40)	2.1
	機能創造理工	22	135(　34)	134(　34)	61(　16)	2.2
	情報理工	20	121(　45)	118(　43)	49(　15)	2.4
合計		616	4,966(3,277)	4,916(3,251)	1,621(1,097)	—

（備考）最終合格者数には補欠入学許可者数を含む。

●一般選抜　学部学科試験・共通テスト併用方式

（　）内は女子内数

学部・学科		募集人員	志願者数	第１次受験者数	最終合格者数	競争率
神	神	12	38(　25)	35(　23)	14(　10)	2.5
文	哲	19	140(　77)	128(　72)	54(　36)	2.4
	史	23	298(　139)	279(　125)	121(　52)	2.3
	国文	30	313(　224)	294(　209)	105(　84)	2.8
	英文	37	386(　254)	370(　245)	181(　118)	2.0
	ドイツ文	18	209(　138)	204(　135)	63(　39)	3.2
	フランス文	20	160(　119)	157(　117)	40(　30)	3.9
	新聞	40	228(　163)	222(　158)	71(　51)	3.1
総合人間科	教育	23	227(　158)	219(　154)	70(　50)	3.1
	心理	20	205(　154)	192(　145)	27(　23)	7.1
	社会	25	374(　252)	357(　242)	93(　61)	3.8
	社会福祉	20	118(　83)	109(　77)	45(　33)	2.4
	看護	21	216(　210)	207(　201)	55(　54)	3.8
法	法律	64	507(　279)	484(　267)	208(　125)	2.3
	国際関係法	44	444(　257)	424(　243)	216(　130)	2.0
	地球環境法	29	276(　154)	265(　145)	123(　70)	2.2
経済	経済	85	1,108(　334)	1,053(　312)	402(　120)	2.6
	経営	85	1,693(　689)	1,624(　661)	372(　170)	4.4
外国語	英語	50	607(　373)	580(　356)	195(　128)	3.0
	ドイツ語	21	258(　166)	249(　160)	99(　66)	2.5
	フランス語	23	426(　278)	413(　273)	137(　95)	3.0
	イスパニア語	28	368(　232)	357(　226)	191(　123)	1.9
	ロシア語	20	337(　187)	323(　177)	156(　88)	2.1
	ポルトガル語	20	275(　171)	268(　165)	146(　90)	1.8
総合グローバル		70	745(　507)	690(　470)	279(　180)	2.5
理工	物質生命理工	45	893(　380)	818(　344)	350(　140)	2.3
	機能創造理工	44	754(　143)	692(　128)	275(　51)	2.5
	情報理工	45	789(　177)	721(　159)	218(　41)	3.3
合計		981	12,392(6,323)	11,734(5,989)	4,306(2,258)	—

（備考）最終合格者数には補欠入学許可者数を含む。

●一般選抜　共通テスト利用方式（3 教科型）

（　）内は女子内数

学部・学科		募集人員	志願者数	第 1 次受験者数	最終合格者数	競争率
神	神	2	87(　54)	87(　54)	7(　6)	12.4
文	哲	2	265(　135)	265(　135)	36(26)	7.4
	史	2	203(　107)	203(　107)	37(20)	5.5
	国文	2	341(　220)	341(　220)	40(27)	8.5
	英文	3	155(　104)	155(　104)	55(43)	2.8
	ドイツ文	2	99(　75)	99(　75)	24(19)	4.1
	フランス文	2	123(　101)	123(　101)	26(24)	4.7
	新聞	2	268(　195)	268(　195)	34(27)	7.9
総合人間科	教育	3	198(　128)	198(　128)	33(25)	6.0
	心理	2	62(　43)	62(　43)	6(　6)	10.3
	社会	2	108(　74)	108(　74)	13(　8)	8.3
	社会福祉	3	74(　56)	74(　56)	11(11)	6.7
	看護	2	65(　63)	65(　63)	16(16)	4.1
法	法律	2	352(　192)	352(　192)	67(38)	5.3
	国際関係法	2	677(　352)	677(　352)	86(52)	7.9
	地球環境法	2	135(　74)	135(　74)	19(10)	7.1
経済	経済	2	302(　109)	302(　109)	34(15)	8.9
	経営	5	572(　259)	572(　259)	70(34)	8.2
外国語	英語	2	302(　173)	302(　173)	37(26)	8.2
	ドイツ語	2	173(　107)	173(　107)	21(12)	8.2
	フランス語	3	130(　94)	130(　94)	25(16)	5.2
	イスパニア語	2	245(　133)	245(　133)	46(28)	5.3
	ロシア語	2	318(　164)	318(　164)	71(41)	4.5
	ポルトガル語	2	433(　251)	433(　251)	50(32)	8.7
総合グローバル		3	493(　336)	493(　336)	63(45)	7.8
理工	物質生命理工	3	388(　187)	388(　187)	110(47)	3.5
	機能創造理工	2	303(　81)	303(　81)	88(18)	3.4
	情報理工	3	419(　109)	419(　109)	81(22)	5.2
合計		66	7,290(3,976)	7,290(3,976)	1,206(694)	—

（備考）最終合格者数には補欠入学許可者数を含む。

●一般選抜　共通テスト利用方式（4 教科型）

（　）内は女子内数

学部・学科		募集人員	志願者数	第 1 次受験者数	最終合格者数	競争率
神	神	2	22(　12)	22(　12)	2(　2)	11.0
文	哲	3	128(　58)	128(　58)	32(17)	4.0
	史	2	123(　59)	123(　59)	39(22)	3.2
	国文	3	85(　51)	85(　51)	26(11)	3.3
	英文	3	69(　45)	69(　45)	26(18)	2.7
	ドイツ文	2	107(　55)	107(　55)	32(16)	3.3
	フランス文	2	34(　24)	34(　24)	9(　6)	3.8
	新聞	3	118(　86)	118(　86)	29(23)	4.1
総合人間科	教育	3	116(　70)	116(　70)	27(19)	4.3
	心理	3	70(　52)	70(　52)	10(　9)	7.0
	社会	3	140(　90)	140(　90)	41(28)	3.4
	社会福祉	2	102(　70)	102(　70)	19(14)	5.4
	看護	2	78(　74)	78(　74)	9(　9)	8.7
法	法律	5	369(183)	369(183)	100(48)	3.7
	国際関係法	3	263(147)	263(147)	57(31)	4.6
	地球環境法	3	73(　41)	73(　41)	15(　8)	4.9
経済	経済	4	596(178)	596(178)	88(30)	6.8
	経営	15	636(245)	636(245)	122(58)	5.2
外国語	英語	3	193(109)	193(109)	32(21)	6.0
	ドイツ語	2	87(　43)	87(　43)	20(11)	4.4
	フランス語	2	49(　33)	49(　33)	18(13)	2.7
	イスパニア語	2	60(　34)	60(　34)	17(13)	3.5
	ロシア語	2	92(　40)	92(　40)	31(14)	3.0
	ポルトガル語	2	151(　76)	151(　76)	24(13)	6.3
総合グローバル		2	355(204)	355(204)	48(32)	7.4
理工	物質生命理工	3	283(148)	283(148)	75(33)	3.8
	機能創造理工	3	301(　75)	301(　75)	100(18)	3.0
	情報理工	3	221(　63)	221(　63)	62(13)	3.6
合計		87	4,921(2,365)	4,921(2,365)	1,110(550)	—

（備考）最終合格者数には補欠入学許可者数を含む。

●一般選抜第 2 次試験合格状況

学部・学科		TEAP スコア利用方式			学部学科試験・共通テスト併用方式			共通テスト利用方式					
								3 教科型			4 教科型		
		第1次合格者数	第2次受験者数	最終合格者数	第1次合格者数	第2次受験者数	最終合格者数	第1次合格者数	第2次受験者数	最終合格者数	第1次合格者数	第2次受験者数	最終合格者数
神	神	16	11	8	26	26	14	27	13	7	14	5	2
総合人間科	心理	49	44	16	72	67	27	10	7	6	23	15	10
	看護	24	24	15	128	118	55	24	18	16	9	9	9

（備考）最終合格者数には補欠入学許可者数を含む。

2023 年度 入試状況

●一般選抜　TEAP スコア利用方式

（　）内は女子内数

学部・学科		募集人員	志願者数	第１次受験者数	最終合格者数	競争率
神	神	8	26(12)	26(12)	9(6)	2.9
文	哲	14	124(70)	121(68)	42(19)	2.9
	史	23	135(84)	133(83)	55(36)	2.4
	国文	10	90(64)	88(62)	24(14)	3.7
	英文	24	229(160)	227(159)	90(60)	2.5
	ドイツ文	13	139(105)	138(104)	47(35)	2.9
	フランス文	15	91(74)	91(74)	25(20)	3.6
	新聞	20	142(97)	139(94)	55(35)	2.5
総合人間科	教育	18	123(91)	121(89)	42(34)	2.9
	心理	15	101(71)	100(70)	22(17)	4.5
	社会	17	161(108)	159(106)	25(19)	6.4
	社会福祉	15	112(88)	111(88)	22(19)	5.0
	看護	15	40(39)	39(38)	21(21)	1.9
法	法律	44	269(159)	266(158)	94(65)	2.8
	国際関係法	29	255(179)	251(177)	100(75)	2.5
	地球環境法	18	113(70)	113(70)	37(26)	3.1
経済	経済（文系）	30	182(73)	179(71)	64(27)	2.8
	経済（理系）	10	88(29)	88(29)	27(9)	3.3
	経営	25	367(205)	363(204)	109(61)	3.3
外国語	英語	45	380(260)	378(259)	147(105)	2.6
	ドイツ語	15	129(91)	127(90)	58(37)	2.2
	フランス語	18	189(135)	188(134)	76(49)	2.5
	イスパニア語	18	174(117)	173(116)	66(42)	2.6
	ロシア語	14	180(103)	180(103)	106(63)	1.7
	ポルトガル語	14	142(80)	142(80)	77(43)	1.8
総合グローバル		65	555(392)	550(389)	192(150)	2.9
理工	物質生命理工	22	114(49)	111(49)	62(26)	1.8
	機能創造理工	22	141(37)	134(36)	77(19)	1.7
	情報理工	20	124(39)	122(39)	50(14)	2.4
合計		616	4,915(3,081)	4,858(3,051)	1,821(1,146)	—

（備考）最終合格者数には補欠入学許可者数を含む。

●一般選抜　学部学科試験・共通テスト併用方式

（　）内は女子内数

学部・学科		募集人員	志願者数	第1次受験者数	最終合格者数	競争率
神	神	12	30(15)	28(15)	12(7)	2.3
文	哲	19	145(65)	135(61)	49(21)	2.8
	史	23	274(143)	266(136)	98(33)	2.7
	国文	30	396(271)	380(260)	113(84)	3.4
	英文	37	364(236)	354(232)	168(109)	2.1
	ドイツ文	18	129(79)	121(74)	65(42)	1.9
	フランス文	20	119(92)	118(92)	40(33)	3.0
	新聞	40	193(130)	182(120)	84(52)	2.2
総合人間科	教育	23	268(179)	255(169)	68(47)	3.8
	心理	20	186(124)	171(115)	29(21)	5.9
	社会	25	363(228)	343(214)	91(61)	3.8
	社会福祉	20	109(83)	104(79)	40(28)	2.6
	看護	21	166(163)	157(155)	100(100)	1.6
法	法律	64	651(325)	633(321)	215(113)	2.9
	国際関係法	44	534(307)	519(300)	214(132)	2.4
	地球環境法	29	198(102)	195(101)	73(43)	2.7
経済	経済	85	1,058(329)	1,018(314)	454(136)	2.2
	経営	85	1,642(701)	1,573(670)	443(195)	3.6
外国語	英語	50	490(315)	468(305)	217(147)	2.2
	ドイツ語	21	171(106)	164(101)	94(60)	1.7
	フランス語	23	262(184)	256(179)	137(106)	1.9
	イスパニア語	28	276(167)	266(162)	156(94)	1.7
	ロシア語	20	226(122)	220(118)	158(90)	1.4
	ポルトガル語	20	200(112)	193(109)	129(71)	1.5
総合グローバル		70	778(522)	744(498)	355(232)	2.1
理工	物質生命理工	45	788(321)	746(301)	292(110)	2.6
	機能創造理工	44	838(176)	792(168)	279(53)	2.8
	情報理工	45	947(228)	892(214)	250(46)	3.6
合計		981	11,801(5,825)	11,293(5,583)	4,423(2,266)	—

（備考）最終合格者数には補欠入学許可者数を含む。

●一般選抜第 2 次試験合格状況

学部・学科		TEAP スコア利用方式			学部学科試験・共通テスト併用方式			共通テスト利用方式					
								3 教科型			4 教科型		
		第1次合格者数	第2次受験者数	最終合格者数	第1次合格者数	第2次受験者数	最終合格者数	第1次合格者数	第2次受験者数	最終合格者数	第1次合格者数	第2次受験者数	最終合格者数
神	神	17	15	9	20	18	12	13	12	5	7	5	3
総合人間科	心理	54	53	22	81	79	29	6	6	5	22	19	13
	看護	22	22	21	117	116	100	4	3	2	22	20	20

（備考）最終合格者数には補欠入学許可者数を含む。

2022年度 入試状況

●一般選抜（TEAPスコア利用型）

（　）内は女子内数

学部・学科		募集人員	志願者数	第1次受験者数	最終合格者数	競争率
神	神	8	30(18)	30(18)	9(5)	3.3
文	哲	14	133(73)	130(72)	40(22)	3.3
	史	20	147(88)	147(88)	50(31)	2.9
	国文	10	78(64)	78(64)	41(33)	1.9
	英文	27	276(191)	273(189)	82(62)	3.3
	ドイツ文	13	116(78)	115(78)	41(26)	2.8
	フランス文	16	118(85)	117(84)	26(17)	4.5
	新聞	20	151(114)	149(112)	29(19)	5.1
総合人間科	教育	18	161(116)	159(114)	43(25)	3.7
	心理	16	112(77)	108(75)	16(13)	6.8
	社会	17	212(168)	208(164)	32(25)	6.5
	社会福祉	16	97(79)	97(79)	28(20)	3.5
	看護	16	46(44)	45(43)	18(17)	2.5
法	法律	45	269(168)	266(167)	80(54)	3.3
	国際関係法	30	233(165)	233(165)	79(58)	2.9
	地球環境法	19	126(80)	125(79)	42(29)	3.0
経済	経済(文系)	30	123(47)	122(47)	71(25)	1.7
	経済(理系)	10	85(24)	85(24)	31(10)	2.7
	経営	25	337(182)	336(182)	78(44)	4.3
外国語	英語	45	343(229)	340(228)	124(87)	2.7
	ドイツ語	16	147(93)	146(93)	44(27)	3.3
	フランス語	18	209(147)	207(146)	76(59)	2.7
	イスパニア語	18	236(153)	235(153)	71(41)	3.3
	ロシア語	15	199(122)	198(121)	81(50)	2.4
	ポルトガル語	15	201(119)	199(119)	61(31)	3.3
総合グローバル		65	660(466)	656(465)	160(119)	4.1
理工	物質生命理工	20	87(32)	86(31)	58(23)	1.5
	機能創造理工	20	85(24)	83(22)	58(16)	1.4
	情報理工	20	106(35)	103(33)	51(13)	2.0
合計		622	5,123(3,281)	5,076(3,255)	1,620(1,001)	—

（備考）最終合格者数には補欠入学許可者数を含む。

●一般選抜（学部学科試験・共通テスト併用型）

（　）内は女子内数

学部・学科		募集人員	志願者数	第1次受験者数	最終合格者数	競争率
神	神	12	55(39)	54(38)	12(9)	4.5
文	哲	19	142(68)	133(60)	55(26)	2.4
	史	27	386(158)	374(151)	116(35)	3.2
	国文	32	431(292)	423(286)	142(97)	3.0
	英文	37	418(254)	400(243)	158(84)	2.5
	ドイツ文	18	142(83)	138(81)	54(35)	2.6
	フランス文	20	154(112)	146(107)	63(50)	2.3
	新聞	50	265(178)	258(172)	50(32)	5.2
総合人間科	教育	26	390(245)	381(238)	71(50)	5.4
	心理	21	211(129)	197(121)	21(19)	9.4
	社会	25	531(328)	514(318)	91(59)	5.6
	社会福祉	21	126(90)	116(83)	53(42)	2.2
	看護	21	148(138)	139(131)	84(80)	1.7
法	法律	65	679(339)	648(325)	235(124)	2.8
	国際関係法	45	517(282)	498(270)	179(98)	2.8
	地球環境法	30	307(153)	298(147)	91(55)	3.3
経済	経済	85	984(307)	925(287)	339(108)	2.7
	経営	85	1,791(730)	1,725(701)	457(199)	3.8
外国語	英語	50	546(349)	515(327)	188(125)	2.7
	ドイツ語	21	230(140)	222(134)	92(55)	2.4
	フランス語	25	270(194)	257(185)	136(101)	1.9
	イスパニア語	29	333(199)	328(197)	172(103)	1.9
	ロシア語	20	272(148)	264(142)	165(92)	1.6
	ポルトガル語	20	275(150)	266(144)	138(75)	1.9
総合グローバル		70	980(652)	939(630)	334(214)	2.8
理工	物質生命理工	40	697(253)	660(241)	340(132)	1.9
	機能創造理工	40	723(110)	680(103)	275(40)	2.5
	情報理工	40	915(240)	853(226)	297(55)	2.9
合計		994	12,918(6,360)	12,351(6,088)	4,408(2,194)	—

（備考）最終合格者数には補欠入学許可者数を含む。

●一般選抜第 2 次試験合格状況

学部・学科		TEAP スコア利用型			学部学科試験・共通テスト併用型			共通テスト利用型		
		第1次合格者数	第2次受験者数	最終合格者数	第1次合格者数	第2次受験者数	最終合格者数	第1次合格者数	第2次受験者数	最終合格者数
神	神	15	14	9	30	29	12	5	2	2
総合人間科	心理	58	56	16	94	93	21	16	14	3
	看護	24	23	18	117	116	84	16	12	11

（備考）最終合格者数には補欠入学許可者数を含む。

募集要項（出願書類）の入手方法

入試種別	頒布開始時期（予定）	入手方法
国際教養学部募集要項	公開中	大学公式 Web サイトからダウンロード。郵送は行いません。
SPSF 募集要項	公開中	
理工学部英語コース募集要項	公開中	
推薦（公募制）入試要項	7 月上旬	
一般選抜要項	11 月上旬	

問い合わせ先

上智大学　入学センター

〒102-8554　東京都千代田区紀尾井町 7-1

TEL　03-3238-3167　　FAX　03-3238-3262

【業務時間】10：00 ～ 11：30，12：30 ～ 16：00（土・日・祝日は休業）

www.sophia.ac.jp

上智大学のテレメールによる資料請求方法

スマートフォンから　QRコードからアクセスしガイダンスに従ってご請求ください。

パソコンから　教学社 赤本ウェブサイト(akahon.net)から請求できます。

合格体験記 募集

2025 年春に入学される方を対象に，本大学の「合格体験記」を募集します。お寄せいただいた合格体験記は，編集部で選考の上，小社刊行物やウェブサイト等に掲載いたします。お寄せいただいた方には小社規定の謝礼を進呈いたしますので，ふるってご応募ください。

応募方法

下記 URL または QR コードより応募サイトにアクセスできます。
ウェブフォームに必要事項をご記入の上，ご応募ください。
折り返し執筆要領をメールにてお送りします。

※入学が決まっている一大学のみ応募できます。

☞ http://akahon.net/exp/

応募の締め切り

総合型選抜・学校推薦型選抜 …… 2025年2月23日
私立大学の一般選抜 …… 2025年3月10日
国公立大学の一般選抜 …… 2025年3月24日

受験にまつわる川柳を募集します。
入選者には賞品を進呈！
ふるってご応募ください。

応募方法　http://akahon.net/senryu/　にアクセス！☞

気になること，聞いてみました！

在学生メッセージ

大学ってどんなところ？ 大学生活ってどんな感じ？
ちょっと気になることを，在学生に聞いてみました。

以下の内容は 2020 ～ 2022 年度入学生のアンケート回答に基づくものです。ここで触れられている内容は今後変更となる場合もありますのでご注意ください。

メッセージを書いてくれた先輩　[総合人間科学部] K.M. さん　Y.O. さん　[法学部] Y.S. さん　[外国語学部] 石川寛華さん　N.T. さん

大学生になったと実感！

高校までと変わったことは，授業の時間割を自分で組めるようになったことです。必修科目もありますが，それ以外は自分の興味や関心に応じて科目を選択することができます。高校までは毎日午後まで授業がありますが，大学では時間割の組み方によっては午前中で帰れたり，授業を１つも取らない全休の日を作ったりすることもできます。空いた時間でアルバイトをしたり，自分の趣味を満喫したりできるのは，大学生ならではだと思います。また，大学は高校のときよりも主体性が求められます。レポートなどの提出物は締め切りを１秒でも過ぎると教授に受け取っていただけないこともあるため，自分でスケジュールを管理することがとても大切です。（石川寛華さん／外国語）

授業を自分で組めるようになったことです。高校までは嫌いな教科も勉強しなければならなかったけれど，大学では自分の好きなように時間割が組めます。興味がある授業をたくさん取ったり，忙しさの調整ができるようになったりした点で大学生になったと実感します。（K.M. さん／総合人間科）

高校とは違い，興味がある授業だけを選択して自分だけの時間割を作ることができるのは大学生ならではであると思います。また，リアペ（リアクションペーパー）と呼ばれる感想用紙を毎週提出するたびに大学生になったという実感が湧いてきます。（N.T. さん／外国語）

大学生活に必要なもの

授業中にメモを取るためのノートやルーズリーフ，シャープペンシル等の筆記用具は大学生になっても必要です。また，授業中にインターネット上で資料を参照したり，空き時間にレポート作成をしたりするために，パソコンが大学生の必須アイテムです。私は，大学生になってからパソコンを購入しましたが，レポートを作成するときにキーボードでたくさん文字を打つのに慣れていなくて時間がかかりました。大学生になったらパソコンを使って作業することが増えるので，入学前の春休み頃には購入してキーボードで文字を打つことに慣れておくとスムーズに大学生活を送れると思います。（石川寛華さん／外国語）

大学生として必要なものは計画性だと思います。高校までとは違い，自分で卒業に必要な単位数の取得を目指すため，学期ごとに自分で履修計画を立てなければなりません。（Y.S. さん／法）

大学の学びで困ったこと＆対処法

大学の学びで困ったことは，答えが１つではないことが多いということです。高校までのように課題は出されますが，レポートなどの課題は形式などに一定の指示はあるものの，自分で考えて作成するものがほとんどです。自分で問題意識をもって積極的に調べたりして考えていく姿勢が，大学では必要になります。問題意識をもつためには，様々なことに関心をもつことが大切だと思います。私は，外国語学部に在籍していますが，心理学や地球環境学などの自分の専攻とは異なる学部の授業を意識的に履修するようにしています。専攻とは異なる授業を履修することで，新たな視点から物事を見ることができています。（石川寛華さん／外国語）

問いに対する答えがないことですね。高校までは国語数学理科社会英語と明確な答えがある勉強をやってきたため，勉強をして点数が上がっていくという快感を味わうことができました。しかし，大学の勉強は考えてもそれが正しいのかわからないため，勉強をしている気になりません(笑)。だから，そのような事態に陥ったら高校の勉強に似た勉強をするといいと思います。つまり，答えのある勉強です。例えば TOEIC や資格試験の勉強なら将来にも役立つと思います。（Y.O. さん／総合人間科）

この授業がおもしろい！

キリスト教人間学と平和学です。キリスト教人間学は，イエズス会によって設立された上智大学ならではの科目です。聖書を読んだり，自分が今まで歩んできた人生を回想する「意識のエクササイズ」というものを行ったりします。時事的な事柄についてグループで話し合うこともあります。この科目は学部学科が異なる人とも授業を一緒に受けるので，多様な物の見方を知ることができておもしろいです。平和学は，国連の役割や紛争など国際関係に関する事柄について広く学びます。昨今の国際情勢についても授業で取り上げるので，現在の世界の状況を深く理解することができます。（石川寛華さん／外国語）

交友関係は？

入学式の日の学科別集会で，たまたま近くにいた人と話して意気投合しました。あとは授業で一緒になった人の中で自分と合いそうな人を見つけて話したりして交友関係を築きました。大学には様々なタイプの人がいるので，自分に合う人を見つけられると大学生活を有意義に過ごせると思います。なかには，入学前に SNS で交友関係を広げていたという友人もいました。（石川寛華さん／外国語）

授業前に話しかけたり，授業中のグループワーク，サークルで仲良くなりました。先輩とは授業で近くに座っていたり，サークルで出会ったり，学科のサポーターの人に相談したりして繋がりをもちました。自分から話しかけないとなかなか繋がりはもてません。（K.M. さん／総合人間科）

いま「これ」を頑張っています

専攻語であるイスパニア語（スペイン語）と英語の勉強を頑張っています。特にイスパニア語学科の授業は出欠確認が厳しく，内容もハードで毎日予習復習に追われるうえ小テストも多くて大変ですが，努力した分だけ結果が返ってきます。語学の習得は楽ではないですが，楽しみながら勉強を続けていきたいです。また，以前から興味のあった心理学の勉強にも熱中しています。人間の深層心理を知ることがおもしろく，日々新たな気づきを得ることを楽しんでいます。（石川寛華さん／外国語）

英語と専攻している言語の勉強を頑張っています。外国語の本を読んでみたり，外国の映画をじっくりと見てみたり，オンライン英会話レッスンを受けてみたりと楽しんでいます。（N.T. さん／外国語）

普段の生活で気をつけていることや心掛けていること

レポートなどの課題は，出されたらすぐに手をつけ始め，余裕をもって提出できるようにすることです。入学したての頃，他の課題に追われて 3000 字程度のレポートに締め切り 3 日前なのに全く手をつけておらず，慌てて作成したということがありました。それ以来，課題は早い段階から少しずつ進めるようにしています。（石川寛華さん／外国語）

おススメ・お気に入りスポット

大学内でお気に入りの場所は，図書館や 1 号館，6 号館（ソフィアタワー）です。図書館 1 階には，世界各地から集めた新聞が並んでいます。日本では珍しいバチカン市国の新聞も読むことができます！　1 号館は歴史が長く，都会の真ん中にありながら歴史を感じることができる場所です。6 号館は 2017 年に完成した地上 17 階建ての建物で，1 階にあるカフェでクレープを買ってベンチで友達と談笑することもあります。また，2 号館 17 階からは東京の景色を一望することができるため，ここも私のお気に入りの場所です。その他にも上智大学やその周辺には魅力的な場所がたくさんあります！　いつか大学の近くにある迎賓館に行きたいと思っています。（石川寛華さん／外国語）

入学してよかった！

語学力の面において，レベルの高い学生がたくさんいることです。留学経験のある人や帰国子女などが多数おり，授業によっては英語が話せて当たり前という雰囲気を感じることもあります。また，法学部生は第二外国語が 2 年間必修であり，英語のみならず興味がある言語の実力も伸ばすことができます。（Y.S. さん／法）

国際色豊かなイメージ通り，国際交流できるイベントがたくさんあることです。私は，大学で留学生と交流したいと思っていました。上智大学は，留学生と交流できる機会が多いです。留学生の日本語クラスに日本語ネイティブスピーカーのゲストとして参加して日本語で留学生と交流し，日本人がいかに読書不足であるかに気づいたりと自分の視野が広がる経験ができています。もちろん英語や他の言語で留学生と交流することもできます。私は，留学生サポーターになっているため，今後留学生の日本での生活をサポートして，留学生に日本の魅力をもっと知ってもらいたいと思っています。（石川寛華さん／外国語）

高校生のときに「これ」をやっておけばよかった

高校生のときにもっと読書をしておけばよかったなと思っています。大学生になって高校のときよりも自分の時間を取ることができる今，様々なジャンルの本を読んでいます。留学生と会話をするなかで，留学生たちは私が知らない本をたくさん読んでいて，自分が今までいかに読書をしてこなかったかということに気づきました。読書の習慣がついてから新たな視点で物事を見ることができるようになったと思います。（石川寛華さん／外国語）

高校時代にもっと英会話力をつけておけばよかったなと思います。やはり上智大学には英語がネイティブレベルの人が多いですし，留学生もいるため，英語が喋れるに越したことはありません。英語で開講される授業も多く，英語力があれば選択の幅も広がると思います。（Y.S. さん／法）

合格体験記

みごと合格を手にした先輩に，入試突破のためのカギを伺いました。
入試までの限られた時間を有効に活用するために，ぜひ役立ててください。

（注）ここでの内容は，先輩方が受験された当時のものです。2025 年度入試では当てはまらないこともありますのでご注意ください。

・アドバイスをお寄せいただいた先輩・

S.N. さん 経済学部（経済学科）
一般選抜学部学科試験・共通テスト併用方式
2024 年度合格，広島県出身

合格のポイントは，冷静になれたことです。過去問演習を通じ，大問 1・2（特に 1 の小問集合）は比較的簡単，大問 3 は難しいかも…という印象をもっていたのですが，本番では大問 1 からほぼ解けませんでした。焦って開始 5 ～ 10 分ほどで大問 2 に移ったのですが 2 もわかりませんでした。絶対に不合格だと思いながら大問 3 に移ってみると，(私の主観ですが）とても簡単で，3 が解けたことで気持ちが落ち着き，大問 1・2 に戻ったところ，さっきはわからなかった問題もわかるようになりました。だから合格できたのは気持ちを落ち着かせることができたおかげだと思います。これから受験する皆さんも解けなくても焦らないでほしいです！

その他の合格大学 青山学院大（経済〈共通テスト利用〉）

Y.S. さん　法学部（国際関係法学科）
一般選抜共通テスト併用型 2021 年度合格，
東京都出身

自分の選んだ答えに自信をもつことです。勉強が思うように進まない時期もあるかと思いますが，努力は確実に力になっています。応援しています！

その他の合格大学　中央大（総合政策〈共通テスト利用〉）

入試なんでもQ&A

受験生のみなさんからよく寄せられる，
入試に関する疑問・質問に答えていただきました。

Q 「赤本」の効果的な使い方を教えてください。

A 解く前に、まず「合格体験記」や「傾向と対策」などをよく読みました。役に立つ情報がたくさん載っていたので，少なくとも1回は目を通すべきです。それから問題を解きました。時間を計って解くとよいと思います。また私は，「練習でできないことは本番でも絶対できない」という学校の先生の話を受けて実際より短い時間で問題を解くようにしていました。その時間で解けないときは，何分かかったかをきちんと記録したうえで，納得がいくまで解くことも大切だと思います。

（S.N. さん／経済）

 1年間の学習スケジュールはどのようなものでしたか？

A 4月から8月はとにかく基礎事項の理解と暗記を徹底しました。英語は文法，世界史は流れをつかむことなどに主な時間をあてました。夏休みには志望大学の過去問を確認し，解くのではなく，形式の確認をしました。9月からは問題演習をメインに行い，時間がかかってもいいのでとにかく演習に慣れることを意識しました。12月に入ってからは共通テストの対策を本格的に行いました。また，この時期はもう一度苦手科目の復習も行いました。　（Y.S. さん／法）

Q 共通テストと大学独自試験とでは，それぞれの対策の仕方や勉強の時間配分をどのようにしましたか？

A 基本的には学校の授業の予習・復習をメインに勉強を進めました。共通テストまでは，数学以外は共通テスト対策がメインで，数学は独自試験で受験する科目のため学校で記述に特化した授業を取っていました。また，先生からのアドバイスもあり，12月の期末テストまでは，共通テスト模試以外で共通テスト形式の数学の問題を解くことはほぼありませんでした。対策不足から当初は時間が足りませんでしたが，冬休みに共通テスト演習を重ね，本番では数学全体で9割近い点数を取ることができました。共通テスト後は大学独自試験の過去問を解きました。　（S.N. さん／経済）

Q 上智大学を攻略するうえで特に重要な科目は何ですか？

A 経済学科の大学独自試験科目は数学だけなので，やはり数学が特に重要だと思います。独自試験の対策は主に共通テスト後に行いました。具体的には，記述に特化した学校の授業で解いた問題や，高3で受けた記述模試の問題などを解き直しました。当然，上智大学の過去問も解きました。わからなかった問題については，すらすら解けるまで繰り返すだけでなく，問題集で類題を探して解きました。苦手分野に関しては基本問題からやり直しました。　（S.N. さん／経済）

Q 苦手な科目はどのように克服しましたか？

A 私は世界史が苦手だったため，４月から直前期までずっと重点を置いて勉強していました。学校や塾などでは「知識のインプットは夏まで」と言われるかもしれませんが，私には苦手科目を最後まで続けることが合っていたと思います。１年を通して塾のテキストを活用し，共通テスト直前はもう一度基礎の確認として教科書と一問一答の問題集を活用しました。最後までインプットを続けたおかげで本番で過去最高点を取ることができたため，自分に合わせた勉強法を見つけることが重要だと思います。 （Y.S. さん／法）

Q スランプに陥ったとき，どのように抜け出しましたか？

A 私は秋あたりに成績が伸びず，モチベーションが落ちてしまったことがありました。そのときは「ペースが落ちてしまってもいいので，少しずつでも勉強しよう」と思い，小目標を立てて勉強していました。ずっと受験勉強をしているとどうしても疲れてしまったり，やる気の出ない日があると思います。そういう日は普段より勉強時間が少なくなっても構わないので，少しずつ勉強を進めてください。その日その日で目標を立てると，モチベーションの維持につながると思います。（Y.S. さん／法）

Q 併願する大学を決める上で重視したことは何ですか？

A チャレンジ校，実力相応校，安全校をバランスよく組み合わせて受験計画を立てました。また，受験日程が３日以上連続にならないようにしました。何日か連続して受験をすると，移動や緊張などで事前に考えていたよりも疲れます。そのため，なるべく３日以上の連続受験は避けるべきだと思います。私の場合は塾のスタッフと相談して受験校を決めたため，１人で決めるのではなく塾や学校の先生方に相談するといいと思います。 （Y.S. さん／法）

**試験当日の試験場の雰囲気はどのようなものでしたか？
緊張のほぐし方，交通事情，注意点等があれば教えてください。**

A　試験が 14 時開始で 13 時から試験場に入れたので，早めに最寄り駅に行ってその周辺で昼食を取ろうと思ったのですが，周りの飲食店やカフェには受験生がたくさんいて，混んでいるにもかかわらず勉強しており，とても困りました。最寄り駅までの電車は全く混んでおらず受験生らしい姿も全く見えなかったのですが，駅に着くと急に緊張感が高まった印象です。またキャンパスが結構広く，方向音痴な私は自分の席を見つけるのに割と時間がかかったので，早めに試験場に入っておくことをおすすめします。（S.N. さん／経済）

Q **普段の生活のなかで気をつけていたことを教えてください。**

A　一番大事なのは，生活リズムを崩さないことだと思います。受験直前期は学校や塾の授業がなくなってつい夜更かしをしてしまったり，朝早く起きられなくなりがちです。その習慣が続くと受験当日のコンディションが優れなくなってしまうため，特に直前期は注意してください。また，試験前日から当日にかけては十分な睡眠時間を取ることも必要です。睡眠時間が短いと試験に集中できなくなってしまうため，必ず前日は早く寝ましょう。（Y.S. さん／法）

受験生へアドバイスをお願いします。

A　上智大を志望する受験生には外国語外部検定試験の受験をおすすめします。学部学科試験・共通テスト併用方式ではスコア提出で共通テストの外国語の点数に最大 30 点分の加点があります。スコアの提出は任意ですが，あればアドバンテージになり，他の受験生に一歩差をつけられると思います。外国語の検定試験は年に数回行われているため，自分の納得する点数が取れるまでチャレンジするのもアリだと思います。また，上智大以外にも検定試験のスコアを活用できる大学はたくさんあるので，他の受験校の決定にも役立つと思います。 （Y.S. さん／法）

科目別攻略アドバイス

みごと入試を突破された先輩に，独自の攻略法や
おすすめの参考書・問題集を，科目ごとに紹介していただきました。

数　学

時間が厳しいので，何度も過去問を解き，スピードを上げるとともに，時間感覚を体にしみこませることが大事だと思います。全問正解する必要はないので，わからない問題があっても悩みすぎたり焦りすぎたりせず，次に進むことも大切です。 （S.N. さん／経済）

おすすめ参考書　『入試数学「実力強化」問題集』（駿台文庫）

社会（国際関係や環境問題を含む）と法・政治に関する試験（基礎学力や思考力を問うもの）

現代文を正確に読める力が重要だと思います。演習で現代文を読む際は構造を意識して読むようにしましょう。問題形式が独特なので，参考にするのは赤本（過去問）だけでいいと思います。 （Y.S. さん／法）

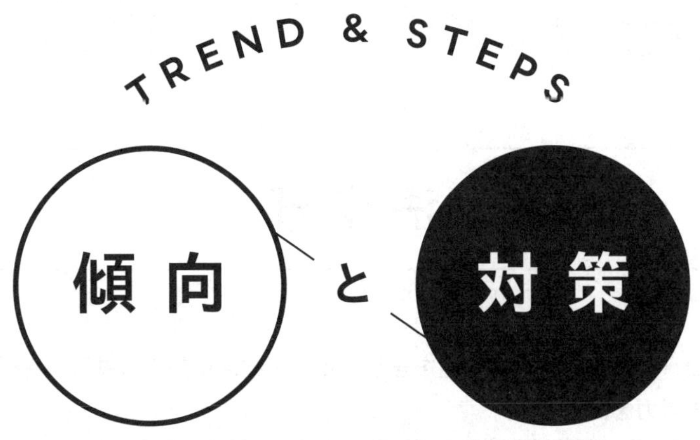

科目ごとに問題の「傾向」を分析し，具体的にどのような「対策」をすればよいか紹介しています。まずは出題内容をまとめた分析表を見て，試験の概要を把握しましょう。

注　意

「傾向と対策」で示している，出題科目・出題範囲・試験時間等については，2024年度までに実施された入試の内容に基づいています。2025年度入試の選抜方法については，各大学が発表する学生募集要項を必ずご確認ください。

法学部

法学部

▶社会（国際関係や環境問題を含む）と法・政治に関する試験（基礎学力や思考力を問うもの）

年度	番号	内容
2024 ◑	〔1〕	**犯罪行動のメカニズム** (1)(6)箇所指摘　(2)(3)(7)空所補充　(4)ことわざ　(5)内容説明（80字）(8)内容真偽
	〔2〕	**弁護士の役割とその変容** (1)～(5)空所補充　(6)内容真偽
	〔3〕	**憲法の永続性と安定性** (1)～(5)空所補充　(6)内容真偽
2023 ◑	〔1〕	**条約が国家を拘束する性質** (1)～(9)空所補充　(10)内容真偽
	〔2〕	**人新世でのグローバル・コモンズの責任ある管理** (1)(2)(3)(5)空所補充　(4)(6)内容真偽
	〔3〕	**法規制および裁判の進化** (1)(3)(5)(6)空所補充　(2)内容説明（30字）　(4)内容真偽
2022 ◑	〔1〕	**法が法として機能する条件** (1)(4)内容真偽　(2)(3)(6)(7)(8)空所補充　(5)内容説明（45字）
	〔2〕	**社会統合とその困難** (1)(3)(5)(8)(9)空所補充　(2)箇所指摘　(4)(6)(7)(10)内容説明　(11)内容真偽

（注）●印は全問，◑印は一部マーク式採用であることを表す。

論理性を重視した読解問題
社会や法・政治に関する興味・関心を問う

01　出題形式は？

法学部の学部学科試験では，学部共通試験として「社会（国際関係や環境問題を含む）と法･政治に関する試験（基礎学力や思考力を問うもの）」

が試験時間 75 分で実施されている。2024 年度は大問 3 題，小問 20 問で，課題文を読んで問いに答える国語的な形式の出題であった。解答形式はマーク式による選択式と記述式の併用で，選択式は空所補充や内容説明，内容真偽など，記述式は適語を文章中から抜き出す形式の箇所指摘や内容説明などであった。記述式の内容説明の制限字数は，2022 年度は 45 字，2023 年度は 30 字，2024 年度は 80 字であった。

02 出題内容はどうか？

問題のタイトルの通り，社会や法・政治にまつわる文章からの出題であり，2022 年度は法の支配に関する内容と社会統合に関する内容，2023 年度は法学に関する内容と条約の拘束力についての内容と地球環境問題についての内容，2024 年度は刑法に関連する犯罪のメカニズムと弁護士の役割と憲法についての内容であった。また，2022 年度〔2〕では，格差に関連してマイノリティである同性愛者同士の婚姻についての判決文を読み取る出題もみられた。さらに，2023 年度〔2〕では，グローバル・コモンズの管理を通して，地球環境問題についてグローバルなガバナンス方法を検討する内容が問われた。2024 年度〔1〕では，犯罪のメカニズムに関する，かなり専門的な分野の内容も問われているが，総じて，社会科の全体的知識を要する出題が多く，「総合問題」的な出題となっているといえるだろう。

03 難易度は？

2022 年度は大問 2 題，2023・2024 年度は大問 3 題の出題であるが，大問 1 題あたりの文章量はかなり多い。文章量に圧倒された受験生も多かったのではないかと思われる。設問自体は文章を丁寧に読んでいけば解くのにそれほど苦労はしないと思われるが，国語的な読解力が必要とされる。

01 課題文の正確かつ論理的な読解

設問のほとんどが，課題文の内容の正確かつ論理的な読解を前提とするものである点を踏まえれば，まずはしっかりとした国語力をつけることが必要となる。日頃から論理性の高い評論文を読みこなす訓練が必須である。

02 「社会と法・政治」に関する知識・教養

本文で説明されていない，社会科的な知識・教養を前提とした設問があることから，特に「社会と法・政治」の分野について，日頃から興味・関心をもち，歴史や公民の授業はもとより，関連する新書なども読んで，得られた知識などをしっかり身につけるよう心がけておきたい。

03 過去問の研究を

まずは本書収載の過去問に取り組み，出題の形式や雰囲気を確認するとともに，そこに登場したトピックやテーマについて掘り下げていくきっかけにしたい。また，問題の形式は多少違ったとしても，他大学の法学部の総合問題に取り組んでみると，理解を深めていくことができるだろう。

経済学部

英　語

▶経営学科

年度	番号	項　目	内　容
2024 ◑	〔1〕	文法・語彙	誤り指摘
	〔2〕	読　解	空所補充
	〔3〕	会 話 文	空所補充
	〔4〕	読　解	空所補充，同意表現，内容説明，欠文挿入箇所
	〔5〕	読　解	空所補充（スペリング）
2023 ◑	〔1〕	読　解	空所補充
	〔2〕	文法・語彙	誤り指摘
	〔3〕	読　解	空所補充
	〔4〕	会 話 文	空所補充
	〔5〕	読　解	要約，内容説明，段落の要約
	〔6〕	読　解	空所補充（スペリング）
2022 ◑	〔1〕	読　解	空所補充
	〔2〕	文法・語彙	誤り指摘
	〔3〕	読　解	内容説明，同意表現，内容真偽
	〔4〕	読　解	空所補充
	〔5〕	読　解	空所補充（スペリング）

（注）●印は全問，◑印は一部マーク式採用であることを表す。

読解英文の主題

年度	番号	主　　　　　題	語　数
2024	〔2〕	仕事をもつ親がコロナ期の習慣を手離す時	約 900 語
	〔4〕	最も両面的な人間関係は，最も有害である	約 1,100 語
	〔5〕	ウクライナ難民を「1人ではない」と感じさせる児童合唱団	約 270 語
2023	〔1〕	SNS は創造性に関係するのか？	約 420 語
	〔3〕	「ニクソン・ショック」の本当の影響を理解する	約 750 語
	〔5〕	価格について顧客と話す	約 880 語
	〔6〕	中国の独立系ジャーナリスト陳秋実	約 410 語
2022	〔1〕	グローバル企業がとるべき包括的言語政策	約 430 語
	〔3〕	鷲を殺す毒 aetokthonotoxin の発見	約 890 語
	〔4〕	日本の行政デジタル化の推進	約 560 語
	〔5〕	なぜサンフランシスコのサワードウが一番美味いのか	約 280 語

時間配分を考え，標準問題で得点を積み重ねよう

01 出題形式は？

経済学部経営学科の学部学科試験は，英語か数学の選択で，試験時間は75分となっている。大問は2023年度が6題，2022・2024年度が5題で，解答個数はいずれも50個である。

2023年度〔6〕，2022・2024年度〔5〕の英単語の記述問題10問以外はすべてマーク式となっている。

02 出題内容はどうか？

○読　解

評論やエッセーなど多様である。文化，コミュニケーション，時事問題などさまざまなテーマが取り上げられている。長文読解問題には，以下のようなバリエーションがある。

- **空所補充問題（単語・句）**　それぞれの空所に対して4つの選択肢が与えられることが多い。文脈や前後の内容から判断する問題や文法・語彙・語法などの知識を活用して解く問題がある。また，2023年度には〔6〕で長文の空所10カ所に入る英単語を，クロスワードパズルと英語による定義をヒントに記入する形式が出題され，2022・2024年度には〔5〕で長文の空所10カ所に入る英単語を，与えられた文字を並べ替えることによって記入する形式が出題された。

・**内容把握問題**　内容説明によって内容の理解を問うもの，内容の真偽を問うもの，長文中に施された下線部に関して同意表現を選ぶものなどがある。内容説明は，設問英文の空所に適切な選択肢を選ぶもの，英問英答などがある。設問はおおむね段落ごとに設定されているが，そうでない場合もある。

○会話文

会話文問題は，空所にふさわしい発言や語句を選択肢から選ぶ問題が出題されている。会話特有の表現が問われることもあるが，文法・語法的な判断で解ける問題も多い。

日常的な会話や，経営学部らしい社内人事に関する話題など，さまざまな内容が出題されている。ときに会話でしか使われないようなイディオム表現も出題される。

○文法・語彙

文法・語彙問題は，主に誤り指摘問題が出題されている。英文中の4カ所の下線部から誤りを含む箇所を選ぶ形式で，基本的な文法的間違いを指摘させる問題が主である。問題文となる英文の量が多く内容が高度な場合がある。時制や態や語法を問うものであるが，長い英文の中で「andによって並列されている要素がどれとどれなのか」「関係代名詞の先行詞がどれなのか」など，英文の構造をきちんと把握していないと正解できない設問もある。

03 難易度は？

試験時間75分で解答個数50個。分量的にはやや取り組みやすいであろう。長文の内容は一般的な入試問題のテーマと異なるものも多く，いろいろな話題に関する英文の多読を要求する出題である。

01 長文読解問題

時事的な話題からエッセーまで幅広いトピックの英文が取り上げられている。したがって，普段からいろいろなことに興味をもち，さまざまな内容の英文に親しむ必要がある。

英文読解力の向上には，語彙力，文法・語法の知識，構文力，そして政治，経済，文化などの一般教養がすべて関わってくる。このような総合的な英語力を身につける方針で勉強に臨まないと，上智大学の読解問題に対処する英語力を身につけることは難しいといえよう。

まだ長文を読み慣れていない人は，無理に難解な文章を読むのではなく，速読を意識して，平易でまとまりのある文章に数多く接するようにしよう。Graded Readers（英語学習者用の段階別読みもの）などを読むことによって，まずは簡単な英文ならば数ページを一息で読めるだけの実力をつける必要がある。『大学入試 ぐんぐん読める英語長文』（教学社）など，レベル別で文構造や内容についての解説が詳しい問題集を活用するのもよいだろう。

次に実際の入試問題を使って，所定の時間内で長文を読んで解答する訓練を行う。素材としては何よりも過去問がよい。過去問を解いて設問形式ごとに十分練習しておこう。

02 文法・語彙問題

英文法については，『チャート式 基礎からの新々総合英語』（数研出版）や上級者向けには『英文法解説』（金子書房）のような，全体を俯瞰することができ，辞書のように使える文法書が必須である。文法問題に対処できるようにすることは，構文力や読解力の向上にも連動しているからである。問題集を解くときも，文法書を参照して当該項目だけでなく，周辺の関連項目にも広く目を配ることで，全体的な知識を広げるように努めよう。

英単語を覚えるには，『まるおぼえ英単語 2600』（KADOKAWA）のようなシソーラス（同義語辞典）型の単語集を基本のデータベースに据えて，平素の学習や過去問演習で出合った単語を確認していくのが最も効率的である。熟語集は『システム英熟語』（駿台文庫）がよいだろう。さらに，上智大学の水準を考えると，英検準２級・２級レベルの語彙はパーフェクトにした上で，英検準１級レベル（できれば１級レベル）の語彙をできるだけ増やすことを目標にしたい。各級の大問１を数多く解いていくと，効率よく語彙を習得することが可能だろう。

上智大「英語」におすすめの参考書

- ✓『大学入試 ぐんぐん読める英語長文』(教学社)
- ✓『チャート式 基礎からの新々総合英語』(数研出版)
- ✓『英文法解説』(金子書房)
- ✓『まるおぼえ英単語 2600』(KADOKAWA)
- ✓『システム英熟語』(駿台文庫)

数　学

▶経済学科・経営学科

年度	番号	項　目	内　容
2024 ◑	〔1〕	小問3問	(1)さいころ3個を投げるときの目の出方の確率 (2)対数方程式　(3)三角関数の不等式
	〔2〕	ベクトル	空間の2直線が交わる条件，三角形の面積
	〔3〕	積分法，2次関数	定積分，2次関数の最小値
2023 ◑	〔1〕	小問4問	(1)常用対数　(2)三角方程式　(3)自然数の正の約数の和 (4)平方数の剰余系
	〔2〕	微分法	極値をとる x の値の個数，1点を通る3本の接線の接点の x 座標
	〔3〕	三角関数	正五角形内にできる三角形への三角比の応用，黄金比
2022 ◑	〔1〕	小問4問	(1)整式の割り算の余り　(2)実数の大小関係　(3)定積分の恒等式　(4)2進法と桁数
	〔2〕	ベクトル	空間の平面への垂線，四面体の体積，球の断面積
	〔3〕	数列，確率	線分の長さの和，点列上の点が領域に含まれる確率

（注）●印は全問，◑印は一部マーク式採用であることを表す。

出題範囲の変更

2025年度入試より，数学は新教育課程での実施となります。詳細については，大学から発表される募集要項等で必ずご確認ください（以下は本書編集時点の情報）。

2024年度（旧教育課程）	2025年度（新教育課程）
数学Ⅰ・Ⅱ・A・B（数列，ベクトル）	数学Ⅰ・Ⅱ・A・B（数列）・C（ベクトル）

旧教育課程履修者への経過措置

2025年度に限り，新教育課程と旧教育課程の共通範囲から出題する。

相当の数学的思考力を要求する出題 計算力の充実も必要不可欠

01 出題形式は？

例年，大問3題，試験時間は75分である。一部が記述式であるが，それ以外はすべてマーク式で，問題文中の空所を補充するものがほとんどである。

各空所は1桁の整数とは限らず，符号を含めた2桁の整数が入ることもある。各位に該当する数値をマークするのだが，解答が1桁の場合も10の位に0をマークすることになっている。また，符号欄には，解答が負数の場合のみ－（マイナス）にマークする。問題冊子にはマークの仕方についての注意が記載されているので，しっかり読んでから解答を始めること。

02 出題内容はどうか？

例年，〔1〕が小問3・4問，〔2〕〔3〕が分野別の大問となっており，分野別の大問では，ベクトルや図形と方程式，図形の性質の分野などの図形に関する問題や，微・積分法に関する問題が多く出題されている。図形と方程式に関する問題については，微・積分法の接線や面積との融合形式となる出題もある。また，確率もよく出題されている。小問集合では，幅広い分野から出題されている。いずれの問題も相当の数学的思考力・計算力が要求されているといえる。

03 難易度は？

数学的な思考力・洞察力を必要とする問題が出題されている。計算も複雑になる場合が多く，文系志望の受験生にとっては全問完答することは非常に難しいと思われる。ただ，各大問には，たいてい比較的容易に答えることができる小問が数問出題されているので，ここで確実に得点できるようにしておきたい。

01 基礎事項の理解と公式の活用

基礎力の充実がなければ解けない問題ばかりである。定理や公式はただ覚えているだけでなく，自由自在に駆使できることが必要である。そのためには，まず教科書に載っている基本公式や定理を整理して，基本事項の徹底理解を図ること。次に，教科書の例題と教科書傍用の問題集を繰り返し解いて基礎学力を確実にすること。

また，参考書には，教科書に記載されていないが利用すると便利な公式や考え方が多く載っている。これらの公式や考え方も確実に身につけておく必要がある。

02 種々の解法パターンの習熟

いくつかの解法パターンを組み合わせて解答できる問題が多い。参考書などに載っている解法パターンを確実に身につける必要がある。繰り返し問題を解き，参考書に載っている例題はすべて解けるようにしたい。

03 実戦力と計算力の向上

どれも標準以上の難度の問題であるので，同レベルの入試問題を多く解き実戦力をつけること。

マーク式では，計算ミスは致命的である。確かな計算力をつけることも心がけなければならない。さらに，記述式問題も出題されているので，問題を解いた後は答え合わせだけに終始せず，解答・解説をよく読み，より簡略化した計算方法や解答の記述の仕方の研究も心がけたい。問題集としては『大学への数学 新数学スタンダード演習』（東京出版）などがおすすめである。

04 過去問の研究

一定の傾向の出題が続いている。過去問の研究をし，出題形式や解答形式に十分慣れることが大切である。さらに，頻出問題は確実に解けるようにすること。特に，ベクトルや図形と方程式，微・積分法，確率は重点的に学習しておきたい。

2024年度

問題と解答

一般選抜（学部学科試験・共通テスト併用方式）：法学部

問題編

▶試験科目・配点

試験区分	試験教科・科目		配　点
大学入学共通テスト	外国語	『英語（リーディング，リスニング）』，『ドイツ語』，『フランス語』のうちから1科目選択	60点
	国語	『国語』	40点
	地理歴史または公民または数学	「日本史Ｂ」，「世界史Ｂ」，「地理Ｂ」，「倫理」，「政治・経済」，『倫理，政治・経済』，『数学Ⅰ・数学Ａ』のうちから1科目選択	40点
大学独自試験	学部学科適性試験	【学部共通試験】 社会（国際関係や環境問題を含む）と法・政治に関する試験（基礎学力や思考力を問うもの）	100点

▶備　考

- 大学入学共通テストの英語の技能別の配点比率は，リーディング100点：リスニング100点（200点満点）とする。
- 大学入学共通テストの国語は，古文・漢文を含む。
- 大学入学共通テストの選択科目を指定科目数以上受験した場合は，高得点の科目を合否判定に利用する。第1解答科目・第2解答科目の区別も行わない。
- 大学入学共通テストの得点は，各学科の配点に応じて換算して利用する。
- 任意で提出したCEFRレベルA2以上の外国語外部検定試験結果は，CEFRレベルごとに得点化し，大学入学共通テストの外国語の得点（200点満点）に加点する。ただし，加点後の得点は，大学入学共通テストの外国語の満点を上限とする。

法学部

◀社会（国際関係や環境問題を含む）と法・政治に関する試験（基礎学力や思考力を問うもの）▶

（75分）

1 以下の課題文を読んで，後の問いに答えなさい。

それぞれの時代の生産関係という下部構造が，それを作り出した人間の意思を超える拘束的影響を上部構造に及ぼし，その果てに支配階級の刑法制定への欲求を生み，刑法を創造するという筋道を一方において認めつつ，他方において刑法制定への意欲が下部構造とは無関係に発生し，そして刑法が制定されていくという筋道を矛盾なく承認するために，前章では両者の筋道の根源に「人間の欲求」という共通分母をおいて考えてみたのであった。刑法の根底にあるものを求める探検の旅も，かなり終わり近くなったことを思わせる。しかし，まだ終局に到達したとはいえない。残念ながら，われわれの前には，(A)もう一枚の厚く堅い岩盤が立ちはだかって，どうしてもそれを打ち破らなければ根底まで到達することはできないようである。なぜなら，刑法制定を求める個人あるいは国民の欲求は何の根拠もなく突然生まれるのではなくて，一定規模の非行，すなわち他人の利益を侵害するかあるいはこれを危険にするような行為の認識が動因となって生ずるものだからである。そのような行為を放置するわけにはいかないという考えが，刑法制定への国民の欲求に結集していくと考えてもよい。したがって，刑法制定への個人ないし国民の欲求の奥底には，同種の非行が一定規模において行われるという事実が横たわっていることとなる。

もっとも，利益侵害は必ずしも人間によってひき起こされるのではない。落雷で人が死んだり，野犬が子供を咬み殺したりというように，自然現象あるいは人間以外の動物がその原因となる場合がある。純粋の因果関係という立場から見た場合，利益侵害の原因が人の行為であるか自然現象であるかはどちらでもよいことで，両者のあいだに区別はない。しかし，法規範は自然現象や動物には向けられない。法規範が名宛人とするのは人間だけである。それは何故かというと，法規範は人の行為を規律することによって人の利益を保護しようとするものだからである。自然現象による利益侵害が著しい場合，法秩序は自然現象に対して利益侵害をやめるよう命ずるのではなく，人間に対してそのような利益侵害を防止するように命じ，その違反に対し場合によって刑罰を科す。これが法規範の本質的特徴である。

そこで，一定の法規範を制定したいという欲求の生ずるのは，利益の侵害が人間によってひき起こされるという事態が続いた場合である。しかも，厳密にいうと，人間の態度の中でも因果律によって支配し尽くされた部分は自然現象と同じだからこれは除き，残った部分，つまり意思によって支配可能な部分，いいかえれば人間の行為によって利益侵害が継続的にひき起こされた場合だということになる。このような行為は，それを刑罰をもって禁止する法規範が制定されていない以上「犯罪」とはいえないから，ここでは「非行」と名づけることにしよう。このような非行が，刑法制定への欲求の前提となっていることは否定しがたい。

もっとも，このような非行も人間の行為である以上，刑法制定という行為と同様，何らかの欲求にもとづいて行なわれることはいうまでもない。その点では両者を区別する必要はなく，刑法の根底にあるのは人間の欲求だといい放つだけでよいようにも思われる。しかし，とくに非行への欲求の奥底にはまだ何かがあり，それが必然的に人間をして非行への欲求に駆り立てているのではないかという憶測が中々消しがたく残っている。とくに，人間の持って生まれた素質と，そのおかれた環境とが欲求に対し必然的な拘束力を与えているのではないかという憶測がこれである。そこで，この点をさらに解明しなくてはならない。

一定の素質を持つ者が一定の環境のもとに生育し，ある時一定の情況の下に立ったとき必ず犯罪を犯すものであるかどうか，つまり犯罪の原因を(　a　)的に解明できるかどうかの検討に取り組んだのは，犯罪学という学問分野だった。

犯罪学の祖といわれるのは，イタリアの精神医学者ロンブローゾ(1836-1909年)である。彼は多数の人間の身体を検査し，また死体の解剖をしているあいだに，とくに頭蓋骨にみられる一定の形態的特徴と犯罪とのあいだの(　b　)関係に気づき，そこから，犯罪を行なうべく運命づけられている生来性犯罪人というものの存在を主張したのであった。ロンブローゾのこのような研究は，人間を抽象的に考え，理性による意思の自由な支配の可能性を根底においていた従来の人間観，刑法理論に対し衝撃的な影響を与えた。ロンブローゾの主張そのものは，その後の研究の深化によって多くが批判され尽くしたものの，犯罪の原因を(　a　)の方法を用いて探求しようという傾向は，当時次第に時代の精神を風靡しつつあった(　a　)万能の思想とあいまってますます進み，やがて犯罪学という独立の学問分野の研究が生み出されることとなった。

犯罪学の研究方向は，大別すると二つに分かれる。第一は人間のいわば素質面，生物学的側面に向けられたもの(B)であって，ロンブローゾの人類学的研究をはじめとし，生理学，医学，精神医学，心理学などの知見を犯罪原因の解明に応用しようとするものである。これに対し，第二は人間行動のいわば環境面，社会学的側面を探求するもの(C)であって，ここでは社会学，統計学，教育学などの方法が用いられる。

犯罪の生物学的研究は，これまた大別すると，人間の形態とか性別，年齢など主として身体面に関するものと，精神病，精神薄弱，神経症，精神病質，気質，その他様々な心理作用など，主として精神作用に関するものに分かれ，両者が相互に影響しあって発進してきたように思われる。前者に属する研究成果としてまずあげなくてはならないのは，クレッチュマー(1888-1964年)の体型と気質との(　b　)関係に関するもので，彼によれば人間の体型は大別すると細身型，闘士型，肥満型の三つに分かれ，それが後述するような分裂性気質，粘着性気質，循環性気質にそれぞれ対応するとされた。性別では女性犯罪の特殊性が社会学の方法をも加味して探求され，主として子供を産み育てるという女性の宿命，そしてそのために備えられた生理と心理から生じやすい犯罪の類型が明らかにされていったし，年齢の点ではとくに発達心理学の助けをかりて青少年犯罪の特殊性が次第に解明されつつある。最後に，一九世紀の終わりごろに発見された人間の染色体に関する研究がさらに進み，とくにクラインフェルター(XXY)症候群とXYY症候群といわれる染色体異常と人間の行動，とりわけ犯罪との関係が注目されるようになってきたことをあげなくてはならない。しかしその正確度については疑問が提起されているし，それだけを独立の犯罪要因とする段階までには至っていないようである。

これに対し，人間の精神作用と犯罪との関係については，一九世紀以来実に多彩な研究が展開された。精神病の中には，たとえば精神分裂病のように精神病の大部分を占めるにもかかわらず原因が明らかにされていないものもあるが，病気の類型や症状，行動様式の特殊性についてはかなり研究成果が上がっており，精神病学的知見は犯人の責任能力(刑法39条)の有無の認定に際して重要な判断資料とされている。困難なのは，むしろ正常人の中の異常人といわれる病的性格異常者(精神病質者)であって，現在でも精神病質という概念を作り出したクルト・シュナイダー(1887-1967年)の定義および分類が基礎とされているが，その異常は疾病とはいえずまた矯正や治療が困難なため，これに対し学問的研究が進んでいるとはいえない。それにもかかわらず犯罪者，とくに何度も犯罪をくり返す累犯者の中にこの種の性格異常者の占める率が高く，刑事政策上の難問として積み残されているのが現状である。性的倒錯はすべてが犯罪を形成するわけではないが，これが犯罪の原因になることは多く，性的倒錯にもとづいて犯罪を犯す者は，それを繰り返す傾向にある。現在では性的倒錯の類型はかなり明らかになったが，どのような過程を経てそれが形成されていくのかの研究は，まだ個別的なケース研究の域を出ず，どのような素質，環境にある者がどのような性的倒錯に陥りどのような犯罪を犯すに至るかの過程を予測するまでには至っていないようである。

知能の発育遅滞，すなわち精神薄弱と犯罪との関係は，以前はかなり強度なものと考えられていたが，精神薄弱児施設などの発達に伴い，現在では犯罪原因の中での精神薄弱の地位はかなり後退することになった。現在ではむしろ若干の知能のおくれの方が問題であって，前記のような病的生活異常と結びついたり，あるいは劣等感をまき起こすとか学業から脱落するなどが原因となって不良化の道をたどったりすると，それが犯罪をひき起こす原因になる。とくに(D)現在の日本における異常な教育環境のもとでは，それは由々しい問題の一つといわねばならない。

人間の気質は必ずしも犯罪者に特有のものではなく，人間一般の問題であるが，人間行動の特殊性が気質の差に依存していることが発見されると，その研究はただちに犯罪原因の解明に応用されることとなった。人間の気質を体型との関係で明らかにしたのは，前述のようにクレッチュマーであり，彼によると，人間は分裂性気質，粘着性気質，循環性気質のいずれかに分かれるものとされた。この気質は精神病とは関係はないが，精神病の種類としての精神分裂病，てんかん，躁鬱(そううつ)病の外形的特徴と似通った側面を持っているため，また分裂気質，てんかん気質，躁鬱気質とも呼ばれる。このような気質は，後年，クレペリン(1856-1926年)などの手によって正確な検査法が考案され，また研究も深められることになったが，いずれにせよまったく遺伝的生来的なもので，訓練によって他に移行することがまったく不可能であることが明らかにされた。そして，たとえば冷酷な計画的な殺人が分裂気質の人によって行なわれることが多く，他の気質の人に少ないとか，ふだんは平静で規則正しい人が突然かっとなって前後の見境もなく人を殺したり傷つけたりというような行動がてんかん気質の人に多いなどというように，気質と行動とのあいだにある程度の相関関係のあることまで証明されるようになった。こうしてみると，人間の行動がいかに生物学的要因の影響を受けているかがわかるのであって，責任とか刑罰とかを考える場合，必ずこの点を考慮しなければならないようになったのである。

以上かいつまんでみたように，犯罪学は人類としての人間の生物学的側面を追究してきたが，人間とは決して独立の存在としてこの世の中にあるのではなく，必ず他の人間と共同の生活をし，他の人間と様々のかかわり合いを持ちながら生長を遂げていくものである。しかも，人間の集団は大小を問わずそれぞれ固有の運動法則を持ち，独自の存在構造を持って個々の人間をその中に包みこんでいる。そこで，人間個人の発達やその行動様式には，その人の属する集団の影響が顕著に現われてくることとなるのであって，そのような認識から，人間行動に対する環境の影響を追究する学問が進み，犯罪学もまた，そのような方向に発展することとなった。

(中略)

犯罪の社会的環境的要因の研究は，犯罪学の中でとくに犯罪社会学と呼ばれ，その後種々の社会的要因の類型ごとの研究を発達させた。都市と犯罪，貧困と犯罪，失業と犯罪，戦争と犯罪，暴力団と犯罪などの研究がこれである。しかし，この方面の研究の中でもっとも注目しなければならないのは，幼少期における家庭環境と犯罪との(　b　)関係についてのそれであって，この点についてはとくに第二次大戦後のアメリカ犯罪学に注目しなければならない。元来アメリカ犯罪学の特徴は，犯罪原因のうちの一面を深く追究することの多いヨーロッパ犯罪学にくらべ，〔　　c　　〕という方向を持っていた。このような伝統の開拓者として名をあげなければならないのは，第一次大戦前後に活躍したヒーリー(1869-1963年)である。ヒーリーは元来精神医学者であったが，犯罪発生の生物学的要因と文化的社会的要因との相互作用に注目し，とくに精神分析学的方法を用いて非行化過程を動的発展的に解明しようとした。そしてその研究調査の過程で，少年非行が主として家庭内の充たされない愛情関係から生ずる圧力からの解放の表現であることを明らかにしたのである。

このようなヒーリーの方法をさらに発展させ，戦後のアメリカ犯罪学を著名にしたのは，とくにグリュック夫妻の非行予測理論であり，またサザランドの包括的研究であった。サザランドによれば，少年非行者の出る家庭は，次の条件の一または二以上を備えているとされた。すなわち(1)家庭内の他の成員が犯罪者であったり，不品行であったり，アルコール中毒者であったりすること，(2)片親または両親が死別，離婚，遺棄などで欠けていること，(3)親が無知，盲目その他の知覚上の欠陥を持っていたり，病身であったりして監督が十分に行なわれないこと，(4)専制，偏愛，過度の干渉，厳格，放任，嫉妬，過密住居，親類の同居等に示される家庭内の不和，(5)人種や宗教の相違，習慣や基準の違い，養子，施設養育，(6)失業，低収入，共稼ぎなどの経済的圧迫などがこれである。

わが国でも，とくに戦後幼少期における家庭環境の非行に与える影響が強く注目され，様々のデータが示された。それによれば，両親あるいはそのいずれかを欠くいわゆる欠損家庭や，両親はそろっているがその間が不和であるとか，子供と両親との間に円満な意思疎通がないなどのいわゆる葛藤家庭から犯罪，とくに少年非行が生まれやすいことが証明されたのである。このように，家庭環境という社会的要因が少し以前には大きくクローズアップされ，それは今日においても否定しがたいが，最近では進学競争というわが国特有の教育環境がこれに加わり，少年非行や犯罪の重要な要因になりつつあることに注目しなければならない。

このような犯罪学の成果を前にすると，われわれは，少なくとも，犯罪を含む人間行動に素質的環境的要因が非常に強く作用するということを是認せざるをえない。欲求の根底には，このような要因が横たわっているといって差支えないようである。しかし，他面，われわれはまた次のことをも前提にせざるをえないように思われる。すなわち，一定の遺伝的な素質が環境とからみ合って次々と一定の心理状態を作り出し，それがまた環境と相互作用し合って最終的に欲求を生み出していく，その正確な機序についてはまだ完全な立証がなされていない，ということがこれである。もし将来，これが(　a　)の方法により完全に証明されたとしたら，人間の欲求，したがってその行動はすべてその素質と環境の必然的産物だということができることになろう。しかし，現段階の科学の力をもってしては，そこまでの解明はなされていないのである。

しかし，さきに簡単にスケッチしたような犯罪学の成果をみるだけでも，人間の行動がすべて理性によってコントロールされ尽くされた合目的的行動だとする，かつての啓蒙主義時代の人間観を保持するわけにはいかないだろう。これは確かである。そこで，この辺の考えを，もう少しすっきりさせておかなければならないこととなった。そして，その点について手がかりをなすのが，古くから争われてきた意思の自由の問題である。

＊西原春夫『刑法(けいほう)の根底(こんてい)にあるもの　増補版』(成文堂，2003年)153-163頁を一部改変

問１　下線部(A)が具体的に指示しているものは何か，文中から適切な語句を25字

以内で抜き出しなさい。

問2　空欄（　a　）に入る最も適切なものを次から一つ選びなさい。

①　経験論　②　存在論　③　技術科学
④　自然科学　⑤　世俗社会　⑥　大衆社会

問3　空欄（　b　）に入る最も適切なものを次から一つ選びなさい。

①　相関　②　因果　③　密接
④　一体　⑤　対立　⑥　比例

問4　下線部(B)の側面を下線部(C)の側面よりも重んずる立場を表現することわざを次から<u>すべて</u>選びなさい。

①　朱に交われば赤くなる　②　蛙の子は蛙　③　氏より育ち
④　瓜の蔓には茄子はならぬ　⑤　孟母三遷　⑥　類は友を呼ぶ

問5　犯罪の原因について解明するにあたり，下線部(C)の見地から考察することが必要とされるに至ったのはなぜか，その理由を80字以内で述べなさい。

問6　下線部(D)について，筆者が具体的に念頭においていると考えられることは何か，文中から適切な語句を5字以内で抜き出しなさい。

問7　空欄〔　　c　　〕に入る最も適切なものを次から一つ選びなさい。

①　犯罪現象への実践的対応を提言する
②　犯罪現象の社会的影響を考察する
③　新たな犯罪現象を念頭に検討する
④　犯罪原因について大衆を啓蒙する
⑤　犯罪者の人道的扱いを志向する
⑥　犯罪発生の多元的因子を列挙する

問8　課題文の指摘や論旨に合っているものを次から<u>すべて</u>選びなさい。

① 人間以外によってひき起こされる利益侵害が著しい場合，法規範は何等関知することはない。

② 近代ヨーロッパの犯罪学者は，犯罪現象と犯罪者の形態的特徴に一定の関連性があることを解明した。

③ 犯罪を繰り返す人間に認められる精神異常の中には，必ずしも疾病とはいえないものが含まれている。

④ アメリカ犯罪学においては，少年非行の発生過程について，家族の構成ないし成員における問題点，本人と家族との関係などが注目された。

⑤ わが国の犯罪学においては，戦争体験の非行に与える影響が特に注目され，これに関する多数の研究成果が出されている。

⑥ 犯罪は人間の素質および環境の所産であることから，人間が犯罪を犯すか否かについては，このような事情によってあらかじめ決定されており，自由な意思決定に基づくものとはいえない。

2　以下の課題文を読んで，後の問いに答えなさい。

弁護士の役割のなかに，二重性ないし矛盾した役割期待が含まれていることは，改めて指摘するまでもない。ひとつは，対価を負担してくれるクライアントの利益を擁護するという(　a　)性の要素であり，今ひとつは，その職務を通じて社会正義や法的正義の保持・推進のために貢献するという(　b　)性の要素である。

この両者は複雑な関係にある。通常は，クライアントの利益擁護活動自体が法的に統制された形で遂行されることで，一方で無軌道な利益追求が制御されるとともに，他方でそうした社会的に公正な手段がとられるからこそ，その主張の戦略的説得力も増すという相互適正化機能が果たされているということができる。しかし，また，そこには常にクライアント自身が求める利益追求への意欲と，法律家としての(　b　)的で適正な手段・目的の制御との緊張関係が存在し，ともすればそこに衝突が生じることにもなる。

また，この(　b　)性と(　a　)性の葛藤という問題は，個別の業務過程の中でその葛藤処理がなされる以外に，制度的な枠組みとしての処理装置によっても対応されている。弁護士懲戒制度や弁護士活動の統制を目的とした弁護士会活動の多くはそうした機能を果たすものとして位置づけることも可能である。

このように，弁護士の役割に含まれる本来的矛盾は，何重にもその適切な処理を可能にするような仕組みによって解決が試みられてきているのである。

しかしながら言うまでもなく，ここでは問題となる(　b　)性や(　a　)性の観念それ自体も，決して客観的に固定したものではない。社会の構造的変容や，人々の意識の変容によって，その中身も動態的に揺らいでいくものととらえなければならない。

(中略)

まず，最初に，クライアントの利益の意味構築に関わる変容，すなわち(　a　)性観念の変容現象について考えてみることにしよう。

従来，人々が抱える様々な社会的ニーズについては，社会内に存在する多様な応答メカニズムがそれぞれ分業化した形で手当てしてきていた。紛争に直面した当事者への手当ても同様である。紛争当事者は，弁護士や法システムに法専門的な問題処理をゆだねる一方で，紛争状況に伴う不安や心理的な傷，社会関係の実質的修復に関わる問題については，地域や親族のネットワークによる手当てを期待することができた。また，そもそも多くの紛争は，こうした地域や親族，企業組織といった共同体的社会関係性を保持したネットワークのなかで処理され，法的処理を求めるのは，まさに関係が破壊された後の最終的処理段階に至ってであった。

こうした分業環境の中では，法システムや弁護士に対してクライアントが求めるのは，まさに法専門的問題処理であり，それ以上でも以下でもないことが多かったと思われる。弁護士役割は，まさに法の専門家としての知識と技能の提供であり，そこで前提とされる(　a　)性は，法と接合することが可能な限りでのクライアントの利益を意味していたといえる。換言すれば，(　a　)性とは，法的に構成可能なクライアントの利益に限定されていたのである。医療で言えば，医師の技術をもって対応可能な病気の治療・治癒こそが，患者の利益にほかならないとみる見方である。

しかしながら，現在，この分業体制を支えてきた共同体的な社会ネットワークはきわめて脆弱化してきている。〔　c　〕。

こうしたなかで，従来これらの法外のシステムによって手当てされていたニーズも，行き場を失って，次第に法システムや弁護士のもとに持ち込まれるようになってくる。それは紛争の初期段階・予防段階から弁護士の関与を求め，また，紛争状況においても法外の関係的問題の処理，心理的不安への対応などをも求める過剰なニーズとして，弁護士の前に立ち現れてくる。ちょうど医療において医師に求められるのが，親族や地域ネットワークの弛緩にともなって，単なる病気の治療から，患者のQOL(Quality of Life)を踏まえた対応や生活ケアへと拡張してきたのとそれは良く似ている。現在，進行中の司法制度改革や法曹人口増加の施策も，日本社会の構造変容にともなう，そうした現象への対応策としての性格も有している。

こうした社会変容のなかで，クライアントが弁護士にその擁護を求める(　a　)的利益の中身も大きく変容してくることになる。それは，狭義の法的問題処理(病気の治療)から，それを含みつつそれを超えた(　d　)次元での紛争状況対応(QOL重視のケア)へと転換していくのである。そこではクライアントの利益は，単純に法的利益の実現とは同定されなくなる。たとえば医療事故などの事案で，〔　e　〕，それらの実現による「悲嘆」からの回復を求めて弁護士の前に立ち現れるクライアントの利益は，決して，〔　f　〕という形で充足される法的利益と重なるものではない。そこでは法的な意味での利益擁護以上に，換言すれば訴訟での勝敗以上に，重要なクライアントにとっての(　a　)的利害が，存在しているともいえるのである。

このように，クライアントの(　a　)的利益それ自体が，社会の構造変容と価値意識の多様化のなかで，一概には定義できない複雑なものとなってきている。こうした過剰で無限定なクライアントのニーズを，弁護士や法システムの対象ではないとして切り捨てることも可能ではあるが，それでは現代社会における法システムの非機能性を自ら認め，開き直ったに過ぎず，責任放棄と言われても仕方がない。患者のQOLへの貢献を無視し，単に病気の治療のみに専心する医療者に向ける批判と同様の批判を弁護士も受けることになってしまうであろう。

さらに，こうした過剰なクライアントの(　a　)的ニーズに対し，法専門家として，法的(　b　)性とその社会的意義を説明し理解を求めようとしても，ここでも困難が生じてくる。法システムの(　b　)性という観念自体も，揺らいできているからである。

(中略)

先に見た社会内の分業体制の崩壊は，法の浸透や権利意識の浸透という観点からも捉えることができる。様々な非法的ネットワークが崩壊していくにつれ，その代替機能を求めるニーズが法システムや弁護士に向けられてくることはすでに指摘した。このことは，別の角度からみれば，問題が生じたときに人々がその問題を「法的」に認知する蓋然性の増大を意味している。実際，人々は，何かトラブルが生じた際には法的にどうなるかを意識し，また非法的なネットワークの拘束に縛られずに，これを追求しようとする意欲をも強めてきている。

すなわち，社会構造の変容に伴う非法的秩序構成メカニズムの衰退は，必然的に法の人々への浸透と権利意識の高まりを帰結するのである。

しかしながら，ここで重要なのは，こうした法の浸透，権利意識の高揚は，決して法専門家が認識するような意味での法の浸透や，権利意識の高まりを意味しているのではないということである。法が浸透すればするほど，権利意識が高まれば高まるほど，人々が考える「法」や「権利」の中身は，個々の人々の解釈によってローカライズされ，(　g　)化していくことになる。すなわち，人々が法について，権利について，意識するようになればなるほど，弁護士の法専門的な法理解や問題処理は(　h　)化され，その絶対的権威性も失われていくのである。

こうしたなかで，(　b　)性の観念も揺らいでいく。弁護士がその職務の中で，一方でクライアントから対価を受領しその利益を擁護しつつ，同時にその社会正義の実現と人権擁護という公共的な役割を果たすことができたのは，まさにその職務の中核が，(　b　)的な法専門性によって，担保されていたからであった。しかし，現在のクライアントにとっては，こうした弁護士がその職務の公共性の基盤として拠って立つ法の(　b　)性それ自体が，ひとつの可能なバージョンとしてしか認知されないのである。もちろん，専門システムの中で通用性の高い法解釈としてその権威性は承認されたとしても，なお，クライアントにとってそれは「（　b　）性」によってではなく，専門システムの「権力性」によって，渋々にでも受け入れざるを得ないものに過ぎなくなるのである。それは結果的に，法システムや弁護士に対する信頼を深い部分で浸食していくことになってしまうだろう。

＊和田仁孝「弁護士役割の構造と転換」『過程としての裁判と法専門家』（北大路書房，2021年）231-235頁を一部改変（初出2004年）

問1　空欄（　a　），（　b　）に入る最も適切なものを次からそれぞれ一つ選びなさい。

①　客観　②　権力　③　実質　④　公共

⑤　中立　⑥　相互　⑦　個別　⑧　党派

問2　空欄〔　c　〕に入る適切なものを次からすべて選びなさい。

①　日本社会の構造変容にともない，裁判所以外での紛争処理の推進や法曹人口増加の施策などが実施されてきた

②　少子化や地域活性化の対策により，地域の中での高齢者と子どもやその家族との交流，地域における子どもの見守り関係が生み出されつつある

③　地域や親族ネットワークの弛緩は，すでに近隣ネットワークの不在や核家族を通り越した単身世帯の増加など個の孤立状況を招来しつつある

④　専門分業化の中で，法システムに対する法専門的問題処理や，弁護士に対する法専門家としての知識と技能の提供がより一層求められる

⑤　社会構造変容の中で，企業組織の短期的・機能的雇用関係への再編が進行しつつある

⑥　法が浸透すればするほど，権利意識が高まれば高まるほど，人々が考える法や権利概念の解釈が人々の解釈によってローカライズされる

問３　空欄（　d　）に入る適切なものを次から三つ選びなさい。

①　持続的　②　社会的　③　科学的
④　専門的　⑤　関係的　⑥　心理的
⑦　普遍的　⑧　固定的　⑨　依存的

問４　空欄〔　e　〕に入る適切なものをすべて，空欄〔　f　〕に入る最も適切なものを一つ，次から選びなさい。

①「勝訴判決による被告の断罪」
②「二度と事故がおきないための改善」
③「厚生労働省による勧告」
④「将来にわたる金銭保証」
⑤「裁判官による釈明」
⑥「誠意ある謝罪」
⑦「医療の進歩に合わせた先進的治療」
⑧「損害賠償の獲得」
⑨「真相の究明」

問５　空欄（　g　），（　h　）に入る最も適切なものを次からそれぞれ一つ選びなさい。

①　一元　②　細分　③　相対　④　複雑
⑤　一般　⑥　専門　⑦　多様　⑧　具体

問６　課題文の指摘や論旨に合わないものを次からすべて選びなさい。

①　弁護士の職務は社会正義の実現と個別クライアントの人権擁護という公益に基づいているという観念は，もはや信仰に過ぎず，実際には自己のクライアントの利益となるように法を解釈しているだけではないかという疑念が向けられるようになっている。

②　クライアントのニーズはもはや法律の範疇を超えているから，弁護士や法システムの対象として取り扱うべきではなく，むしろ共同体的社会関係

性や地域ネットワークの中で扱い，社会の分業体制の再活性化につなげる必要がある。

③ 裁判所は，当事者同士で話し合っても解決することができない紛争を最終的に持ち込み，法専門的な紛争解決を目指す機関であるから，弁護士は，裁判で勝訴できるように法的な知識や技能を駆使して，クライアントの法的利益の追求に専心することが望ましい。

④ 社会が変容し複雑化する中で，弁護士業務の公共性を担保する法自体の客観性や公共性にも変化が生じており，従来の弁護士の役割モデルは現代において適合しなくなっている。

⑤ 人々は，地域や親族にとがめられることなく権利追求しようとする意欲を強めてきており，自ら紛争に直面した場合の法的処理を意識するようになっているので，それにより法律の内容についての共通認識が徐々に社会に浸透するようになってきた。

⑥ 弁護士懲戒制度は，個々の弁護士の活動が社会正義や法的正義に背かないように管理するのみならず，それが個々のクライアントの利益擁護に偏りすぎないように審査することにより，弁護士役割の矛盾葛藤を統制する。

3 以下の課題文を読んで，後の問いに答えなさい。

憲法は，不断に変化する政治や社会の現実に対応しながらも，それらの変化を貫いて，永続すべきことを志向する。この永続性は，憲法にかぎらず，法とは，すべて社会生活の(　a　)を確保するために存在し，そのために，まず法みずからが(　a　)していなければならないという，その本質的要請に由来するものである。たとえば，既存の秩序を打倒した革命政府の人民に対する最初の約束は，たった今，革命によって破られたばかりの「平和と秩序」を回復し維持することである。1653年，武力をもって共和制を樹立したクロムウェル(1599-1658年)は，統治章典(世界初の成文憲法典)を発布するに際して，憲法の永続性を認める見地から，変化する議会の多数意思に対して，永続的・不可侵的な規律が存在しなければならず，国家の根本法には「何か基礎的なもの，恒常的であり，変更されてはならない，マグナ・カルタのようなものがなければならない」と語ったという。この逸話から明らかなように，成功した革命もまた，成文憲法のうえに立ち，それを導く「基礎的」「恒常的」なものによって憲法を妥当させ，憲法秩序を（　a　）化させることが求められているのである。

憲法の永続的性質ないし（　a　）化作用は，しかしながら，憲法が決して「永久憲法」であるべきことを意味するものではない。たしかに，一八世紀ヨーロッパの自然法論者のなかには，憲法は国民全体の契約によって成立すると考え，したがって，一旦つくった憲法を変えるときには，契約に加わった全員の同意が必要だと主張することで，一度つくった憲法を永続的に保持しようと考える者がいた。しかし他方で，同じ社会契約論を基礎に，憲法はその制定に参加しなかった世代や将来世代の人々を拘束するものではないとして，その永続性を否定する者もいた。さらに，憲法制定を天地創造に匹敵するものとし，憲法は完全無欠で永久無限に行われるべきものだとする論者がいる一方で，憲法も所詮，法律と同様，いっときの立法者の作品に過ぎないとの見地から，いかなる立法者も将来の立法者の力を殺(そ)いではならず，ある時代にとって素晴らしいものも，別の時代にとっては耐えがたい障害物になるとし，立法者はいつでも憲法を自由自在に変えうるとする論者も，一九世紀には登場する。さらに，二〇世紀になると，「国家緊急事態」の名のもとに憲法で定められた緊急権を濫用し，議会の関与なしに，憲法すら変改しうる簡易立法により憲法体制そのものを破壊する為政者すら現れる。

これらはいずれも極論ないし法外であり，ここで憲法の永続性というのは，永久に変改できない憲法のことではなく，また，法律と同じ手続もしくはそれより簡便な手続で，容易に変改できる憲法のことでもない。近代憲法がほとんどすべて，憲法改正のための手続を規定していることは，永続性・（　a　）性を旨とする憲法が政治や社会の変化に対応しうる一定の道を自ら開いていることを意味する。

現在，憲法典を有する国々は，ほぼ例外なく，その改正について，通常の法律の制定に比して，少なからず厳格な手続を採用し，比較的容易な法律の制定手続をもってしては，それに変更を加えることができないよう仕組んでいる。これは，大多数の国家の法秩序において，憲法が法律よりも高い（　b　）を保持し，国法体系の基礎をなすものとして，より強い（　a　）性・継続性が求められていることによるものである。このように，通常の法律の制定と比べて，より厳格な改正手続を備えた憲法が，一般に，「硬い」憲法(典)と呼ばれる。これに対して，通常の法律と同じ手続で制定・改廃され，法律と同じ効力をもつ憲法は「軟らかい」憲法(典)と呼ばれる。

この「硬・軟」の区別は，ジェイムズ・ブライス(1838-1922年)の創始にかかるものである。彼によれば，「憲法の（　a　）性」が望ましい理由は二つある。一つは，国民に安心感を抱かせるからであり，もう一つは，憲法の実際の働きを改善する経験の積みかさねを可能とするからである。そして，憲法が「（　a　）性」を獲得するためには，一定の「時間」が必要だとされる。庭に植えた草木がしっかりと根付いているか，頻繁にその根を掘り起こすならば，その草木が成長する余裕がないのと同様，憲法の諸制度についても，それが絶えず見直しの対象とされ，頻繁に変更されるなら，時の経過のなかで，どのように，〔　　c　　〕を学ぶ余地がない。一つの文書に盛り込まれ，そして，立法議会によって法律の改廃と同じ手続では変更しえない憲法は，「とくに長続きしうる」ことが想定されているのである。

もとより，この「硬い憲法」のもとで，その規定に反するか，一致しないと解される種々の立法や行政等の国家活動によって，様々な形で，憲法に対する攻撃がかけられる。その場合，国民が憲法を基本的に支持し，そうした攻撃を望まないならば，憲法はその（　a　）性を保持することができる。（　d　）は，国民が各種の憲法攻撃に含まれた問題を熟慮し，憲法改正に踏み切るかどうかを検討するための「時」を稼ぐ「間」を設けたものである。

(中略)

憲法の「硬さ」は，しかしながら，そのメリットであるはずの「硬さ」が逆に災いして，実際にはさほど（　a　）的でないというのがブライスの見立てでもある。そもそも，「軟らかな憲法」は，「硬い憲法」にみられるような「（　e　）」が観念されにくいことから，後者にとってゆゆしい事態の進展にも，しなやかに対応することができる。それは，たとえば，強風に強い柔構造の吊り橋と同様であり，いわば「革命」のような嵐にも耐えうることで，それを骨抜きにすることができる。「軟らかい憲法」の特徴は，この適応性，吸収能力の高さにあるが，それは，憲法上，立法府と行政府に多くの自由な対処措置が委ねられているからである。

これに対して，「硬い憲法」は，まさしく，剛構造の鉄橋と同様である。それは，(　e　)や種々の憲法改正案に含まれる風圧に相当程度，耐えることができる。しかし，その変革はもはや憲法改正の手段をもってしてはなしえないとする国民の大嵐には耐えきれない。たとえば，ある政党が，憲法改正によってのみ実効的に実現しうる改革を必死に主張し，その場合に，しかし，いくら頑張っても憲法で規定された憲法改正に必要な多数を確保しえないがゆえに，正規の手続による憲法改正を断念せざるをえないとするならば，その法的はけ口から締め出され，時間が経過するなかで鬱積した当事者の不満は，革命ないし市民戦争の形をとって噴出することもありうる。

(中略)

もとより「時間」という要素は，憲法を強化する方向に働く一方，憲法を弱体化する方向にも働く。それは，いわば長年連れ添った夫婦の関係と同じであり，年を経るにつれて憲法に対する愛着や尊敬が増す場合もあれば，逆に，不満や憎悪を募らせる場合もある。すなわち，一方で，国民は，自らの憲法に満足せず，繰り返し口論するが，しかし，その憲法とともに生活を積み重ねてきたというだけで，それを受け容れるようになり，さらには，それを他の国民に見せびらかし，祝日まで設けて，公にそれを祝うようにもなる。他方，国民の社会的状況が変化するなかで，憲法は，世代を経るに伴って，人々の政治的要求をますます反映しない古びた装置となってしまうこともある。

憲法改正の問題が顕在化するのは，後者の場合である。そこでは，改正手続が厳格であればあるほど，その手続に守られた改憲反対派は，憲法「改正」を阻止し，憲法の「(　a　)」をはかることに成功するかもしれない。しかし，憲法の「改正」を求める声が強ければ強いほど，その憲法は，改正の難しさ，硬さゆえに，改憲賛成派の不満を鬱積させ「危険なもの」となるのである。

（中略）

憲法は，平和裡に，適法に，そして，なによりも，現実の変化の速度と国民の不満の深度に応じて，変更されなくてはならない。こうした変化に対しては，通常，議会や政府による憲法の解釈ないし運用で対処する。そして，最終的には，憲法の公定解釈権を有する機関（アメリカや日本の場合は最高裁判所，ドイツやイタリアの場合は憲法裁判所）が「これが憲法だ」と断言し，みずからその判断を覆すまでは，議会や政府など他の国家機関を拘束することで，そうした変化に対応することは可能である。しかし，裁判所のような司法機関による憲法の最終解釈権には，自ずから限度があり，また，憲法解釈の変更によるかかる変化への対応に過度の期待をかけることは，民主主義の観点からしても問題がある。憲法に根拠をもつ改正手続のみが，先の要請に十分な形で応ずることができるのである。まさに，憲法改正規定は，ときには内乱もしくは革命にまで至る虞のある憲法変革を「法の支配」下に置くものである。

＊高見勝利『憲法改正とは何だろうか』（岩波書店，2017年）1-10頁を一部改変

問１　空欄（　a　）に入る最も適切なものを次から一つ選びなさい。

①　適合　②　規律　③　実在　④　充足
⑤　調和　⑥　適応　⑦　安定　⑧　両立

問２　空欄（　b　）に入る最も適切な組み合わせを次から一つ選びなさい。

①　確度と効力　②　確度と条理　③　確度と恵沢
④　権威と効力　⑤　権威と条理　⑥　権威と恵沢
⑦　公算と効力　⑧　公算と条理　⑨　公算と恵沢

問３　空欄〔　c　〕に入る適切なものを次からすべて選びなさい。

①　憲法が国民の間に定着していくのか
②　憲法が時代の変化に機敏に対応していくのか
③　政府が憲法を適切に運用していくのか

④　政府が憲法の解釈を回避していくのか

⑤　議会が憲法に同調していくのか

⑥　裁判所が憲法を改廃していくのか

問４　空欄(　d　)に入る適切な語句を文中から抜き出しなさい。

問５　空欄(　e　)に入る適切な語句を文中から抜き出しなさい。

問６　課題文の指摘や論旨に合わないものを次からすべて選びなさい。

①　憲法と同様に，通常の法律にも永続性が要求されている。

②　ブライスは，憲法の変改が頻繁であるか稀であるかという点に着目して，「硬・軟」の区別を創始した。

③　憲法の変改の困難さは，かえって革命や内乱を招くおそれがある。

④　軟らかい憲法は，憲法改正を求める声が高まった時に即応することができない。

⑤　憲法と現実の隔たりを解消するのは，憲法改正である。

⑥　憲法を変改するルールは憲法の中に規定されている。

⑦　硬い憲法の場合，現状に対応するため憲法の解釈が必要になるところ，その権限は裁判所に委ねられている。

⑧　硬い憲法は，憲法の永続性と可変性という相反する要請に応える。

解答編

法学部

◀社会（国際関係や環境問題を含む）と法・政治に関する試験（基礎学力や思考力を問うもの）▶

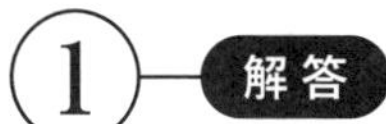

問1． 同種の非行が一定規模において行われるという事実

問2． ④　**問3．** ①　**問4．** ②・④

問5． 人間は他者と共同の生活をし，かかわり合いを持ちながら生長を遂げる。そのため個人の発達や行動様式に，固有の運動法則や独自の存在構造を持つ集団の影響が表れるから。(80字以内)

問6． 進学競争　**問7．** ⑥　**問8．** ②・③・④

解説

《犯罪行動のメカニズム》

問1． 下線部(A)が示す内容を本文中から25字以内で抜き出す問題。

第1段落第1・2文では，「刑法の根底にあるものを求める探検の旅」を続けた結果，その根源に「人間の欲求」があったと述べられている。そして，第4文にそれ以外に探求すべき，「もう一枚の厚く堅い岩盤が立ちはだかって」いるとある。それは，第5・6文に，他人の利益を侵害するような非行を放置できないという考えであると述べられていることから判断して，「同種の非行が一定規模において行われるという事実」が解答となる。

問2． ④が適切。第5～7段落でロンブローゾが創始した犯罪学について述べられている。第6段落の最終文「当時次第に時代の精神を風靡しつつあった（　a　）万能の思想とあいまって…」からも④自然科学と判断で

きる。

問3． ①が適切。第6段落の最初の空欄直前に「頭蓋骨にみられる一定の形態的特徴と犯罪とのあいだ」とあるので，2つの事象が何らかの関連性をもつという意味の①相関関係が適切だとわかる。②因果関係は「原因」と「結果」の関係のことなので当てはまらない。

問4． ②・④が適切。下線部(B)の側面は先天的な（生まれつきの・遺伝的な）もの，(C)の側面は後天的な（育ちによる・環境的な）ものを示している。②・④は(B)の側面を重んじる立場を表現することわざである。一方，①・③・⑤・⑥は(C)の側面を重んじる立場を表現することわざである。

問5． 第12段落の内容をまとめればよい。人間は「他の人間と様々のかかわり合いを持ちながら生長」すること，人間の集団は「それぞれ固有の運動法則を持ち，独自の存在構造を持って」いること，そして，人間の発達や行動様式にはそうした集団の影響が表れることを述べたい。

問6． 第15段落の最終文に「最近では進学競争というわが国特有の教育環境がこれに加わり，少年非行や犯罪の重要な要因になりつつある」と述べられているので，下線部(D)の「現在の日本における異常な教育環境」とは，「進学競争」のことであると判断できる。

問7． 第13段落第4文に，ヨーロッパ犯罪学は「犯罪原因のうちの一面を深く追究すること」が多いとある。これと対照的なのは⑥「犯罪発生の多元的因子を列挙する」ことであり，同段落第6文にアメリカのヒーリーが「生物学的要因と文化的社会的要因との相互作用に注目し」たと述べられていることからも判断できる。

問8． ②・③・④が正解。

①誤り。第2段落第7文から「自然現象による利益侵害が著しい場合，…人間に対してそのような利益侵害を防止するように命じ，…刑罰を科す」とあるので，「何等関知することはない」は誤りだとわかる。

②正しい。第6段落のロンブローゾや第8段落のクレッチュマーの例のように，「犯罪現象と犯罪者の形態的特徴に一定の関連性があること」が指摘されている。

③正しい。第9段落第3・4文に「その異常は疾病とはいえず」「何度も犯罪をくり返す累犯者の中にこの種の性格異常者の占める率が高く」と述べられている。

④正しい。第14段落にサザランドの研究は「本人と家族との関係」に注目したものであったことが述べられている。

⑤誤り。第15段落にわが国の社会的要因が非行に与える影響について述べられているが，家庭環境と教育環境について述べられているだけで，「戦争体験の非行に与える影響」については触れられていない。

⑥誤り。第16段落最終文に「現段階の科学の力をもってしては，そこまでの解明はなされていないのである」と述べられている。

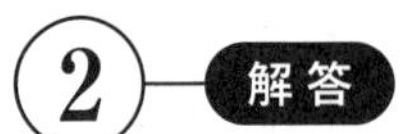

問1. a―⑧　b―⑤　**問2.** ③・⑤　**問3.** ②・⑤・⑥
問4. e―②・⑥・⑨　f―⑧　**問5.** g―⑦　h―③
問6. ②・③・⑤

解説

《弁護士の役割とその変容》

問2. ③・⑤が適切。空欄〔　c　〕の直前に「共同体的な社会ネットワークはきわめて脆弱化してきている」とあるので，その具体例を選択すればよい。③の「近隣ネットワークの不在」「単身世帯の増加など個の孤立状況」や，⑤の「企業組織の短期的・機能的雇用関係への再編」つまり安定的な雇用関係である終身雇用制の崩壊はそうした例である。

問3. ②・⑤・⑥が適切。第10段落第2文で，「法外の関係的問題の処理，心理的不安への対応などをも求める過剰なニーズとして，弁護士の前に立ち現れてくる」とあることから，クライアントが弁護士に求めるものは法的問題処理から②社会的，⑤関係的，⑥心理的次元での紛争状況対応へと転換してきたことが読み取れる。

問4.〔　e　〕は②・⑥・⑨が適切。これらは，医療事故の例における社会的，関係的，心理的次元での紛争状況対応である。

〔　f　〕は⑧が適切。純粋にクライアントの法的利益である「損害賠償の獲得」が入る。

問5.（　g　）は⑦が適切。空欄直前に「ローカライズされ」とある。ローカライズは地域化（現地化）という意味だから，各地域に適応するように多様化していくということになる。

（　h　）は③が適切。空欄の直後に「その絶対的権威性も失われていく」とある。絶対の対義語である相対が正解となる。

問6． ②・③・⑤が正解。

①正しい。「社会正義」「個別クライアントの人権擁護」自体が変容していることが第9段落以降で指摘されており，観念自体が実態と合わなくなっていると解釈できる。また，第17段落では法解釈のもつ中立性が担保されていないことで，弁護士に対する信頼が揺らぐであろうことが指摘されている。

②誤り。第14段落第2文で，「様々な非法的ネットワークが崩壊」していることが指摘されている。

③誤り。第1段落で，弁護士の役割のひとつとして「社会正義や法的正義の保持・推進のために貢献する」ことが挙げられており，「クライアントの法的利益の追求に専心することが望ましい」とは述べられていない。

④正しい。第16段落第2文に「人々が考える『法』や『権利』の中身は，個々の人々の解釈によってローカライズされ」てきたとあることから，「法自体の客観性や公共性にも変化が生じて」いると理解できる。

⑤誤り。第16段落には，「法専門家が認識するような意味での法の浸透」があるわけではないと述べられている。

⑥正しい。第3段落第2文に「弁護士懲戒制度」が葛藤処理機能を果たすと述べられている。

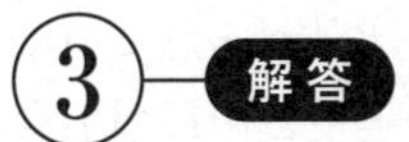

問1． ⑦　**問2．** ④　**問3．** ①・③

問4． 憲法改正のための手続　**問5．** 憲法に対する攻撃

問6． ①・②・④

解説

《憲法の永続性と安定性》

問2． ④が適切。憲法は国の最高法規であって法律の上位に位置し，憲法違反の法律は効力をもたないとされている。したがって，憲法は法律よりも高い「権威と効力」を保持しているといえる。

問3． ①・③が適切。第5段落の第2・3文に，「憲法の安定性」つまり硬性憲法が望ましい理由として，「国民に安心感を抱かせる」ことと「憲法の実際の働きを改善する経験の積みかさねを可能とする」ことの2点が挙げられている。ここから，国民側のメリットとしての①と政府側のメリットとしての③が適切と判断できる。

問4． 空欄（　d　）には，第3段落の第2文にある「憲法改正のための手続」が入る。「近代憲法がほとんどすべて，憲法改正のための手続を規定している」ということは，大多数の国家が硬い憲法（硬性憲法）を有しているという事実を指している。そして，硬性憲法は，空欄（　d　）の直後にあるように「憲法改正に踏み切るかどうかを検討するための『時』を稼ぐ『間』を設け」ているのである。

問5． 空欄（　e　）には，第6段落第1文にある「憲法に対する攻撃」が入る。 これについて，第7・8段落で「強風」「風圧」「大嵐」という表現が使用されていることについても注意したい。

問6． ①・②・④が正解。

①誤り。通常の法律には永続性が求められない。第2段落に「法律と同様，いっときの立法者の作品に過ぎない」とある。また，第4段落でも憲法と対比される形で，法律には永続性がないと書かれている。

②誤り。「硬・軟」の区別は，第4段落にあるように，憲法改正手続が通常の法律改正手続よりも厳格かどうかによる。

③正しい。「硬い憲法」の場合，第8段落の最終文に「当事者の不満は，革命ないし市民戦争の形をとって噴出することもありうる」と述べられている。

④誤り。第7段落に「軟らかな憲法」は「ゆゆしい事態の進展（＝憲法に対する攻撃）にも，しなやかに対応することができる」と述べられている。

⑤正しい。第11段落第1文に「憲法は…現実の変化の速度と国民の不満の深度に応じて，変更されなくてはならない」と述べられている。

⑥正しい。第3段落第2文に，近代憲法は「ほとんどすべて，憲法改正のための手続を規定している」と述べられている。

⑦正しい。第11段落第3文に「最終的には，憲法の公定解釈権を有する機関」として裁判所が挙げられている。

⑧正しい。正規の手続による憲法改正が可能という点で「可変性」を備えるとともに，第11段落第5・6文に「憲法に根拠をもつ改正手続」のみが可能であること，その規定が「憲法変革を『法の支配』下に置く」とあることは「永続性」が担保されることを示している。

一般選抜（学部学科試験・共通テスト併用方式）：経済学部

問 題 編

▶試験科目・配点

学科	試験区分	試験教科・科目		配 点
経済	大学入学共通テスト	外国語	『英語（リーディング，リスニング）』，『ドイツ語』，『フランス語』のうちから１科目選択	100点
		国語	『国語』	100点
		数学	『数学Ⅰ・数学Ａ』および『数学Ⅱ・数学Ｂ』	50点（各25点）
	大学独自試験	数学	【学部共通試験】 数学（Ⅰ・Ⅱ・Ａ・Ｂ「数列」「ベクトル」）	200点
経営※〈英語選択〉	大学入学共通テスト	外国語	『英語（リーディング，リスニング）』，『ドイツ語』，『フランス語』のうちから１科目選択	20点
		国語	『国語』	40点
		地理歴史または公民または数学	「日本史Ｂ」，「世界史Ｂ」，「地理Ｂ」，「倫理」，「政治・経済」，『倫理，政治・経済』，『数学Ⅰ・数学Ａ』，『数学Ⅱ・数学Ｂ』のうちから１科目選択	40点
	大学独自試験	英語	英語	150点
経営※〈数学選択〉	大学入学共通テスト	外国語	『英語（リーディング，リスニング）』，『ドイツ語』，『フランス語』のうちから１科目選択	40点
		国語	『国語』	40点
		地理歴史または公民または数学	「日本史Ｂ」，「世界史Ｂ」，「地理Ｂ」，「倫理」，「政治・経済」，『倫理，政治・経済』，『数学Ⅰ・数学Ａ』，『数学Ⅱ・数学Ｂ』のうちから１科目選択	20点
	大学独自試験	数学	【学部共通試験】 数学（Ⅰ・Ⅱ・Ａ・Ｂ「数列」「ベクトル」）	150点

▶**備　考**

※経営学科は，大学独自試験の選択科目（英語・数学）によって大学入学共通テストの各科目の配点が異なるため，英語選択者，数学選択者を分けて合否判定する。募集人員に対する合格者の割合は，それぞれの志願者数および大学入学共通テストの得点状況を踏まえて決定する。

• 大学入学共通テストの英語の技能別の配点比率は，リーディング 100 点：リスニング 100 点（200 点満点）とする。
• 大学入学共通テストの国語は，古文・漢文を含む。
• 大学入学共通テストの選択科目を指定科目数以上受験した場合は，高得点の科目を合否判定に利用する。第１解答科目・第２解答科目の区別も行わない。
• 大学入学共通テストの得点は，各学科の配点に応じて換算して利用する。
• 任意で提出した CEFR レベル A2 以上の外国語外部検定試験結果は，CEFR レベルごとに得点化し，大学入学共通テストの外国語の得点（200 点満点）に加点する。ただし，加点後の得点は，大学入学共通テストの外国語の満点を上限とする。
• 大学独自試験の英語の出題範囲は，コミュニケーション英語Ⅰ，コミュニケーション英語Ⅱ，コミュニケーション英語Ⅲ，英語表現Ⅰ，英語表現Ⅱとする。（大学独自試験で英語を課す学科のみ）

英語

(75分)

1 次の英文を読み，(1)～(10)のそれぞれの下線部(a)～(d)の中から，文法的・語法的に間違っている箇所を1つずつ選びなさい。

Big Tech Is Bad. Big *AI Will Be Worse.

(1) Tech giants Microsoft and Alphabet/Google have seized a large lead in shaping(a) our potentially AI-dominated future. This is not good news(b). History has shown us that when the distribution of information was left(c) in the hands of a few, the result is political and economic oppression. Without intervention(d), this history will repeat itself.

(2) In just a few months, Microsoft broke speed records in establishing ChatGPT, a form of generative artificial intelligence that it plans to(a) invest $10 billion into, as a household name. And last month, Sundar Pichai, *CEO of Alphabet/Google, unveiled a suite of AI tools—including for email, spreadsheets and drafting all manner of text. While there is(b) some discussion that(c) whether Meta's recent decision to give away its AI computer code will accelerate its progress, the reality is that all competitors to Alphabet and Microsoft remain far behind(d).

(3) The fact that these companies are attempting to outpace each other, in the absence of externally imposed(a) safeguards, it(b) should give the rest of us even more cause for concern, given(c) the potential for AI to do great harm(d) to jobs, privacy and cybersecurity.

(4) History has repeatedly demonstrated (a)**that control over** information is central (b)**to whom** has power and what they can do with it. At the beginning (c)**of writing in** ancient Mesopotamia, most *scribes were the sons of elite families, primarily because education was expensive. In medieval Europe, the clergy and nobility (d)**were much more likely** to be literate than ordinary people, and they used this advantage to reinforce their social standing and legitimacy.

(5) Literacy rates rose alongside industrialization, (a)**although** those who decided what the newspapers printed and what people were allowed to say on the radio, and then on television, (b)**was hugely** powerful. But with the rise of scientific knowledge and the spread of telecommunications (c)**came a time** of multiple sources of information and many rival ways to process facts and (d)**reason out** implications.

(6) (a)**Starting in** the 1990s, the internet offered even lower-cost ways to express opinions. But over time the channels of communication (b)**concentrated into** a few hands including Facebook, (c)**which** algorithm *exacerbated political polarization and in some well-documented cases also fanned the flames of ethnic hatred. In authoritarian regimes, such as China, the same technologies (d)**have turned into** tools of totalitarian control.

(7) With the emergence of AI, we (a)**are about to** regress even further. Some of this (b)**has to do with** the nature of the technology. Instead of assessing multiple sources, people are increasingly relying on the *nascent technology to provide a singular, supposedly definitive answer. There (c)**is no easy way to** access the footnotes or links that (d)**let user explores** the underlying sources.

(8) This technology is in the hands of two companies that philosophically root (a) in the notion of "machine intelligence," which emphasizes (b) the ability of computers to outperform humans in specific activities. Deep Mind, a company now owned by (c) Google, is proud of (d) developing algorithms that can beat human experts at games such as chess and Go.

(9) This philosophy was naturally *amplified by a recent (bad) economic idea that the singular objective of corporations should be to (a) maximize short-term shareholder wealth. Combined together (b), these ideas are cementing the notion that the most productive applications of AI replace humankind. Doing away with grocery store clerks in favor of self-checkout kiosks does very little (c) for the productivity of those who remain employed, for example, while also annoyed (d) many customers. But it makes it possible to fire workers and tilt the balance of power further in favor of management.

(10) Fortunately, Marx was wrong about the 19th-century industrial age that he inhabited in (a). Industries emerged much faster than he expected (b), and new firms disrupted the economic power structure. Countervailing social powers developed in (c) the form of trade unions and genuine political representation for (d) a broad swath of society.

*AI…人工知能（Artificial Intelligenceの略語）

*CEO…最高経営責任者（Chief Executive Officerの略語）

*scribe…書記官

*exacerbate…悪化させる

*nascent…初期の，生成期の

*amplify…増幅させる

Adapted from Acemoglu, D., & Johnson, S. (2023). Big tech is bad. Big A.I. will

be worse. *The New York Times*.
https://www.nytimes.com/2023/06/09/opinion/ai-big-tech-microsoft-google-duopoly.html

2 次の英文を読み，(11)〜(20)のそれぞれを埋めるのに最適な語を(a)〜(d)の中から１つずつ選びなさい。

On May 11 the U.S. Covid-19 Public Health Emergency officially expired. (11) the unprecedented pressures of the past three years, all of us who are combining career and kids had to use new moves, and a lot of them, in order to "make it work." Maybe you and your partner learned to alternate shifts on the days daycare was closed, or you led off each Zoom call with a disclaimer that the baby was in the background—and so on.

Some of these hacks continue to serve us well. Maybe thousands of Zoom-call disclaimers later, you've gotten comfortable discussing family responsibilities with colleagues and feel more authentic on the job. Or maybe continuing to work remotely, (12) part time, allows you to stay more involved in the kids' school activities than you ever could have while commuting five days a week. And certain practical pandemic-era solutions (think: virtual parent-teacher conferences) are so working parent-friendly that we'd all do well to keep them.

At the same time, many of our Covid-era routines and beliefs aren't helping us anymore. In fact, some of these practical and mental moves, now deeply embedded in our muscle memory, are actually making it harder for us to do what we really want: to succeed in our careers, (13) being loving and present caregivers, and staying healthy, whole, and ourselves in the process.

In order to set yourself up for success in combining career and children going forward. I want you to challenge that muscle memory a little. You've likely already done some deliberate, careful thinking about how to take the good from the pandemic era, homing (14) on the routines and behaviors (like those more regular family mealtimes) you absolutely want to keep. Now, try going one step further and ask yourself: What isn't serving me anymore?

To spur along that thinking, let's get specific. Below, I'll share low-stakes but effective ways for you to reset: to tweak and update particular habits or perspectives so that they can work better for you going forward.

1. Make prudent, ongoing decisions about the childcare you really need.

What care arrangement do I need today in order to do my job effectively? Maybe that means having the kids stay in the school aftercare program two days a week so you can make it to in-person sales calls, or maybe now that your partner is back (15) work full time, you decide to extend the nanny-share arrangement to cover Fridays as well.

The point is to get away from being chained to unrealistic standards and to start proactively managing toward current needs. And no, getting adequate care doesn't make you a (16) parent. It means that when you're with your kids, you can be with them—and not *frazzled, ground down, and/or trying to do a demanding job at the same time.

2. Think as broadly and creatively as possible about the flex arrangement that will work for you.

You worked at home for two-plus years and never missed a Zoom call, much less a deadline. Now, your company is pushing for a return to the office and it feels as if you're being asked to relinquish the single precious tool that makes being a working parent (17)—but remote work is not the only one. If a key goal is to be available to your kids during evening homework time, perhaps shifting your hours or working a compressed schedule could do the trick instead. Or maybe other, more structural changes are what's really called for at this point in your life and career—for example, a job-sharing arrangement could allow you two full days off per week. The more expansive your thinking, the more likely you are to be able to craft the specific working-parent life you want.

3. Discuss work in a positive way with your kids.

When work and home-life responsibilities clash, as they did so often and starkly throughout the pandemic, it's natural to view and talk about them in oppositional terms. And you're only human, after all: Your boss's message is stressful to read, or you're disappointed about missing dinner.

But try flipping things (18) and seeing them from your kids' perspective. They've watched you quite closely these past few years. They've seen your tension and disappointments and witnessed your short fuse. As you nurture them toward their own eventual adulthoods, are those really the feelings and attitudes you want them to associate with work and career?

There's no need to talk about work in purely rosy terms, but think about updating your script a bit. Say, "Mom is going to work" instead of "Mom (19) go to work"—or talk with the kids about a recent work success, or a moment you were proud of, or what drew you into your field or function in the first place. Let them see some of the upsides and satisfaction you find in your work so they can start imagining their own.

. . .

Ask yourself what other pandemic-era habits you want to hold (20) firmly, forever—and which to pivot away from, starting today. Trust your instincts. This is your life and career and family, and you know what works. As you *iterate and refine your thinking, what will emerge is your new, unique playbook—not for surviving as a working parent in a crisis, but for thriving now, and in the future.

*frazzled…疲れ果てた

*iterate…繰り返す

Adapted from Dowling, D. (2023). Working parents, it's time to let go of these pandemic-era habits. *Harvard Business Review*.
https://hbr.org/2023/05/working-parents-its-time-to-let-go-of-these-pandemic-era-habits

	(a)	(b)	(c)	(d)
(11)	Amidst	Beyond	Except	Unlike
(12)	at least	at last	at large	at once
(13)	although	because	if	while
(14)	at	by	for	in
(15)	at	for	on	with
(16)	neglect	negligence	negligent	negligently
(17)	eligible	possible	reversible	susceptible
(18)	across	among	around	down
(19)	can	must	may	will
(20)	at	onto	to	without

3 以下の英文は，ある企業で3名の同僚が新しいマーケティング担当者の人事に関して話し合っている様子である。(21)～(30)のそれぞれを埋めるのに最適な会話文を(a)～(d)の中から1つずつ選びなさい。

NAOMI: Where is Ash? This meeting was supposed to start fifteen minutes ago.

TRENT: Patience, Naomi. Ash may not always be punctual, but he will be here. (21) This decision affects the whole team.

ASH: I'm so sorry, folks! My lunch meeting with our brand managers just wouldn't end! (22)

NAOMI: Finally! And no, we've been waiting for ages. The CEO is eager to hear our candidate to manage the digital marketing team. (23)

TRENT: Agreed. We have two strong candidates, and they both bring unique strengths to the table.

ASH: (24)

NAOMI: First up, we have Jason. He's been with the company for years and has a proven track record. He's organized, efficient, and great with managing teams.

ASH: (25)

TRENT: Then we have Sarah. She's relatively new, but her creativity and fresh perspective have brought incredible results. She's innovative and has an uncanny ability to sense trends.

ASH: I hear her work really shines. So, who to choose? (26) We can't have one without the other.

NAOMI: Jason's experience gives him an edge. We need stability and someone who knows the industry inside out.

TRENT: But Sarah's creativity pushes boundaries and her judgement on emerging trends keeps us relevant and our followers on social media engaged. Fashion is about innovation, after all.

ASH: I see both your points. (27)

TRENT: How?

ASH: What if we promote both Jason and Sarah to co-manage the team. Jason can handle the organizational aspects, and Sarah can infuse her creative vision.

NAOMI: Co-managers? (28) The team would get the experience and the fresh perspective they need.

TRENT: But won't two co-managers lead to friction and confusion? (29)

NAOMI: How about we appoint Jason as manager of digital media, and

Sarah as influencer marketing manager? They are separate responsibilities and, if there is any conflict, they both report to Ash anyway, right?

ASH: (30) It might be more work for me, but I like that idea. It allows us to harness the strengths of both candidates and create a collaborative environment.

TRENT: Excellent! Let's make it official then and get this proposal to the CEO, immediately. Ash, it's time to work your magic and conjure up an unbeatable argument to secure budget for two new managers!

(21) (a) We can't start without him.
(b) Let's start without him.
(c) Even though he wasn't invited.
(d) The CEO is furious at him too.

(22) (a) Have you been waiting long?
(b) I've been stuck on the train for hours.
(c) Did you start without me?
(d) What is this meeting about again?

(23) (a) Why don't we break for lunch?
(b) Do you have any ideas?
(c) We need to consult with them.
(d) It's time we make a decision.

(24) (a) Let me tell you my thoughts.
(b) Alright, let's hear our options.
(c) I agree, the strength of the table is paramount.
(d) I know both options are remarkably unique.

(25) (a) Yes. But isn't Jason always running late?
(b) True. Everything runs smoothly with Jason.
(c) He sounds great. Tell me more about Jason.
(d) He sounds perfect! Let's make him an offer.

(26) (a) Jason and Sarah are married, don't you know?
(b) Trend forecasting is the most critical skill for our team.
(c) Organizational skills and efficiency are far more important.
(d) Creative and organizational aspects are both vital for us.

(27) (a) But we have to choose one of them.
(b) But how can we choose just one of them?
(c) How about we find a compromise?
(d) Why don't we find another candidate?

(28) (a) That could work.
(b) That would never work!
(c) But won't that favor experience?
(d) Doesn't that sacrifice creativity?

(29) (a) Less confusion, more collaboration. I love it!
(b) Friction is a catalyst for creativity after all.
(c) What happens if they can't agree with each other?
(d) Shall we take this straight to the CEO?

(30) (a) I don't agree, sorry. Let's find another way.
(b) Jason might not be suited to digital media.
(c) It's my job. I don't mind reading the report at all.
(d) So, I am the Chief Peacemaking Officer now too?

4 次の英文を読み，(31)～(40)のそれぞれの設問に対する解答として最適なものを(a)～(d)の中から１つずつ選びなさい。

Your Most Ambivalent Relationships Are the Most Toxic

It's been two decades, but I still feel nervous when I think of an old boss of mine. One day she nominated me for an award for service to the organization. Then she threatened to fire me for raising a concern about a colleague being mistreated. "If you ever speak up out of turn again," she said, "I'll have you fired." I walked (31) eggshells until the day she quit.

We often think about relationships on a spectrum from positive to negative. We *gravitate toward loving family members, caring classmates and supportive mentors. We do our best to avoid the cruel uncle, the playground bully and the jerk boss.

But the most toxic relationships aren't the purely negative ones. They're the ones that are a mix of positive and negative.

We often call them frenemies, supposed friends who sometimes help you and sometimes hurt you. But it's not just friends. It's the in-laws who volunteer to watch your kids but belittle your parenting. The roommate who gets you through a breakup and then starts dating your ex. The manager who praises your work but denies you a promotion.

Everyone knows how relationships like that can <u>tie your stomach into a knot</u>(32). But groundbreaking research fronted by the psychologists Bert Uchino and Julianne Holt-Lunstad shows that ambivalent relationships can be damaging to your health—even more than purely negative relationships. One study found that adults had higher blood pressure after interacting with people who evoked mixed feelings than after similar interactions with those who evoked negative feelings.

You can see it at work, too. An independent team of researchers found that Slovenian police officers whose supervisor both supported and demeaned them reported more negative physical symptoms and were more likely to miss work than officers who said their supervisor only undermined them. And among older adults, the more ambivalent relationships they had in their lives, the more depressed they felt, the more their heart rates spiked under stress, and the more their blood pressure climbed in response to stress over the next 10 months.

I had assumed that with a neighbor or a colleague, having some positive interactions was better than all negative interactions. But being cheered on by the same person who cuts you down doesn't ease the bad feelings; it amplifies them. And it's not just in your head: It leaves a trace in your heart and your blood.

Even a single ambivalent interaction can take a toll, and its causation, not correlation. In one experiment, people gave *impromptu speeches on controversial topics in front of a friend who offered feedback. Unbeknown to the participants, the researchers had randomly assigned the friend to give ambivalent or negative comments. Receiving mixed feedback caused higher blood pressure than pure criticism. "(34)<u>I would have gone about the topic differently, but you're doing fine</u>" proved to be more distressing than "I totally disagree with everything you've said."

The evidence that ambivalent relationships can be bad for us is strong, but the reasons can be harder to read—just like the relationships themselves.

The most (35)<u>intuitive</u> reason is that ambivalent relationships are unpredictable. With a clear enemy, you put up a shield when you cross paths. With a frenemy, (36)<u>you never know whether Dr. Jekyll or Mr. Hyde is going to show up</u>. Ambivalence short-circuits the parasympathetic nervous system and activates a fight-or-flight response. It's unnerving to hope for a hug while bracing yourself for a brawl.

Another factor is that unpleasant interactions are more painful in an ambivalent relationship. It's more upsetting to be let down by people you like sometimes than by people you dislike all the time. When someone stabs you in the back, it stings more if he's been friendly to your face.

Finally, ambivalence is an invitation for *rumination. We agonize about ambiguous comments, unsure what to make of them and whether to trust the people who make them. We dwell on our mixed feelings, torn between avoiding our frenemies and holding out hope that they'll change.

(37) frenemies are the people who hurt us the most, we're much slower to drop them than enemies. In our lives, we have about as many ambivalent relationships as supportive connections. And we don't seem to get better with age at handling them. Of course, although no relationship is purely positive, any relationship that crosses the line into being abusive should be *jettisoned.

Early in my career, I invested a great deal of energy in mentoring a student. [a] When I asked for feedback, I learned that the relationship had looked different from where she stood. [b] On the one hand, she appreciated my rapid responses and clear guidance. [c] On the other hand, my answers were too directive: I was silencing her voice and crowding out her ideas. What I thought was being supportive was actually undermining her autonomy. As Anne Lamott puts it, "Help is the sunny side of control." [d]

It's all too rare for us to exchange this kind of feedback. Sometimes we end up avoiding or ghosting the people who stress us out in this way. It isn't always a deliberate decision; we procrastinate on replies and put off lunches until the relationship fades away. Other times, we just grit our teeth and tolerate ambivalent relationships as they are.

A relationship in which you can't be <u>candid</u>(a) isn't a relationship at all; it's a charade. Research shows that we tend to underestimate how <u>open</u>(b) people are to constructive suggestions. Feedback doesn't always lead to change, but change doesn't happen without feedback. The goal is to be as candid as possible in what you say and as caring as possible(c) in how you say it. As Brené Brown emphasizes, "Clear is kind(d)."

I've seen people try to address ambivalence by declaring, "This relationship isn't healthy for me." That isn't (39): It's often received as "You're a bad person" when the reality is inevitably more complicated. An ambivalent relationship deserves a more nuanced, more accurate message: "The mix of good and bad here isn't healthy for us."

Not every ambivalent relationship can or should be salvaged. A few years ago, my old boss reached out to say she'd enjoyed one of my articles. It felt too late to tell her how stressful I had found it to be *in constant limbo, not knowing whether she was going to lift me up or kick me down. I wonder if she'll end up reading about it here and if she remembers our interactions with mixed feelings, too.

*gravitate…～へ自然に引き寄せられる
*impromptu…即興の
*rumination…よく考えること
*jettison…～を放棄する
*in limbo…宙ぶらりん

Adapted from Grant, A. (2023). Your most ambivalent relationships are the most toxic. *The New York Times.*
https://www.nytimes.com/2023/05/28/opinion/frenemies-relationships-health.html

(31) Which of the following is the most appropriate word to fill in the blank (31)?

(a) for

(b) in

(c) on

(d) to

(32) Which of the following can replace the underlined phrase tie your stomach into a knot?

(a) cause you severe pains

(b) help you stand still

(c) make you feel unpleasant

(d) satisfy your appetite

(33) Which of the following physical symptoms is NOT mentioned as a result of repeated exposure to mixed relationships?

(a) Heart attacks when experiencing stress

(b) Elevated blood pressure caused by stress

(c) Intensified downhearted feelings

(d) Rapidly increased pulse because of stress

(34) Why does the author use the underlined quotation (34)?

(a) To emphasize the importance of offering feedback

(b) To argue against the negative feedback

(c) To prove the distressing effect of pure criticism

(d) To provide an example of an ambivalent comment

(35) The underlined word intuitive is closest in meaning to

(a) apparent

(b) compelling

(c) important

(d) practical

(36) What does the author mean by the underlined you never know whether Dr. Jekyll or Mr. Hyde is going to show up?

(a) Either Dr. Jekyll or Mr. Hyde is going to appear.

(b) It is difficult to foresee if the person will please or hurt you.

(c) It is unpredictable whether Mr. Hyde will see Dr. Jekyll.

(d) The person is going to be either a good friend or an enemy.

(37) Choose the most appropriate word to fill in the blank (37).

(a) Although

(b) Because

(c) Now that

(d) Whether

(38) Look at the four brackets [a], [b], [c], and [d], which indicate where the following sentence could be added to the passage. Where would the sentence best fit?

I thought it was a positive relationship, but she chose a different adviser.

(39) Look at the underlined words (a), (b), (c), and (d). Which is the most appropriate word to fill in the blank (39)?

(40) According to this article, which of the following is most likely to cause serious damage?

(a) A classmate who sometimes helps you with school work and relationships

(b) A leader who acknowledges your leadership but never lets you lead

(c) A sibling who is encouraging and supportive when you need help

(d) An uncle who has a quick temper and always makes you want to avoid him

5 次の英文中の(41)～(50)の空欄には，それぞれ１つの単語が入る。(41)～(50)それぞれに書かれた文字列を正しい綴りに並び替えて単語を完成させ，解答用紙のマスにブロック体アルファベットで書きなさい。

Musician and fellow refugee Yevheniia Diachenko set up the group in January to bring Ukrainian children together. Cherwell College Oxford hosts the one-hour weekly (41)__________ for those who fled their home country during the Russian (42)__________. Mrs. Diachenko said it had helped the children to "forget about the bad things and relax." "When they sing, they show their (43)__________ and sometimes they even cry, but in a good way," said the 41-year-old, who now lives in Oxford. "They miss their families, they miss their dads who stay in Ukraine, but they feel support from each other and music helps to heal their (44)__________." Mrs. Diachenko had her own (45)__________ vocal school in Kyiv, and said she wanted to continue teaching singing lessons when she (46)__________ in Oxford in July last year with her nine-year-old daughter Katrin. "We wanted the children to feel more at home, to speak with each other and play (47)__________," she said. Her daughter Katrin said the singing classes had helped her (48)__________ to life in the UK after initially feeling "really sad." She said: "I think art helped me when I came here and I thought that (49)__________ my mummy is a singing teacher, I can do some singing too to help her. The choir is really nice, I have really good friends here and I like singing." Katrin's friend, 10-year-old Alisa Klauning, said the choir has helped her feel she is "not alone." "I feel quite safe in this (50) ________ and I feel that I can talk with anybody about what's happened in Ukraine," she said.

Adapted from: Oxford children's choir helps Ukrainian refugees 'not feel alone'. *BBC South.* https://www.bbc.com/news/uk-england-oxfordshire-65952637

(41) nssesois
(42) aioinvns
(43) einsmtoo
(44) ssolu
(45) vatpire
(46) darevri
(47) eegotrth
(48) sjatud
(49) aecsbue
(50) mycouitmn

数学

（75分）

マークによる数値解答欄についての注意

解答欄の各位の該当する数値の欄にマークせよ。その際，はじめの位の数が0のときも，必ずマークすること。

符号欄がもうけられている場合には，解答が負数の場合のみ − にマークせよ。（0または正数の場合は，符号欄にマークしない。）

分数は，既約分数で表し，分母は必ず正とする。また，整数を分数のかたちに表すときは，分母を1とする。根号の内は，正の整数であって，2以上の整数の平方でわりきれないものとする。

解答が所定欄で表すことができない場合，あるいは二つ以上の答が得られる場合には，各位の欄とも Z にマークせよ。（符号欄がもうけられている場合，− にはマークしない。）

〔解答記入例〕 ア に7， イ に −26 をマークする場合。

	符号	10 の 位											1 の 位										
ア	−	0	1	2	3	4	5	6	7	8	9	Z	0	1	2	3	4	5	6	7	8	9	Z
	○	●	○	○	○	○	○	○	○	○	○	○	○	○	○	○	○	○	○	●	○	○	○
イ	−	0	1	2	3	4	5	6	7	8	9	Z	0	1	2	3	4	5	6	7	8	9	Z
	●	○	○	●	○	○	○	○	○	○	○	○	○	○	○	○	○	○	●	○	○	○	○

〔解答表示例〕

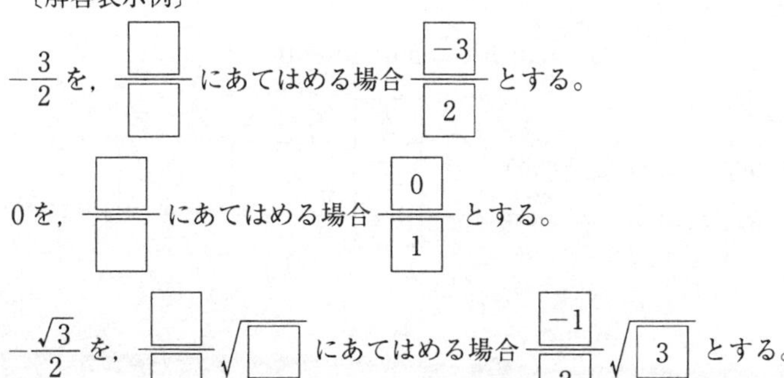

$-x^2+x$ を，$\square x^2+\square x+\square$ にあてはめる場合

$\boxed{-1}x^2+\boxed{1}x+\boxed{0}$ とする。

1

(1) 3個のさいころを同時に投げるとき，出た目の数を小さい方から順に a_1, a_2, a_3 と並べる。すなわち，$a_1 \leqq a_2 \leqq a_3$ とする。
例えば，2個のさいころは1の目が出て，1個のさいころは3の目が出たとき，$a_1=1,\ a_2=1,\ a_3=3$ である。

(i) $a_3=3$ となる確率は $\dfrac{\boxed{ア}}{\boxed{イ}}$ である。

(ii) $a_2=4$ となる確率は $\dfrac{\boxed{ウ}}{\boxed{エ}}$ である。

(iii) $a_2>4$ となる確率は $\dfrac{\boxed{オ}}{\boxed{カ}}$ である。

(2) 方程式 $2^{\log_9 x}-\dfrac{1}{8}x^{\log_9 8}=0$ の解は $\boxed{キ}$ である。

(3) t を実数とする。$0<\theta \leqq \dfrac{\pi}{6}$ を満たすすべての θ に対して，

$$\sin 4\theta + t\sin^2 2\theta \geqq 0$$

が成り立つような最小の t は $\dfrac{\boxed{ク}}{\boxed{ケ}}\sqrt{\boxed{コ}}$ である。

2 座標空間に 3 点 $A(2, 0, 2)$, $B(1, 1, 1)$, $C(1, 0, 0)$ がある。t を実数として，点 P の座標を $(t+1, 2t, t+2)$ とする。

(1) $t = \dfrac{\boxed{サ}}{\boxed{シ}}$ のとき，直線 AB と直線 CP は 1 点 Q で交わる。

このとき，

$$AQ : QB = \boxed{ス} : 1, \quad CQ : QP = \boxed{セ} : 1$$

となる。△ABP の面積は △ABC の面積の $\boxed{ソ}$ 倍であり，

△BCP の面積は △ABC の面積の $\dfrac{\boxed{タ}}{\boxed{チ}}$ 倍である。

(2) $t = \dfrac{\boxed{ツ}}{\boxed{テ}}$ のとき，△ABP の面積は最小値 $\dfrac{\sqrt{\boxed{ト}}}{\boxed{ナ}}$ をとる。

3 関数 $f(x)=3x^2+6x+2$ と正の実数 a に対して

$$F(x)=\frac{1}{a}\int_{x-a}^{x}f(t)dt$$

とおく。

(1) 2次関数 $y=F(x)$ のグラフの頂点の座標は

$$\left(\frac{\boxed{\text{ニ}}}{\boxed{\text{ヌ}}}a+\boxed{\text{ネ}},\ \frac{\boxed{\text{ノ}}}{\boxed{\text{ハ}}}a^2+\boxed{\text{ヒ}}a+\boxed{\text{フ}}\right)$$

である。

(2) 区間 $0 \leqq x \leqq 1$ における $F(x)$ の最小値 m を a を用いて表すと

$0<a<\boxed{\text{ヘ}}$ のとき　$m=\boxed{\text{あ}}$

$\boxed{\text{ヘ}} \leqq a \leqq \boxed{\text{ホ}}$ のとき　$m=\boxed{\text{い}}$

$\boxed{\text{ホ}}<a$ のとき　$m=\boxed{\text{う}}$

となる。$\boxed{\text{あ}}$, $\boxed{\text{い}}$, $\boxed{\text{う}}$ は記述式解答欄にそれぞれ答えのみを記せ。

(3) a を $a>0$ の範囲で変化させるとき, m は $a=\dfrac{\boxed{\text{マ}}}{\boxed{\text{ミ}}}$ で最小値 $\dfrac{\boxed{\text{ム}}}{\boxed{\text{メ}}}$ をとる。

解答編

英　語

1　解答

(1)—(c)　(2)—(c)　(3)—(b)　(4)—(b)　(5)—(b)　(6)—(c)
(7)—(d)　(8)—(a)　(9)—(d)　(10)—(a)

全訳

《巨大IT企業は悪質だが，AIはさらに悪質だ》

(1)　巨大IT企業であるMicrosoftとAlphabet / Googleは，AIが支配する可能性のある未来を形作るうえで，大きな主導権を握っている。これは良いニュースではない。歴史が我々に示している通り，情報の流通が少数の手に委ねられると，その結果は政治的・経済的抑圧である。介入がなければ，この歴史は繰り返されることになる。

(2)　わずか数カ月のうちに，Microsoftは記録的スピードで，よく耳にする名であるChatGPTを普及させた。この一種の生成型人工知能に，同社は100億ドルの投資を計画している。そして先月，Sundar Pichai（Alphabet / GoogleのCEO〔最高経営責任者〕）は，一連のAIツールを発表しており，その中には，電子メール，表計算ソフト，あらゆる種類の文書作成などがある。Metaが最近，AIのコンピューター・コードの公開を決定したことで，その進歩が加速するかどうかに関する議論も一部なされてはいるが，現実としては，AlphabetやMicrosoftに対抗する全競合企業は，依然として大きく遅れをとっている。

(3)　こうした巨大IT企業が，外部から課された保証条項がない状態で，互いを上回ろうとしているという事実は，AIが雇用，プライバシー，サイバーセキュリティーに大きな害を及ぼす可能性を考えると，その他大勢である我々にさらなる懸念材料を与えることになる。

(4)　歴史が繰り返し示してきたように，情報の管理は，誰が権力をもつのか，その権力を使って何ができるか，ということの中心である。古代メソポタミアで筆記が始まった頃，書記官の大半はエリート家庭の息子であり，その主な理由は教育が高額だったことにある。中世ヨーロッパでは，聖職者や貴族は文字の読み書きができた可能性が一般庶民よりもはるかに高く，彼らはこの優位性を利用して，社会的地位と正当性を強化した。

(5)　工業化とともに識字率は上昇したが，新聞の印刷内容や，ラジオ，さらにはテレビで言っていい内容を決定する人々は，非常に力があった。しかし，科学的知識の台頭と遠隔通信の普及にともない，多数の情報源，そして，事実を処理し，意味を推論する多くの競合手段の時代が到来した。

(6)　1990年代に始まったインターネットは，意見を発信するさらなる低コストの手段を提供した。しかし次第に，通信経路はFacebookを含む少数の手に集中し，そのアルゴリズムは政治的両極化を悪化させ，さらに，一部の有名事例においては民族的憎悪を煽り立ててもいた。中国のような独裁政権では，同じテクノロジーが全体主義的統制の道具と化している。

(7)　AIの出現とともに，我々はさらに後退しようとしている。この一部は，テクノロジーの性質と関係している。人々は，多数の情報源を評価するのではなく，単一で，決定的と思われる答えを出す初期のテクノロジーにますます依存するようになっている。ユーザーが潜在する情報源を探るのを可能にする脚注やリンクにアクセスする簡単な方法はない。

(8)　このテクノロジーを手中に収めた2社の哲学的根拠は「機械知能」という概念であり，それが強調しているのは，コンピューターが特定の活動において人間を上回る能力だ。Deep Mind（現在はGoogle所有の企業）は，チェスや囲碁などのゲームで人間の専門家を打ち負かせるアルゴリズムを開発したことを誇りにしている。

(9)　この哲学を自然と増幅したのは，最近の（悪質な）経済学的な考えであり，それによれば，企業の唯一の目的は，株主の短期的な富の最大化である。これらの考え方が結合されると，AIの最も生産的な用途は，人間の代替であるという考え方が強固になってくる。例えば，食料品店の店員を解雇してセルフレジを導入しても，残っている店員の生産性はほとんど上がらず，その一方で，多くの顧客に迷惑をかけてもいる。しかし，労働者を解雇し，パワーバランスをさらに経営側有利に傾かせることは可能になる。

(10)　幸いなことに，マルクスは自分が生きてきた19世紀の産業時代について誤解していた。産業は彼の予想よりもはるかに早く出現し，新しい企業は経済的権力構造を破壊した。対抗する社会権力は，労働組合や，社会の広範な層の真の政治的代表という形で発展した。

解説

(1) (c) was left → is left

(c) の when 節に対する主節は，the result is … と現在形なので，時制の一致で was も現在形の is にする。

(2) (c) that → about または of / as to

discussion と whether 節をつなぐものは，接続詞の that ではなく，前置詞の about などである。

(3) (b) it → 不要

in the absence of ～「～がない状態で」という前置詞句をはさんで文が長くなっているが，(S) The fact that … (V) should give (O1) the rest of us (O2) even more cause for concern という第 4 文型である（The fact that … は同格の that 節）。長い主語をカンマの直後で改めて it として提示する必要はないので，it は不要である。

(4) (b) to whom → to who

A is central to *B*「*A* は *B* の中心である」が文の骨格。*A* = [control over information]，*B* = [who has power] and [what they can do with it] となる。この who は疑問詞で主格。

(5) (b) was hugely → were hugely

although 節の中は，(S) those who decided what … and what … となっており，主語は those who ～「～する人々」という複数形なので，受ける動詞は was ではなく were である。直前の television が単数形であることに惑わされてはならない。

(c) は with ～ (V) came (S) a time of …「～とともに，…の時代がやってきた」という一種の倒置構文なので正しい（前置詞句＋V＋S の第 1 文型）。

(6) (c) which → whose

Facebook, (S) whose algorithm (V) exacerbated (O) political polarization「Facebook のアルゴリズムが政治的両極化を悪化させた」という関係なので，使うべき関係代名詞は which ではなく whose である。

(7) (d) let user explores → let users explore

(d) の直前の that は関係詞の主格。let *A* *do*「*A* に～させる，*A* が～するのを可能にする」（≒ allow *A* to *do*）の語法であり，可算名詞の user は複数形の users に，explore「～を調べる，～を調査する」は原形に改める。

(8) (a) philosophically root in → are philosophically rooted in

(a) の直前の that は関係詞の主格。*A* is rooted in *B*「*A* のルーツ〔根拠〕は *B* にある」という語法が適切。

(9) (d) annoyed → annoying

while *doing*「～している間，その一方で～している」という語法であり，(V)annoying (O)many customers という関係にする。annoy「～に迷惑をかける」(≒bother)

(10) (a) that he inhabited in → that he inhabited または that he lived〔dwelled / resided〕in

「住む」という動詞には，自動詞の live / dwell / reside，他動詞の inhabit がある。*cf.* inhabitant「居住者」(≒dweller / resident)

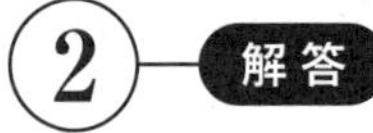

(11)―(a)　(12)―(a)　(13)―(d)　(14)―(d)　(15)―(a)　(16)―(c)
(17)―(b)　(18)―(c)　(19)―(b)　(20)―(b)

全訳

《仕事をもつ親がコロナ期の習慣を手離す時》

[1]　5月11日，アメリカでは，コロナによる公衆衛生上の緊急事態が正式に終了した。この3年間の未曾有のプレッシャーの中，キャリアと育児を両立させている私たちは皆，新たな戦略を，しかもたくさん，「うまくやる」ために使わなければならなかった。ひょっとしたら，あなたとパートナーは，保育園が休みだった日々にはシフトを交互に入れたり，Zoom 会議を始める際に「赤ちゃんが後ろにいますので」と断りを入れたりしてきたかもしれない。

[2]　こうしたライフハックの一部は，私たちの役に立ち続けている。ひょっとしたら，Zoom 会議で何千回と断りを入れた後では，あなたは家庭の責任について同僚と気楽に話せるようになり，職場でこれまで以上に自分らしく感じているかもしれない。あるいは，ひょっとしたら，少なくとも部

分的にはリモートワークを続けてきたことで，週に5日通勤していた時以上に，子どもの学校行事に深く関われているかもしれない。さらに，コロナ期のある種の実用的解決策（例えば，オンラインでの保護者面談）は，仕事をもつ親に非常に優しいので，私たちは皆，それを維持するのが良いだろう。

3 同時に，コロナ期の習慣や信念の多くは，もはや私たちの役には立っていない。実際，これらの実践的かつ精神的な戦略の一部は，今や私たちの身体的記憶に深く刻み込まれ，私たちが本当に望んでいること，つまり，キャリアで成功しつつ，愛情と存在感をもって子どもの世話をし，その過程において，健康で全人的で自分自身であり続けることを，実際には難しくしている。

4 今後，キャリアと子どもの両立の成功を前進させるために，この身体的記憶に少し挑戦してほしい。あなたはおそらく既に，コロナ期から良いものを引き出す方法をじっくりと慎重に考えてきたし，絶対に守りたい日常生活や行動（例えば，より規則正しい家族の食事時間）に狙いを定めてきたことだろう。では，もう一歩進んで自問してほしい。もう役に立っていないものは何か。

5 その思考に拍車をかけるために，具体的に考えてみよう。以下では，負担は少ないが効果的なリセットの方法を共有しておきたい。特定の習慣や考え方を微調整・更新して，今後あなたが前進するうえで，さらに役立つようにできる。

6 **1．本当に必要な育児について，慎重かつ継続的に決断する。**

自分の仕事を効果的に行うために，育児のどんな調整が今日は必要だろうか。ひょっとしたら，子どもを学校の学童保育プログラムに週2日預ければ，直接訪問販売に行けるようになるかもしれないし，あるいは，ひょっとしたら，パートナーがフルタイムで仕事に復帰したので，シッターに金曜日も来てもらうように決断するかもしれない。

7 肝心なことは，非現実的な基準による束縛から脱して，現在のニーズに向けて積極的に管理を開始することだ。さらに，適切な育児支援を受けることは，あなたを決して育児放棄の親などにするものではない。子どもと一緒にいる時，本当に一緒にいられるようになるのだ。疲れ果てて，擦り減って，きつい仕事を同時にやろうとしながら，ではなく。

8 **2．自分の役に立ちそうな柔軟な調整に関して，できるだけ幅広く，創造的に考える。**

あなたは在宅勤務を2年以上もして，一度たりとも Zoom 会議，ましてや締め切りを飛ばしたことはなかった。今，あなたの会社は職場復帰を推進しており，仕事をもつ親であることを可能にする唯一の貴重な手段の放棄を求められているような気がするが，リモートワークは唯一の手段ではない。肝心な目標が夕方の宿題の時間に子どものそばにいることならば，ひょっとしたら，代わりに勤務時間をずらしたり，スケジュールを圧縮したりすれば，効果が出るかもしれない。あるいは，ひょっとしたら，他のもっと構造的な変化が，現時点ではあなたの人生とキャリアに実際に求められているのかもしれない。例えば，ジョブシェアリングをすることで，週に2日完全に休めるかもしれない。考え方が広がれば広がるほど，あなたが望む具体的な仕事と育児の両立ができる可能性が高まる。

9 **3．仕事について子どもと前向きに話し合う。**

コロナ期を通じて非常に頻繁かつ顕著だったように，仕事と家庭生活の責任は衝突するものであり，それらを対立するものと考えて話をするのは当然である。しかも，あなたも結局人間なので，上司からのメッセージを読むのがストレスになったり，夕食をとりそびれてがっかりしたりする。

10 しかし，物事をひっくり返して，子どもの視点から見てみよう。子どもはここ数年，あなたを非常によく観察している。あなたの緊張や失望も，あなたのかんしゃくも見てきた。子どもを育てて最終的に大人にしていくにあたって，こうしたものが本当に，子どもに仕事やキャリアと結びつけてほしい感情や態度なのだろうか。

11 仕事について楽しげな言葉でばかり話す必要はないが，台本を少し更新することを考えてみよう。「ママは仕事に行かなくちゃいけない」ではなく「ママは仕事に行ってくるわ」と言ってみたり，最近の仕事での成功，自分が誇らしいと思った瞬間，そもそもなぜ自分がその分野や職務に就いたか，について子どもと話したりしてみる。あなたが仕事に見出している良い点や満足している点のいくつかを見せることで，子どもは自分の仕事を想像し始めることができる。

（中略）

12 コロナ期の他のどの習慣をずっと堅持したくて，どの習慣から離れるべきかを，今日から自問してみよう。自分の直感を信じよう。これはあなたの人生，キャリア，家族であり，あなたは何が効果があるかを知っている。自分の考えを繰り返し，洗練させていくうちに現れてくるものは，新しい独自の戦略であり，それは，仕事をもつ親が危機を乗り越えるためではなく，今，そして将来，うまくいくためのものなのだ。

解説

⑾ amidst「～の中」（≒among / amongst / in the middle of ～）

⑿ at least「少なくとも」(b) at last「ついに」(c) at large「概ね，逮捕されずに」(d) at once「すぐに」

⒀ to succeed in our careers, while being …, and staying … で対比を表す。他の選択肢は *doing* が後続しない。

⒁ home は自動詞で「（目標に向かって）真っすぐ進む」という意味がある。home in on ～「～に狙いを定める，～に集中する」（≒focus on ～ / concentrate on ～）

⒂ at work「仕事中で，就業中で」 back と full time はいずれも副詞(句)。

⒃ negligent parent「育児放棄の親」 neglect「ネグレクト，育児放棄」の形容詞形。

⒄ (V)makes (O)being a working parent (C)possible「仕事をもつ親であることを可能にする」の第５文型。(a) eligible「資格がある」(c) reversible「反転可能な，（服などが）リバーシブルの」(d) susceptible「影響を受けやすい，（病気などに）かかりやすい」

⒅ flip things around「物事をひっくり返す〔反転させる〕」 動詞の flip 自体に「（物・状態を）反転させる」という意味がある。around は「ぐるっと一周する」というイメージ。

⒆ be going to *do*「～するつもりだ」（予定）と must *do*「～しなくてはならない」（義務）が instead of ～「～の代わりに，～ではなく」によって対比されている。

⒇ hold onto ～ firmly「～に堅くしがみつく，～を堅持する」（≒stick to ～ / dwell on ～「～にこだわる，～に固執する」）

3 解答 (21)―(a) (22)―(c) (23)―(d) (24)―(b) (25)―(b) (26)―(d) (27)―(c) (28)―(a) (29)―(c) (30)―(d)

全訳

《新しいマーケティング担当者の人事》

ナオミ：アッシュはどこですか？ このミーティングは15分前に始まるはずだったんですが。

トレント：我慢してください，ナオミ。アッシュはいつも時間を守るというわけではないですが，必ず来ます。彼抜きでは（会議を）始められません。この決定はチーム全体に影響するので。

アッシュ：本当にすみません，皆さん！ ブランドマネージャーとのランチミーティングが終わらなかったんです！ 私抜きで（会議を）始めていましたか？

ナオミ：やっと来ましたね！ いいえ，ずっと待ってたんですよ。CEOがデジタルマーケティングチームのマネージャー候補の話を聞きたがっています。決断すべき時です。

トレント：賛成です。2人の有力な候補者がいて，どちらも独自の強さを発揮しています。

アッシュ：では，私たちのもつ選択肢について聞きましょう。

ナオミ：まずはジェイソンです。彼は当社に長年おり，しっかりした実績があります。きっちりして（オーガナイズド）いてかつ能率的で，チームの管理に長けています。

アッシュ：確かに。ジェイソンがいると，何でもスムーズにいきますね。

トレント：次に，サラです。彼女は比較的新入りですが，彼女の創造性と新鮮な視点は，目覚ましい結果をもたらしています。彼女は革新的で，トレンドを察知する鋭い能力があります。

アッシュ：彼女の仕事は本当に光っていると聞いています。では，誰を選ぶべきでしょう？ 創造的側面と体系的にものごとを処理できる側面は，両方とも私たちに不可欠です。片方がなければ，もう片方もありません。

ナオミ：ジェイソンは経験があるので，優勢です。私たちは安定性と，業界の内情を知り尽くしている人が必要です。

トレント：しかし，サラの創造性は限界を押し広げますし，彼女の最新トレンドに対する判断力は，私たちの優位性を保ち，SNS のフォロワーを釘付けにしています。結局のところ，ファッションとは革新に関するものですから。

アッシュ：どちらの意見もわかります。妥協点を見つけませんか？

トレント：どうやって？

アッシュ：ジェイソンとサラを両方とも昇格させて，チームの共同マネージメントをさせたらどうでしょうか。ジェイソンは体系的な処理を担当できるし，サラは彼女の創造的なビジョンを注入できます。

ナオミ：共同マネージャーですか？　それはうまくいくかもしれませんね。チームは必要な経験と新鮮な視点を得ることでしょう。

トレント：でも，共同マネージャー２人では，摩擦や混乱が生じませんか？　お互いの意見が合わなかったら，どうなるでしょうか？

ナオミ：ジェイソンをデジタルメディアのマネージャーに，サラをインフルエンサーマーケティングのマネージャーに任命するのはどうですか？　別個の責任ですし，もし衝突があったら，２人ともいずれにせよアッシュに報告するのではないですか？

アッシュ：すると，私も調停部門の最高責任者になるわけですか？　私の仕事は増えるかもしれませんが，そのアイデアは気に入りました。そうすれば，両候補の長所を生かして，協力的な環境を作れますね。

トレント：素晴らしいですね！　これを正式な提案にして，すぐにCEOに届けましょう。アッシュ，今こそ君の魔法を使って，２人の新マネージャーの予算を確保する強力な論拠を用意してください！

解説

(21)　直前の内容から Ash が会議に遅刻しているとわかる。Ash = he = him で，(a) We can't start without him.「彼抜きでは（会議を）始められない」が適切。空所直後の「この決定はチーム全体に影響する」という内容から，(b)「彼抜きで（会議を）始めよう」では話の流れに合わない。(c)「彼は招待されてすらいないが」 (d)「CEO も彼に激怒している」

(22)　直後の And no, を引き出す疑問文。(21) の We can't start without him. に呼応する形で (c) Did you start without me?「私抜きで（会議を）始めていましたか」が入る。(a)「長く待ちましたか」 (b)「電車に何時間も閉じ込められています」 (d)「このミーティングは何についてでしたっけ」

(23) 直後の Agreed.「賛成」に続く，２人の有力な候補者がいる，ということを引き出す内容が入る。(d)「決断すべき時です」が適切。It's (about / high) time S V「S はそろそろ V すべき時だ」 (a)「休憩して昼食にしませんか」 (b)「何かアイデアはありますか」 (c)「彼らに相談する必要があります」

(24) 直前文の two strong candidates「２人の有力な候補者」(ジェイソンとサラ）を，our options「私たちのもつ選択肢」と言い換えている。これを受けて，次にナオミがジェイソンについて説明を始めている。(b)「では，私たちのもつ選択肢について聞きましょう」が適切。(a)「私の考えをお話ししましょう」 (c)「賛成です，テーブルの強さが最優先です」空所直前の bring ～ to the table は「(能力など）を発揮する」の意味。(d)「どちらの選択肢も驚くほどユニークだと私は知っています」

(25) ナオミが説明したジェイソンの長所をまとめた (b)「ジェイソンがいると，何でもスムーズにいきます」が適切。この後，サラについての説明に移っているので，他の選択肢は不適。(a)「ええ。でも，ジェイソンはいつも予定より遅れていませんか」 (c)「彼は素晴らしいと思います。ジェイソンについてもっと教えてください」 (d)「彼は完璧だと思います！彼にオファーをしましょう」

(26) 直前で，ジェイソンについてはナオミが He's organized，サラについてはトレントが her creativity と述べているので，その２つを Creative and organizational aspects「創造的側面と体系的にものごとを処理できる側面」として含む (d) が最適。この２つを次の文では one / the other で受ける。(a)「ジェイソンとサラは結婚しているって知ってましたか」 (b)「トレンド予測は私たちのチームにとって最も重要なスキルです」 (c)「体系的に処理できる能力と能率の方がはるかに重要です」

(27) アッシュの次の発言に「ジェイソンとサラを両方とも昇格させて，チームの共同マネージメントをさせる」ことを提案しているので，(c) How about we find a compromise?「妥協点を見つけてはどうですか」が適切。How about S V? ≒ How〔What〕about *doing*?「S が V するのはどうだろうか」 (a)「しかし，私たちはどちらか１人を選ばなければならない」 (b)「しかし，どうやってどちらか１人だけを選べばいいのだろう」

(d)「別の候補者を探すのはどうだろうか」

(28) 直後の文でナオミは，ジェイソンの強みである the experience「経験」と，サラの強みである the fresh perspective「新鮮な視点」の両方に言及しているので，co-managers「共同マネージャー」案に肯定的だとわかる。(a) That could work.「それはうまくいくかもしれません」が適切。この could は仮定法過去。(b)「それは絶対うまくいかないだろう！」(c)「しかし，それは経験を優遇してしまうのでは？」(d)「それは創造性を犠牲にするのでは？」

(29) 直前の friction and confusion「摩擦や混乱」を受けて，(c)の can't agree with each other「お互いの意見が合わない」とつながる。 What happens if S V?「S が V すれば何が起こるだろうか」≒ What if S V?「S が V したらどうなるだろうか」(a)「混乱が減れば，協力が増える。私はそれが好きだ！」(b)「摩擦は結局，創造性を生み出すのだ」(d)「この話を CEO に直接もって行きましょうか」

(30) 直前の「もし衝突があったら，2人ともアッシュに報告する」という内容を受けて，アッシュは自分が Chief Peacemaking Officer「調停部門の最高責任者」だと言っている。(d)が適切。CEO = Chief Executive Officer「最高経営責任者」をもじった表現。直後の It にもつながる。(a)「申し訳ないけど，同意できない。別の方法を考えよう」(b)「ジェイソンはデジタルメディアに向いていないかもしれません」(c)「それは私の仕事だ。報告書を読むのは全然かまわない」

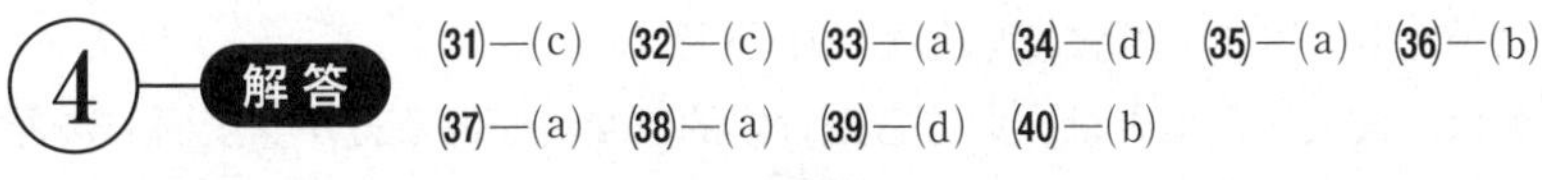

4 ― 解答　(31)―(c)　(32)―(c)　(33)―(a)　(34)―(d)　(35)―(a)　(36)―(b)
(37)―(a)　(38)―(a)　(39)―(d)　(40)―(b)

全訳

《最も両面的な人間関係は，最も有害である》

1 20年も経つが，昔の上司のことを考えると今でも緊張する。ある日，彼女は私を組織への貢献で表彰するよう推薦した。次に，同僚が不当な扱いを受けていることに私が懸念を示していることを理由に，私を解雇すると脅した。「今度，余計な口をきいたら，クビにしてやるからね」と彼女は言った。彼女が辞める日まで，私は薄氷を踏む思いだった。

2 私たちは，人間関係を良いから悪いまでのグラデーションで考えること

が多い。私たちは，愛情深い家族，思いやりのある同級生，支えてくれる助言者に自然に引き寄せられる。私たちは，残酷なおじ，遊び場のいじめっ子，クソ上司を避けるために最善を尽くす。

3 しかし，最も有害な人間関係とは，全面的に悪い人間関係ではない。最も有害なのは，良いものと悪いものが混在している人間関係なのだ。

4 私たちはそういった人間関係をよく，フレネミーと呼ぶ。友達と思える人であり，時にあなたを助けるのだが，時にあなたを傷つけるのだ。しかし，これは単に友達だけの話ではない。タダで子守りをしてくれるが，あなたの育児のやり方をけなしてくる義理の両親。あなたが破局を切り抜けるのを手伝ってくれるのに，あなたの元恋人と付き合い始めるルームメイト。あなたの仕事は褒めるのに，昇進はさせてくれないマネージャー。

5 そのような人間関係が，いかにあなたの胃を締め付けるか，誰もが知っている。しかし，心理学者の Bert Uchino と Julianne Holt-Lunstad による画期的な研究によれば，両面的な人間関係は，全面的に悪い人間関係よりもはるかにひどく，あなたの健康を害する可能性がある。ある研究によれば，大人は矛盾した感情を呼び起こす人と接した後の方が，否定的な感情を呼び起こす人と接した後よりも，血圧が高くなった。

6 これは職場でも見られる。独立した研究チームによれば，スロベニアの警察官は，上司に支援と侮蔑を両方された場合，上司が傷つけることしかしない場合よりも，否定的な身体症状を訴えることが多く，欠勤率が高かった。さらに，高齢者の場合，両面的な人間関係が人生で多ければ多いほど，抑うつ感が強くなり，心拍数がストレスで急上昇し，その後 10 カ月にわたり，ストレスに反応して血圧が上昇した。

7 私は，隣人や同僚とは，いくらか肯定的な交流がある方が，全面的に否定的な交流よりもマシだと考えていた。しかし，けなしてくるその同じ人から応援されるのでは，悪感情は和らぐどころか増幅する。しかも，それは単に頭の中だけでは済まず，心臓と血液に痕跡を残す。

8 たった一度の両面的な交流でも致命傷となることがあり，それは相関関係ではなく，因果関係である。ある実験では，被験者は賛否両論のある話題について即興スピーチを友人の前で行い，反応をもらった。被験者には知らせていなかったが，研究者たちは友人が両面的なコメントをするか，否定的なコメントをするか，無作為に割り当てていた。矛盾した反応は，全面的な批判以上に，血圧を引き上げた。「私ならこの話題に違うふうに取り組んだだろうけど，あなたはよくやっているわ」と言われる方が，「あなたが言ったこと何もかもに全面的に反対よ」と言われるよりも悩ましいことが証明された。

9　両面的な関係が私たちにとって悪いという証拠は強力だが，その原因は，人間関係そのものと同様に，解読困難かもしれない。

10　最も直感的に思い当たる原因は，両面的な関係が予測不能であることだ。明確な敵の場合は，すれ違う時に盾を構える。フレネミーの場合は，ジキル博士とハイド氏のどちらが現れるか全くわからない。両面性は副交感神経系を妨げ，闘争・逃走反応を活性化する。ハグされるのを望みつつ，口論に備えるのは，不安をかきたてる。

11　もう1つの原因は，不快なやりとりは両面的な人間関係での方が辛いことである。時には好きな人に失望させられる方が，いつも嫌いな人に失望させられるよりも動揺してしまう。誰かが背後から刺してくる時，その人が面と向かっては友好的だった方が痛みは強い。

12　最後に，両面性は人を熟考させる。私たちは曖昧なコメントには悩む。それをどう理解すべきか，またそのコメントをした人を信用すべきかがわからないからだ。私たちは矛盾した感情に悩み，フレネミーを避けるべきか，変化への期待を持ち続けるかで引き裂かれる。

13　フレネミーは私たちを最も傷つける人たちだが，私たちはフレネミーを切り捨てる方が，敵を切り捨てるよりもずっと遅い。私たちの人生には，支援的なつながりとおよそ同数の矛盾した人間関係がある。しかも，その扱い方が年齢とともにうまくなるようには見えない。もちろん，いかなる人間関係も完全に肯定的ではないが，不当な扱いという一線を越えたいかなる人間関係も放棄すべきだ。

14　私はキャリアの初期に，多大なエネルギーを費やして，ある学生を指導した。私はそれは肯定的な人間関係だと思っていたが，彼女は別のアドバイザーを選んだ。反応を求めてわかったことだが，この人間関係は彼女の立ち位置からは違って見えていた。一方では，彼女は私の迅速な対応と明確な指導に感謝していた。その一方で，私の答え方は指示的すぎた。彼女の声を封じ，彼女の考えを排除していた。私が支援的と考えていたことが，実は彼女の自律性を弱らせていた。Anne Lamott が言うように，「支援は支配の明るい方の面である」。

⑮ 私たちがこの種の反応を交換することは，本当にめったにない。時には，このようにストレスを与えてくる人たちに対し，私たちは避けたり，こっそりと立ち去ったりする。それは必ずしも意図的な決断ではない。返事やランチを先延ばしにすることで，そうした人間関係が立ち消えになるのだ。時には，私たちは歯を食いしばって，両面的な人間関係をそのまま我慢する。

⑯ 率直になれない人間関係は，そもそも人間関係ではなく，うわべだけのものである。研究が示すところでは，私たちは人が建設的な提案に対してどれだけ心を開いているかを過小評価する傾向がある。反応が変化につながるとは限らないが，変化は反応なしに起こらない。目指すべきは，あなたの発言においてできるだけ率直になり，その言い方においてできるだけ思いやりをもつことだ。Brené Brown が強調するように「はっきり言ってあげることが親切である」。

⑰ 私は人々が両面性について「この人間関係は私にとって健全ではない」と宣言することで対処しようとするのを目にする。それは親切ではない。そのメッセージは，現実は必ずもっと複雑なのに，「おまえは悪人だ」と受け取られることが多い。両面的な関係には，もっと微妙で，もっと正確なメッセージがふさわしい。例えば，「ここに良いことと悪いことが混在しているのは，私たちにとって健全ではない」というように。

⑱ 全ての両面的な人間関係が救済可能なわけではないし，その必要もない。数年前，私の昔の上司が私の記事の1つが面白かったとわざわざ連絡をくれた。常に宙ぶらりんの状態にいて，彼女が私を引き上げるつもりなのか，それとも私を蹴落とすつもりなのかわからないことで，どれほど私がストレスを感じていたかを彼女に伝えるには遅すぎるように感じた。彼女が最終的にそのことについてここで読んで，彼女もまた，矛盾した感情で私たちのやりとりを思い出すなんてことがあるのだろうか。

解説

(31) walk on eggshells でイディオム。直訳は「卵の殻の上を歩く」で，「ヒヤヒヤする，気が気でない」ということ。日本語の「薄氷を踏む思い」に近い。walk の代わりに tread，eggshells の代わりに eggs も用いられる。

⑶2 tie your stomach into a knot の直訳は「お腹を縛って結び目を作る」で,「胃を締め付けられる」ということ。(c)「不快な気分にさせる」が最も近い。(a)「激しい痛みを引き起こす」(b)「じっと立つ手伝いをする」(d)「食欲を満たす」

⑶3 「次のどの身体症状が,矛盾した人間関係を何度も経験した結果として言及されていないか」
(a)「ストレス経験時の心臓発作」
(b)「ストレスにより生じる血圧上昇」
(c)「落ち込んだ気持ちの増強」
(d)「ストレスが原因の脈拍の急増」

(b)〜(d)は第6段第3文（And among older …）に記述があるので(a)が正解。spike「急上昇する」

⑶4 「筆者はなぜ下線部⑶4の引用を使っているのか」
(a)「反応を与える重要性を強調するため」
(b)「否定的な反応に対して反論するため」
(c)「全面的な批判の痛ましい効果を証明するため」
(d)「両面的なコメントの例を示すため」

直前文の mixed feedback「矛盾した反応」の例であり，これはさらにその前の文の ambivalent … comments「両面的な…コメント」と同義。下線部は but の前が negative，後が positive な内容である。

⑶5 intuitive「直感的な」≒ self-evident「自明の」≒ (a) apparent「明らかな」(b)「説得力のある」(d)「実用的な」

⑶6 「筆者が下線部『ジキル博士とハイド氏のどちらが現れるか全くわからない』によって意味していることは何か」
(a)「ジキル博士とハイド氏のどちらかが現れるだろう」
(b)「その人があなたを喜ばせるか傷つけるかは予測困難だ」
(c)「ハイド氏がジキル博士に会うかどうかは予測不能だ」
(d)「その人は良い友達になるか，敵になるかのどちらかだ」

「ジキル博士とハイド氏」という二重人格者を扱った古典文学に基づく記述であり，ジキル博士・ハイド氏の実在を前提としたような(a)と(c)は不適。ambivalent「両面的な」のだから，(d)も不適で，(b)が正解。

⑶7 「フレネミーが私たちを最も傷つける」ことと，「私たちはフレネミー

2024年度　経済　英語

を切り捨てるのが遅い」ことは，逆接の関係である。

(38)　[a] 直前の mentoring a student「ある学生を指導したこと」を it で受けている。

(39)　直後の「『おまえは悪人だ』と受け取られることが多い」という内容をふまえると，(d)「親切」ではない，が適切。(a) candid「率直な」(≒ honest / sincere)

(40)「この記事によると，以下のどれが最も重大な損害を与えそうか」

(a)「学校の勉強や人間関係で時々あなたを助けてくれる級友」

(b)「あなたのリーダーシップを承認しているのに，絶対にあなたにリードをさせないリーダー」

(c)「あなたが支援が必要な時，励まし支援してくれる兄弟姉妹」

(d)「短気で，あなたがいつも避けたくなるようなおじ」

第3段で the most toxic relationships「最も有害な人間関係」は，the ones that are a mix of positive and negative「良いものと悪いものが混在している人間関係」だと述べられており，第4段にさらなる説明や具体例が挙げられている。そうした例に類する関係の (b) が正解。

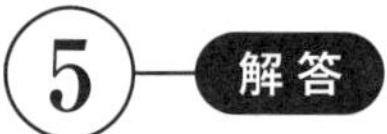

(41) sessions　(42) invasion　(43) emotions　(44) souls　(45) private　(46) arrived　(47) together　(48) adjust　(49) because　(50) community

全訳

《ウクライナ難民を「1人ではない」と感じさせる児童合唱団》

音楽家で，同じく難民でもある Yevheniia Diachenko は，1月にウクライナの子どもたちを集めるためにグループを立ち上げた。Cherwell College Oxford は，ロシアによる（ウクライナ）侵攻期間中に祖国を離れている子どもたちのために，毎週1時間のセッションを主催している。Diachenko 夫人によれば，このグループは子どもたちが「嫌なことを忘れてリラックスする」のに役立っていた。「子どもたちは歌う時，感情を表し，時には泣くことさえありますが，いい意味においてです」と，現在オックスフォードに住む41歳の夫人は語った。「子どもたちは家族が恋しく，ウクライナに残っている父親が恋しいのですが，お互いに支え合っていることを感じており，音楽は子どもたちの魂を癒すのに役立っています」。Diachenko 夫人は自身の個人ボーカルスクールをキーウに持っており，昨年7月に9歳の娘 Katrin とオックスフォードに来た時，歌のレッスンを教え続けたかった，と語った。「私たちは子どもたちにもっとくつろいで，お互いに話したり，一緒に遊んだりしてほしかったんです」と彼女は語った。娘の Katrin は，当初「本当に悲しい」と感じた後では，歌のクラスがイギリスでの生活に適応するのに役立った，と語った。彼女はこう述べた。「ここに来て，アートが私を助けてくれたと思うし，そう思ったのは，ママが歌の先生だからなのよ。私も多少歌うことで，ママの役に立っているわ。合唱団は本当にステキよ。ここには本当の親友がいて，私は歌うことが好き」。Katrin の友人で10歳の Alisa Klauning は，合唱団のおかげで「1人じゃない」と感じられたと語った。「このコミュニティの中にいるととても安心できるし，ウクライナで起こっていることについて誰とでも話せる気がするの」と彼女は語った。

解説

(41)　session「(活動を行う) 期間，集会，セッション」 host「～を主催する」(≒ hold「～を開催する」)

(42)　the Russian invasion「ロシアによる（ウクライナ）侵攻」 invade「～に侵攻する」の名詞形。

(43)　直後の cry「泣く」と関連する語で emotions「感情，喜怒哀楽」。

(44)　heal their souls「彼らの魂を癒す」

(45)　her own private vocal school「彼女自身の個人ボーカルスクール」 private「私用の」(⇔ public「公共の」)

(46)　arrive in ～「～に到着する」の過去形。

(47)　play together「一緒に遊ぶ」

(48)　adjust (*oneself*) to ～「～に適応する」(≒ adapt (*oneself*) to ～)

(49)　直前の I thought that は，I thought so「私はそう思った」や I thought that way「私はそんなふうに思った」とほぼ同意。空所直後に文が来ていることから，接続詞の because を想起する。

(50)　the choir「合唱団」(発音 [kwáiə(r)]) を this community「このコミュニティ」と言い換えている。

講評

試験時間75分に対して，大問5題，小問50問の出題。1～4はマーク式，5は長文の空所10カ所に入る英単語を，与えられた文字を並べ替えることによって記入する形式だった。

1 誤り指摘問題10問。動詞の時制・単複・語形・語法，名詞の可算・不可算，適切な品詞の判断，適切な関係詞の選択などが設問の焦点であり，慎重な観察眼が試される。(3)・(5) などは複雑な構文が絡んでいるのでわかりにくい。長文全体の内容は文明論的でかなり高度。

2 長文中の前置詞を中心とした空所補充10問で，該当箇所のみで判断できるものも多く，比較的短時間で処理可能。(11)・(14)・(18) などはあまり見慣れない。(16) は一般常識も絡む。コロナによる生活様式の変化を扱った英文は近年出題頻度が高い。

3 会話文の空所補充10問。社内人事に関わる内容で，経営学科らしい出題。前後の発言とのつながりや，同一人物の発言内の一貫性に着目すれば，比較的正解しやすい。話題の中心であるジェイソンとサラの特徴をつかむことは解答上必須。

4 1,100語に及ぶ長文で設問10問。2024年度の大問5題中で唯一，内容説明問題を含む。ambivalent「アンビバレントな，両面的な」frenemy「フレネミー，友人にも敵にもなる存在」(friend + enemy) がテーマ。(31) は eggshells「卵の殻」，(32) は knot「(紐の) 結び目」といった基本語彙（生活語彙）がわかっていれば，突破口が開ける。内容説明の(33)・(34)・(40) は落ち着いて該当箇所を発見して照合すれば平易。(36) は一般常識問題。

5 英単語の記述10問。いわゆるアナグラムだが，パズル的に並べ替えていっても埒があかない。長文中の前後関係から，入るべき語の内容・品詞の見当をつけて臨む。動詞の過去形や名詞の複数形などもあるので，文法的判断も求められる。(41) はヒントが薄く思いつきにくい。(42) は時事絡み。(49) は極めて基本的な単語だが，直前の thought that が破格に近い表現なので，空所に入る品詞の判断が難しいだろう。

数　学

1 解答

(1)(i)**ア.** 19　**イ.** 216　(ii)**ウ.** 13　**エ.** 54

(iii)**オ.** 7　**カ.** 27

(2)**キ.** 27　(3)**ク.** −2　**ケ.** 3　**コ.** 3

解説

《小問3問》

(1)(i)　$a_3=3$ の目の出方は，3個とも1～3の目が出る場合から，3個とも1または2が出る場合を引いたもので，この確率は

$$\frac{3^3-2^3}{6^3}=\frac{19}{216}$$　(→ア，イ)

(ii)　$a_2=4$ となる目の出方は

① $a_1=a_2=a_3=4$ のとき　　1通り

② $a_1=1\sim3$，$a_2=a_3=4$，または $a_1=a_2=4$，$a_3=5$，6のとき

$$\frac{3!}{2!}\times(3+2)=15$$ 通り

③ $a_1=1\sim3$，$a_2=4$，$a_3=5$，6のとき

$3!\times3\times2=36$ 通り

以上から，$a_2=4$ となる確率は

$$\frac{1+15+36}{6^3}=\frac{52}{6^3}=\frac{13}{54}$$　(→ウ，エ)

(iii)　$a_2>4$ のとき，$a_2=5$，6である。

$a_2=5$ となる目の出方は

① $a_1=a_2=a_3=5$ のとき　　1通り

② $a_1=1\sim4$，$a_2=a_3=5$，または $a_1=a_2=5$，$a_3=6$ のとき

$$\frac{3!}{2!}\times5=15$$ 通り

③ $a_1=1\sim4$，$a_2=5$，$a_3=6$ のとき

$3!\times4=24$ 通り

$a_2=6$ となる目の出方は

④ $a_1=a_2=a_3=6$ のとき　　1通り

⑤ $a_1=1\sim5$, $a_2=a_3=6$ のとき

$$\frac{3!}{2!}\times5=15 \text{ 通り}$$

以上から，$a_2>4$ となる確率は

$$\frac{(1+15+24)+(1+15)}{6^3}=\frac{56}{6^3}=\frac{7}{27} \quad (\to オ，カ)$$

(2) $\log_9 x=t$ とおくと

$$x=9^t$$

$$x^{\log_9 8}=9^{t\log_9 8}$$

$$=9^{\log_9 8^t}$$

$$=8^t$$

よって

$$2^{\log_9 x}-\frac{1}{8}x^{\log_9 8}=0$$

$$2^t-\frac{1}{8}\cdot8^t=0$$

$$2^t-8^{t-1}=0$$

$$2^t=2^{3(t-1)}$$

$$t=3(t-1)$$

$$t=\frac{3}{2}$$

$$\therefore\quad x=9^{\frac{3}{2}}=3^3=27 \quad (\to キ)$$

(3)
$$\sin4\theta+t\sin^2 2\theta\geqq0$$

$$2\sin2\theta\cos2\theta+t\sin^2 2\theta\geqq0$$

$$\sin2\theta(t\sin2\theta+2\cos2\theta)\geqq0$$

$0<\theta\leqq\dfrac{\pi}{6}$ のとき $\sin2\theta>0$ であるから

$$t\sin2\theta+2\cos2\theta\geqq0$$

$$\sqrt{t^2+4}\sin(2\theta+\alpha)\geqq0$$

$$\left(ただし，\cos\alpha=\frac{t}{\sqrt{t^2+4}},\ \sin\alpha=\frac{2}{\sqrt{t^2+4}}\right)$$

ここで，$0<\theta\leqq\dfrac{\pi}{6}$ を満たすすべての θ について，与えられた不等式が

成り立つとき

$$0 \leqq \alpha \leqq \frac{2}{3}\pi$$

であり，このときの t の最小値は，右図から

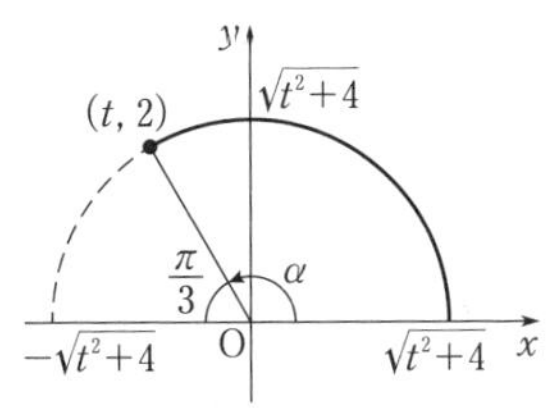

$$\frac{2}{t} = \tan\frac{2}{3}\pi = -\sqrt{3}$$

$$t = -\frac{2}{3}\sqrt{3} \quad (\to ク〜コ)$$

別解　次のように求めてもよい。

$$\sin 4\theta + t\sin^2 2\theta \geqq 0 \quad \cdots\cdots ①$$

$$\sin 4\theta + t\frac{1-\cos 4\theta}{2} \geqq 0$$

$x=\cos 4\theta$，$y=\sin 4\theta$ とおくと

$$y \geqq \frac{1}{2}t(x-1)$$

$0<4\theta \leqq \frac{2}{3}\pi$ であるから，x，y は

$$\left.\begin{array}{l} x^2+y^2=1 \\ -\frac{1}{2} \leqq x < 1 \\ 0 < y \leqq 1 \end{array}\right\} \quad \cdots\cdots ②$$

を満たし，①が $0<\theta \leqq \frac{\pi}{6}$ のすべての θ について成り立つとき，②のグラフは①のグラフの上にある。

よって，t の最小値は

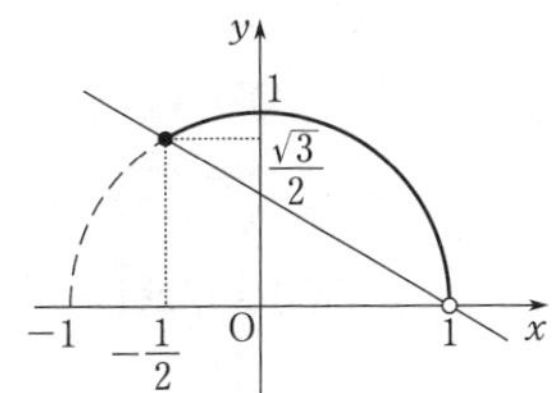

$$\frac{1}{2}t = -\frac{\frac{\sqrt{3}}{2}}{1-\left(-\frac{1}{2}\right)}$$

$$\therefore \quad t = -\frac{2}{3}\sqrt{3}$$

(1)サ． 2　**シ．** 3　**ス．** 2　**セ．** 1　**ソ．** 1　**タ．** 2
チ． 3　**(2)ツ．** 1　**テ．** 6　**ト．** 6　**ナ．** 4

解説

《空間の2直線が交わる条件，三角形の面積》

(1)　直線ABの方程式は，sを実数として

$$(x,\ y,\ z)=\overrightarrow{OA}+s\overrightarrow{AB}$$
$$=(2,\ 0,\ 2)+s(-1,\ 1,\ -1)\quad \cdots\cdots ①$$

また，直線CPの方程式は，uを実数として

$$(x,\ y,\ z)=\overrightarrow{OC}+u\overrightarrow{CP}$$
$$=(1,\ 0,\ 0)+u\{(t+1,\ 2t,\ t+2)-(1,\ 0,\ 0)\}$$
$$=(1,\ 0,\ 0)+u(t,\ 2t,\ t+2)\quad \cdots\cdots ②$$

よって，直線AB，CPが交わるとき，①，②から

$$\begin{cases} -s+2=ut+1 & \cdots\cdots ③ \\ s=2ut & \cdots\cdots ④ \\ -s+2=ut+2u & \cdots\cdots ⑤ \end{cases}$$

⑤−③から

$$2u-1=0$$
$$u=\frac{1}{2}$$

よって③，④から

$$\begin{cases} -s+2=\dfrac{1}{2}t+1 \\ s=t \end{cases}$$

$\therefore\quad s=t=\dfrac{2}{3}$　(→サ，シ)

AQ：QB=2：1　(→ス)

CQ：QP=1：1　(→セ)

△ABP=△ABC　(→ソ)

$\triangle BCP=2\triangle BCQ=2\cdot\dfrac{1}{3}\triangle ABC$

$=\dfrac{2}{3}\triangle ABC$　(→タ，チ)

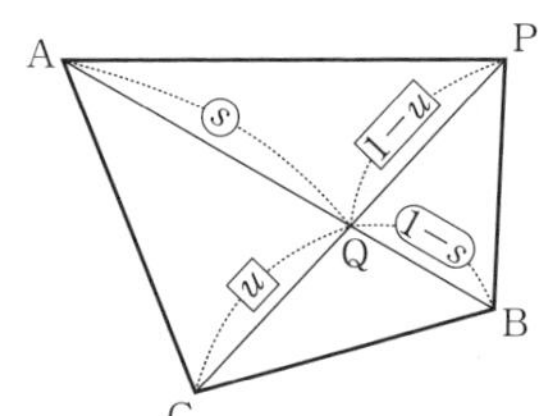

(2)　直線 AB 上の点 R は，r を実数として

$$\overrightarrow{OR}=\overrightarrow{OA}+r\overrightarrow{AB}$$
$$=(2,\ 0,\ 2)+r(-1,\ 1,\ -1)$$

と表され

$$|\overrightarrow{PR}|=\sqrt{\{(-r+2)-(t+1)\}^2+(r-2t)^2+\{(-r+2)-(t+2)\}^2}$$
$$=\sqrt{6t^2-2t+3r^2-2r+1}$$
$$=\sqrt{6\left(t-\frac{1}{6}\right)^2+3\left(r-\frac{1}{3}\right)^2+\frac{1}{2}}$$

から，$|\overrightarrow{PR}|$ の最小値は $t=\frac{1}{6}$，$r=\frac{1}{3}$ のとき $\frac{1}{\sqrt{2}}$ である。

△ABP の面積の最小値は $t=\frac{1}{6}$ のときであり　(→ツ，テ)

$$\frac{1}{2}\mathrm{AB}\cdot\frac{1}{\sqrt{2}}=\frac{1}{2}\sqrt{3}\cdot\frac{1}{\sqrt{2}}$$
$$=\frac{\sqrt{6}}{4}\quad (\to ト，ナ)$$

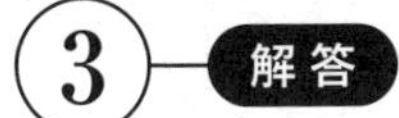

(1)ニ． 1　**ヌ．** 2　**ネ．** −1　**ノ．** 1　**ハ．** 4
ヒ． 0　**フ．** −1

(2)ヘ． 2　**ホ．** 4

あ． a^2-3a+2　**い．** $\frac{1}{4}a^2-1$　**う．** $a^2-6a+11$

(3)マ． 3　**ミ．** 2　**ム．** −1　**メ．** 4

解説

《定積分，2次関数の最小値》

(1)

$$F(x)=\frac{1}{a}\int_{x-a}^{x}f(t)dt$$
$$=\frac{1}{a}\int_{x-a}^{x}(3t^2+6t+2)dt$$
$$=\frac{1}{a}\left[t^3+3t^2+2t\right]_{x-a}^{x}$$
$$=\frac{1}{a}\left[x^3+3x^2+2x-\{(x-a)^3+3(x-a)^2+2(x-a)\}\right]$$

$=3x^2-3(a-2)x+a^2-3a+2$

$=3\left(x-\dfrac{a-2}{2}\right)^2+\dfrac{1}{4}a^2-1$

よって，$y=F(x)$ のグラフの頂点の座標は

$\left(\dfrac{1}{2}a-1,\ \dfrac{1}{4}a^2-1\right)$　(→ニ～フ)

(2)　$0\leqq x\leqq 1$ における $F(x)$ の最小値 m は

(i) $\dfrac{a-2}{2}<0$ すなわち $a<2$ のとき　(→へ)

$m=F(0)=a^2-3a+2$　(→あ)

(ii) $0\leqq\dfrac{a-2}{2}\leqq 1$ すなわち $2\leqq a\leqq 4$ のとき　(→ホ)

$m=F\left(\dfrac{1}{2}a-1\right)=\dfrac{1}{4}a^2-1$　(→い)

(iii) $a>4$ のとき

$m=F(1)=a^2-6a+11$　(→う)

(3)　(i)のとき

$m=a^2-3a+2=\left(a-\dfrac{3}{2}\right)^2-\dfrac{1}{4}$

であり，(ii)，(iii)のとき m は単調に増加し，グラフは右図のようになる。

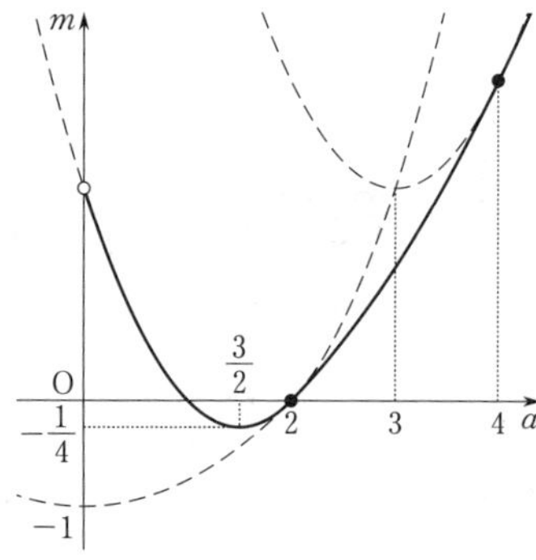

よって，m は $a=\dfrac{3}{2}$ のとき最小値 $-\dfrac{1}{4}$ をとる。(→マ～メ)

講評

大問3題の出題で，1は3問の小問集合であり，3(2)の最小値の部分は答えのみの記述式で，他はすべてマーク式の解答方式である。

1 (1) 3個のさいころを投げるときの目の出方の確率であるが，事象の個数は重複順列として考える必要がある。

(2) 対数方程式であるが，対数の性質から x を求めていく部分はやや難度が高い。

(3) 三角不等式が成り立つ。文字定数の最小値を求めるもので，三角関数を合成する，または，$x=\cos 4\theta$，$y=\sin 4\theta$ とおいて図形的に考えるなどの解法が考えられるが，これもやや難しい。

2 空間の2直線が交わる条件を求めるもので，直線のパラメータの値を求めるところがポイントである。

3 定積分で表された関数の形をしているが，定積分を計算すれば，2次関数の最小値の問題になる。

全体としては標準レベルの問題であるが，1がやや難しかった。

////////////////// ・memo・ //////////////////

2023年度

問題と解答

■一般選抜（学部学科試験・共通テスト併用方式）：法学部

問題編

▶試験科目・配点

試験区分	試験教科・科目		配　点
大学入学共通テスト	外国語	『英語（リーディング，リスニング）』，『ドイツ語』，『フランス語』のうちから１科目選択	60点
	国語	『国語』	40点
	地理歴史または公民または数学	「日本史Ｂ」，「世界史Ｂ」，「地理Ｂ」，「倫理」，「政治・経済」，『倫理，政治・経済』，『数学Ⅰ・数学Ａ』のうちから１科目選択	40点
大学独自試験	学部学科適性試験	【学部共通試験】 社会（国際関係や環境問題を含む）と法・政治に関する試験（基礎学力や思考力を問うもの）	100点

▶備　考

- 大学入学共通テストの英語の技能別の配点比率は，リーディング100点：リスニング100点（200点満点）とする。
- 大学入学共通テストの国語は，古文，漢文を含む。
- 大学入学共通テストの選択科目を指定科目数以上受験した場合は，高得点の科目を合否判定に利用する。第１解答科目・第２解答科目の区別も行わない。
- 大学入学共通テストの得点は，各学科の配点に応じて換算して利用する。
- 任意で提出した外国語外部検定試験結果は，CEFRレベル（A2以上）ごとに得点化し，大学入学共通テストの外国語の得点（200点満点）に上限付きで加点される。

法学部

◀社会（国際関係や環境問題を含む）と法・政治に関する試験（基礎学力や思考力を問うもの）▶

（75分）

1 以下の文章は第一次世界大戦と第二次世界大戦の戦間期における国際政治に関する著作から，条約が国家を拘束する性質について述べた一節である。この課題文を読み，後の問いに答えなさい。

本問題は世界史の知識を問うものではない。なお，条約とは，国家と国家の間の法的な取り決めであり，国際社会において国家と国家の関係を規律する国際法の一部をなす。

条約は原則として法的拘束力をもつことが，すべての国家によって広く認められていたにもかかわらず，1914年以前の国際法は，条約義務の拘束性を絶対のものとすることには消極的であった。つまりわれわれは，次のような事実を考慮に入れなければならなかった。すなわち（ a ）国家は，国際法における条約の絶対的効力を強く主張するが，（ b ）国家は，みずからが制裁されずに済むとなれば，その条約を拒否するのが普通であった，ということである。

1848年フランスは，「1815年の諸条約は，フランス共和国の見解では，もはや効力をもたない」と表明した。1871年にロシアは，クリミア戦争終結時ロシアに課された軍艦通行の制限を取り決めた海峡協定〔1841年7月に結ばれた「海峡制度に関するロンドン条約」〕を廃棄するに至った。こうしたことは，19世紀における似たようないくつもの事件のなかで最も顕著な事例であったにすぎない。このような状況に対処するため，国際法学者はいわゆる（ c ）の原則が条約すべてに事実上含まれているという理論を展開した。すなわち条約上の義務は，条約締結時の一時的状況が続く限りにおいて国際法的に拘束力をもつのであって，状況が変わればもはや拘束力をもたない，ということであった。

この理論は，論理的に行きつくところ，次のような立場にまで至るであろう。すなわち，条約は当事国間の権力関係以外のいかなるものにも拘束されないこと，そして，この権力関係が変われば条約は消滅するのだ，ということである。こうした立場がとられることは，稀ではなかった。ビスマルクは次のような有名な言葉を書き残している。「条約はすべて，ヨーロッパ事情における特定の立場を確認するものにすぎない。条約締結時の事情に変更が生じない限りという留保は，いつも暗黙のうちに了解されている」。

同じ結論は，時折次のように主張する理論から生まれる。すなわち，国家はどんな条約でも時を選ばず廃棄通告する(　d　)をもつ，ということである。セオドア・ローズヴェルトはこの見解を極めて断固たる調子で次のようにのべている。「国家は，みずからが大義とみなすもののために，厳粛かつ公式の手続きに従って条約を廃棄する権利を当然もつ。それはちょうど国家が十分な名分を掲げて宣戦布告をしたり，あるいは別の権力を行使する権利をもつのと全く同じである」。

ウッドロー・ウィルソンは，パリ平和会議期間中の非公式会談でこうのべている。つまり，自分は国際法の教師の時代，国家がいかなる条約――これによって国家はいつも拘束されているのだが――をも廃棄する力をもっているとつねに考えていた，というのである。1915年，「自然主義」学派にして中立的な立場をとるある著名な国際法学者は，(　e　)という原則についてこう書いている。「この原則を，国内外で例外なく正当な法規則とみなす人は誰もいない」。

世界の最強国として条約の効力を守ることに最大限の利益をもっていたイギリスでさえ，条約上の義務が無条件に拘束力をもつのだ，という見解を認めることには明らかに消極的であった。その最も有名な事例は，1839年のベルギー中立保障条約である。同条約においては，イギリスを含めてこれに参加したヨーロッパ主要国が彼らの一国でもベルギーの中立を侵せば，他の締約国はこれに共同ないし個別に対抗しなければならなかったのである。

1870年，グラッドストーンは下院で次のように演説した。この演説の一節は，グレーによって1914年8月3日の演説で肯定的に引用されたものである。グラッドストーンはいう。「保障条約に従うべき機会が訪れたとき，当事国が置かれたある特定の立場に全く関係なく，条約が現にあるという単純な事実のゆえにすべての当事国は拘束されるべきだ，などという安易な主張をこの下院で展開してきた人たちの理論には承服できない」。こうした主張をグラッドストーンは，(f)と考えたのである。

(中略)

(c)の原則と同様，柔軟性のあるいま一つの原則が，国際義務の不履行を正当化するために時どき援用されてきた。「必要性」ないし「死活的利益」の原則である。有名な法の格言として，何人(なんぴと)も不可能なことを履行するよう要求されることはない，という言葉がある。国際法上，次のようなことがしばしば主張される。すなわち不可能なことのうちには，国家の死活的利益(主として(g)を意味する)にとって有害となる行動が含まれる，ということである。論者のなかには，国家はすべて他国に対するいかなる義務をも無視する自己保存の法的権利をもつのだ，とことさら主張するものもいる。このような見解は，戦時には特別の重みをもつことになるのである。

1914年12月におけるイギリスの封鎖措置〔北海を封鎖して，中立国が「戦時禁制品」をドイツに輸送するのを阻止したこと〕に対する抗議覚書で，アメリカ政府は次のことを国際法の原則であると規定した。すなわち，交戦国は純粋な商業活動に干渉すべきではないこと，「ただし，このような干渉が自国の安全を守るために，明らかに緊急の必要性をもつなら，話は別である。しかしその場合でも，必要やむをえない範囲にとどめられる」というわけである。イギリス政府は有り難くこの解釈を受け入れ，それ以後，「緊急の必要性」という争い難い理由によってその封鎖行動を正当化することができた。イギリスを除いて，この「緊急の必要性」という要件を誰も査定する資格などもってはいなかったのである。

(中略)

「いまいましい法よ！わたしは運河の建造を望んでいるのだ」。これはパナマ運河の危機にあたって，セオドア・ローズヴェルトが放った言葉だと一般に考えられている。1939年，日本のある「海軍スポークスマン」は，中国領海を航行中の外国船に日本の偵察隊が乗り込んだことに言及しているが，彼は次のようにのべたと伝えられている。「それは，これをなすことの権利を日本がもっているかどうかの問題ではない。(h)」。ヒトラーはこう書いている。「国家が抑圧の危機ないしは滅亡の危機にさらされている以上，(i)」。

条約義務の不履行を正当化することが明示的ないし黙示的になされる場合，その申し立てられた正当化の理由が法的根拠に基づくのか，それとも道義的根拠に基づくのか，これをその用いられた言葉から見抜くことは，実際問題としてはしばしば困難を伴う。(c)の原則が機能したために，あるいは何か他の理由のために，条約義務はもはや法的に拘束力をもたない，ということなのか。それとも，法的義務は認められるのだが，国家は，法そのものが道義に反するとか，不合理であるとか，実行不可能であるとか，といった理由で――ちょうど市民が時どき国内法を無視する権利を道義上もつのと同様に――その法を無視する権利をもつのだ，ということなのであろうか。

大まかにいえば，1914年以前には，(e)という原則は弾力的に解釈されていて，義務不履行は法的に容認できるとして擁護される傾向にあった。ところが1919年以後は，この原則の解釈が次第に厳格になり，義務の不履行が許されるのは，主として次のような理由からであった。すなわち理性ないし道義を慮(おもんぱか)るからこそ，国家はそれを厳密な法的義務であるとみなさなくてもよい，というわけである。

国際法のディレンマは，教会の教義がもつディレンマと同じである。さまざまな必要に応じる(j)解釈にすれば，信者の数は増えていく。(k)解釈は理論的には望ましいが，教会からの信者の離脱を誘発する。これは疑いの余地もないことだが，1919年以後国際法の諸規則が一層頻繁かつ公然と犯されたのは，これら諸規則を強化してより厳密にしかも正確に解釈しようとする戦勝国の善意ある努力に一部起因するものであった。

この時期における多くの条約義務違反を調べてみても，期待されたほどの明確な結論は出てこない。というのは，数多くのケースで当事国は，そもそも条約義務の不履行はなかったと主張するか，あるいは条約はまず相手国が違反したのだといい張ってみずからを擁護したからである。1932年12月フランスの下院は，アメリカとの間で結んだフランス戦債協定の履行を次のような理由で拒否した。すなわち，6年前の協定締結以後，「決定的事情」が変化したからだ，というのである。これは1919年以後では，（　c　）の原則の明示的援用に最も近いものであった。

英米戦債協定に関するイギリスの債務不履行は，「経済的困窮」を理由に正当化された。しかし議論の主たる根拠は，法的なものではなくて（　l　）なものであった。すなわち，協定によって課された義務は「非合理」かつ「不公平」であった，というわけである。『タイムズ』によれば，戦債は「通常の商取引と同じ道義的効力をもつものではない」という見解であった。これより前の段階でネヴィル・チェンバレン――当時は大蔵大臣であった――は，この義務が法的拘束力をもつことを明確に認めていた。しかし彼は，法的義務よりももっと高次元とみられる他の義務に訴えてこうのべている。

契約は神聖でなければならないといわれるが，そしてまた，われわれが引き受けた義務から決してはずれてはならないといわれるが，その場合次のことを忘れてはならない。すなわち，われわれは他に義務と責任をもっていて，しかもその義務はわが同胞のみならず世界中の多くの人びとに対するものだ，ということである。そしてこれら人びとの幸不幸は，これら義務の履行が一方の側からどれほど強く要求され，他方によってどれほど果たされるかにかかっているのである。

1935年3月，ドイツはヴェルサイユ条約の軍事条項を破棄するが，そのとき同国は，条約の他の当事国が軍縮義務を履行しないからだとして，みずからの行動を正当化した。1年後，ロカルノ条約の廃棄は次のような理由で正当化された。すなわち，仏ソ相互援助条約を締結した〔1935年5月〕フランスの行動によって，ロカルノ条約は「事実上存立できなくなった」というのである。いずれにしても，これらは表向きには法律論である。しかし，ラインラント占領後間もなく行なわれた公開演説で，ヒトラーは次のように法的な弁明を拒んで道義的弁明を行なった。すなわち，「たとえ世界中の他の人たちが条約の字義にこだわっても，私は永遠の道義を守る」というわけである。

したがって，全体的にみれば次のようにいえよう。すなわち，戦間期における条約不履行についての弁明は，条約拘束性の原則に対する適用制約――これは国際法によって認められているのだが――という法的理由からなされるのではない，ということである。そうではなくて，この条約不履行についての弁明は，ある条約が法的には拘束力をもつが道義的効力を欠くものだ，という理由からなされるということである。

＊E．H．カー(原彬久訳)『危機の二十年－理想と現実－』(2011年，岩波文庫，原著第一版は1939年出版)346-356頁を一部改変。

問1　空欄a，bに入る最も適切なものを次から<u>それぞれ</u>一つ選びなさい。

① 真の国家間の平等を考える
② 民族の融和を掲げる
③ 自国の領土拡大を画策する
④ 条約によって不利益を被る
⑤ 国際社会全体の安定を優先する
⑥ 現状維持に関心をもつ
⑦ 人類の未来と繁栄を考える
⑧ 自国の経済的発展を志向する

問2　空欄cに入る最も適切なものを次から一つ選びなさい。

① 緊急避難
② 正当防衛
③ 義務の絶対的遵守
④ 不可抗力
⑤ 事情変更
⑥ 権力絶対

問3　空欄dに入る最も適切なものを次から一つ選びなさい。

① 相対的な義務

② 絶対的な権利

③ 相対的な権利

④ 限定的な義務

⑤ 絶対的な義務

⑥ 限定的な権利

問4　空欄eに入る最も適切なものを次から一つ選びなさい。

① 合意は柔軟でなければならない

② 条約は神聖である

③ 合意は守られなければならない

④ 国家主権は平等たるべし

⑤ 条約は双方の合意によって締結される

⑥ 合意は力あるものによって決められる

問5　空欄fに入る最も適切なものをすべて選びなさい。

① 合理的

② 誠実

③ 非実際的

④ 戦略的

⑤ 日和見主義

⑥ 包括的

⑦ 硬直的

⑧ 現実的

⑨ 自己中心的

問6　空欄gに入る最も適切なものを一つ選びなさい。

① 経済成長

② 国内政治の安定

③ 国際的名声

④　安全保障

⑤　人種の多様性

問7　空欄h，ｉに入る最も適切なものを次からそれぞれ一つ選びなさい。

①　それはもはや道義の問題ではない

②　それこそが世界平和に貢献しうる唯一の方法だからだ

③　合法性の問題は副次的な役割でしかない

④　ただ，そうする義務があるから，我々はそうしなければならないのだ

⑤　それは必要なことであり，だから我々はそれをなしているのだ

⑥　行為の合法性こそが決定的なのだ

⑦　敵対する国であっても，その良識に期待するより他はない

⑧　なすすべなく全てを受け入れるしかない

問8　空欄ｊ，ｋに入る最も適切なものを次からそれぞれ一つ選びなさい。

①　弾力的な

②　粗雑な

③　論理的

④　中立的

⑤　歪曲的

⑥　厳格な

⑦　突飛な

⑧　先進的

問9　空欄ｌに入る最も適切な言葉を文章中から抜き書きしなさい。

問10　本稿の論旨に合わないものをすべて選びなさい。

①　条約の解釈を厳密にし，実施を強化しようとすれば，かえって条約違反を誘発することがある。

②　条約が守られない事情は，常に条約違反を正当化する法的な理由に基づ

いて説明される。

③　条約はそれが締結された際の事情が変わらないかぎりにおいて，守られる。

④　条約が法的に拘束力を持つものでも，国家は時として自己保全のためにそれを守ることを拒否する。

⑤　国際社会において，どれほど厳しい状況でも，国家間の合意は絶対的なものとして尊重されなければならない。

⑥　ある国にとって死活的利益を保護するために何が必要であるかを，後から第三者が正しく評価することは難しい。

⑦　理性や道義が法的義務と矛盾することは絶対に起きない。

⑧　課題文の筆者は，条約が形作る国際秩序の絶対性を伝えている。

⑨　条約にかかわらず，国家には自己を守る強い権利が認められる。

2　以下の文章(課題文)を読んで，後の問いに答えなさい。

1．「人新世(ひとしんせい)」という特別な時代

私たちはいま，期せずして，住み慣れた「完新世」を去って，全く未知の地質時代「人新世」に踏み出すという，特別の時代を生きている。

人類は，近代的なテクノロジーを活用し化石燃料由来のエネルギーを際限なく使用することで，経済発展を遂げてきた。その前提は，(　a　)という世界観であった。しかし，現実には，我々の経済活動は，まさに繁栄の礎であった安定的でレジリエント(自己回復力のある)な地球システムを壊しつつある。世界中で頻発する異常気象や地球規模の生物多様性の喪失は，その証左である。「我々の世界はとてつもなく大きくなり，地球は小さくなって，我々の活動が地球のキャパシティを超えるようになってきた」(ヨハン・ロックストローム)のである。

科学者によれば，20世紀半ばまでに人類は地球システムの機能やプロセスに影響を及ぼす圧倒的な存在となった。これを「人の時代」，あるいは「人新世」(the Anthropocene)と呼ぶ。「人」と「地球」の関係が根本的に変わった時代である。そ

こでは，人は自分たちのよって立つ地球を，自分たちの存続と繁栄のために管理する責任が生まれる。しかし我々はこの科学的事実とその意味するところをまだ十分理解しておらず，この時代を生き抜くための新たな体制を整えてもいない。

科学からのメッセージは明白である。我々は今，人類史上の岐路にいる。このまま地球温暖化が止まらず，灼熱地獄に墜ちるのか，地球の安定性とレジリエンスを回復できる経路へと舵を切りなおすのか。科学者の忠告通り平均気温上昇を今世紀末に1.5℃未満に抑えるには，2050年に脱炭素(カーボン中立)を達成すること，そしてそのために2030年までにカーボンを半減することが必要になる。これは現在の経済社会の大きな転換によってしかなし得ない。この人類にとっての一大作業に残された猶予は，あと10年である。

2．なぜ我々は人新世に踏み出してしまったのか？

現生人類は約200万年前に誕生し，繰り返す氷河期をかろうじて生き延びたが，現在の文明が発展したのは，1万2000年前から始まった間氷期(完新世)の間である。この間地球の平均気温は上下1℃の変動幅の中で極めて安定した。この奇跡的に穏やかな地球環境の下で，人類は農耕文明を発展させ，都市を作って分業し，技術や制度を発展させた。文明は完新世の賜物であった。

しかしこの経済発展のパターンは，地球の安定的でレジリエントな機能を損ない始めた。主要なエネルギー源となった化石燃料の使用によって，大気中のCO_2濃度は280 ppmから410 ppmに，世界の平均気温は産業革命以前に比し1.2℃も上昇した。増え続ける人口を賄うための食料生産は温室効果ガス(GHG)の25%を排出する一方，熱帯雨林の農地転換を引き起し，生物多様性喪失の主要因となっている。

増加する人口は都市に集中し，すでに世界人口の5割以上が都市に住む。その都市はGHGの70%超を排出している。さらにアジアとアフリカで都市の形成と人口集中が進んでいく。そしてTake-make-wasteと言われる直線的な経済モデルが，資源・エネルギーの濫用をもたらしている。こうした現在の経済の在り方が，地球システムの容量を超え，安定的な地球システムを毀損している。

地球システムはこれまで，人間の活動からくる負荷をよく吸収し，定常状態にとどまろうとしてきたが，ある(　b　)を超えると変化が連鎖し，急激に別の状態へと不可逆的な移行を始めると考えられる。現在，安定とレジリエンスのために重要な15の生物群系や生態系のうち，すでに9つで(　b　)を超えつつある。科学者は，これが連鎖を引き起こし，灼熱地獄に転落する危険に警鐘を鳴らしている。

我々が，完新世に近い状態の地球システムを保ちつつ，持続可能に発展するためのガードレールを示そうとした地球システム科学者たちがいる。ヨハン・ロックストロームらは，2009年にプラネタリー・バウンダリー(地球の限界)の枠組みを打ち出し，地球を安定的でレジリエントなものにした9つのサブ・システムを特定した。そして我々が今どのくらい危険な状態にあるかを計測した。結果は9つのサブ・システムのうちすでに4つで(　b　)を超えているか超えようとしているというものであった。

こうした科学的知見は，我々の経済の在り方が，地球システムに負荷をかけ，その容量を超えて地球システムの重要な機能を変化させていること，そして我々が安定的な地球システムを失う危機に近づいていることを示している。人新世では，地球システムと人間の経済システムが衝突している。その根本的な解決は，我々が経済システムを変えることである。

3．グローバル・コモンズの責任ある管理

人新世に踏み出してしまった我々が，灼熱地獄に至ることなく，プラネタリー・バウンダリーの枠内で，持続可能な発展を遂げるために，何をすべきか。

本稿ではひとつの概念，「グローバル・コモンズの責任ある管理(Stewarding Global Commons)」を提唱する。人類の文明を支えてきた「安定的でレジリエントな地球システム」は，人類の共有資産である「グローバル・コモンズ」であり，人類が協調して責任を持って管理し次世代に引き継ぐべきもの(スチュワードするもの)である。

コモンズとはもともと，あるコミュニティが共有し皆で利用する(誰かの所有に属さない)牧草地，水源，森林や漁場などをいう。ここでコミュニティの構成員が，個人としては「合理的」に動き，自分の利益だけを追求してコモンズを利用しようとすると，共有資産は取りつくされ共有地は荒れ果て，結果的には皆が損をする。「コモンズの悲劇」といわれる事態である。しかし興味深いことに，多くのコミュニティは，コモンズを守るための何らかの取り決めを編み出し，構成員がそれを守る仕組みを創ってきた。そのルールは明文化され，あるいは慣行として守られてきたが，要は構成員がルールを知り，それを守ることの重要性，守らなければ結局は自分が損をすると理解していることである。コミュニティは構成員が誰かを知っているし，ルールを破ったときのペナルティも理解している。コモンズを守り，自分たちの子ども世代へ引き継ぐことの大切さも理解している。この結果，多くのローカルなコミュニティで，コモンズは守られてきたのである。

我々が直面している問題は，コモンズがローカルからグローバルになったとき，たとえば村の入会地から，はるかに離れたところにあるアマゾンやスマトラの熱帯雨林になったときに，この新たなコモンズを守る仕組みを持っていないということである。アマゾンやスマトラは遠く，それを失うことが自分の日常にどのような影響があるかを実感することは難しい。自分の食生活(パームオイルやコーヒー)や住生活(木材)がどれだけ熱帯雨林の乱伐採の上に成り立っているかに我々は無関心であるし，そうした情報に接する機会にも乏しい。我々の経済活動がグローバルになるにつれ，ローカル・コモンズの場合とは違って自分の行動の帰結を知ることは少なくなり，グローバル・コモンズを守る意味が実感されることは，ほとんどない。

我々の向き合うべき課題は，グローバル・コモンズ――安定的でレジリエントな地球システム――を守るために，ローカル・コミュニティでコモンズを守る礎であった(　c　)や守るための社会的な(　d　)，それに則った慣行，違反者が出たときの罰則などの仕組みを，作っていけるかどうか，である。

ここでいうグローバル・コモンズは，国際法でいう公海，宇宙，南極大陸等のどの国の主権にも属さない領域とも，前述のローカルなコモンズとも異なり，地球と世界の持続可能性のための新しい概念である。(e)それが危機に陥っているのは，ローカル・コモンズを管理した仕組みが，グローバル・コモンズではうまく機能しないからであろう。いや，そもそも地球システムやその構成要素であるバイオームや生態系，循環を(　f　)して管理することは，人類にとって初の挑戦なのだ。(　f　)による管理の失敗によって「グローバル・コモンズの悲劇」が起こってしまうことは，どうしても避けなければならない。

グローバル・コモンズを科学的に捉えると，「完新世のような安定とレジリエンスのある地球システム，およびそれを支える重要なサブシステム」である。それは特定の場所(海洋やアマゾン流域)や生態系・生物群系(熱帯雨林や北方林)も要素とするが，それら自体というよりは，エネルギーや物質の循環なども併せた地球の(サブ)システムが安定して機能している状態である。プラネタリー・バウンダリーは，人間の経済活動が地球の容量を超えないためのガードレールというわかりやすい形でグローバル・コモンズを提示するものである。

同時に，グローバル・コモンズには，「将来世代を含む全人類の利益のために人類が協調して守るべき対象」というガバナンスの観点からの規範的な意味もある。これまで世界のガバナンスのあり方を規定してきた国家主権や私権(占有権，私有権，利用権など)ではそれをうまく管理できないからこそ，今の危機と課題がある。つまり，グローバル・コモンズは，既成概念を超えて，人類の共通利益のために新しいガバナンスを求めている。

＊石井菜穂子「グローバル・コモンズの責任ある管理――持続可能なシステムの構築」『世界』2021年5月号，72-75頁より一部改変。

問1　空欄aに入る最も適切なものを次から一つ選びなさい。

①　安定的な地球を守ることは構成員全員の利益である
②　人間活動と地球システムは衝突しないよう調和を追求すべきだ
③　生物群系や生態系は地球活動の変化に伴って進化していく
④　人類の存続と繁栄のためにはエネルギー消費は不可欠である
⑤　地球はとても大きく我々の世界は小さいので，我々が何をやっても地球は大丈夫だ

問2　空欄bに入る最も適切なものを次から一つ選びなさい。

①　境界線

② 沸点

③ 臨界点

④ 識閾

⑤ 限界

問3　空欄c，dに入る最も適切なものをそれぞれ一つ選びなさい。

① 規範

② 自己利益

③ 合理性

④ 監視

⑤ 伝統

⑥ 教育

⑦ 帰属意識

⑧ 経済活動

問4　下線部eの筆者の主張の根拠として当てはまるものをすべて選びなさい。

① 自分の住んでいる地域から遠い森林のことについて関心を持ちにくいから。

② インターネットの発達によって海外の情報に簡単に接することができるようになったから。

③ 原料から商品までのサプライチェーン(供給網)がグローバルになり，自分の消費行動の帰結がわかりづらいから。

④ グローバル・コモンズに関する世界的なガバナンスの仕組みがないから。

⑤ 国際的な環境保護団体の活動が不活発だから。

⑥ 人々に国際法の知識が不足しているから。

問5　空欄fに入る最も適切な言葉を文章中から抜き書きしなさい。

問６　課題文の指摘や論旨に合わないものをすべて選びなさい。

① 地球は人新世というまったく新しい時代に突入したが，この未知の地質時代は人類の活動によって引き起こされた。

② 個人や企業が自分の利益を追求するのは合理的である以上，私権を制限することでしか共同体の利益を守れない。

③ プラネタリー・バウンダリーの枠内に経済活動を制限することは，自分の利益に適うことである。

④ 個人が非合理的な行動を取ったために皆が損する事態のことをコモンズの悲劇と呼ぶ。

⑤ 灼熱地獄を回避するために，科学者たちは15の生物群系や生態系の安定性を計測し，９つのサブシステムのガードレールを示した。

3 以下の文章(課題文)を読んで，後の問いに答えなさい。

法を執行される側の統制関心として，第一にあげられるのは，権利保護の要求である。これは，一般的に，自己の行動決定に干渉してくる他者，とくに権力の行動をあらかじめ普遍的な法規範に服せしめることによって，自己の権利とされるものの(　a　)を確認していくことである。あるいは産業規制に引きつけていえば，予測可能性への期待としてもそれは把握される。合理的な経済活動が行われるためには，市場での取引が担保されるだけでなく，今や政府による産業規制が経済活動の隅々にまで及んでいる点から，企業として，何が禁止され，何をしたら法的な不利益処分を受けるのかが事前に，明確に分かっていなければならない。このように権利が保障され，あるいは予測が可能になるためには，一般に法が権利を宣言し，いかなる規制が行われるか，あらかじめ予告するとともに，実際に規制が法に従って行われる，すなわち規制機関自らその法に拘束されつつ規制を行うという条件が必要なのである。

しかしこの法の支配に託された統制関心も，もはや法の忠実な執行だけでは満たされない。法の執行は規制目的の実現を目標化し，内にゆらぎを含んだものとなっているのであって，どうしても同じ統制関心を充足するにも付加的な手段を必要とせざるをえない。実際ゆらぎがないところでも，法化が進み，産業規制が細かくなってくると，かなり専門的なスタッフを抱える企業ですら，公布された法規を参照するだけでは，これから行おうとしている行為が禁止規定にふれるかどうか必ずしも明らかでない場合が増えてくる。ましてゆらぎがあれば予測はいっそう困難になってくる。そこから事前に関係官庁に相談し，必要な情報を得たり，あるいは行政の方でもいきなり制裁ないし不許可処分を出さずに，まずインフォーマルに是正勧告を行ったりするという，もはや(b)狭義の法執行モデルではとらえられない特有の適応行動が生じてくる。

それは第一次的には，執行のゆらぎに対する防衛反応であり，自由主義的な統制関心の代替的な充足を図るものであるが，同時に，そうしたインフォーマルな協議の中に，狭義の法情報の授受だけでなく，被規制者の側からする法の具体化に関わるあるべき規制への要求も，また逆に，行政の側から被規制企業の誓約をとっていくための取引も当然に入り込んでくることから，それはむしろゆらぎを作り出す，あるいは大きくするものでもある。

このように現実の法の執行が，普遍的に妥当する法を一律に執行していくという古典的な法のイメージとは裏腹に，無数のゆらぎを含んだ個別的な協議として行われることになると，そもそも権利が法によって担保された利益であり，普遍的な法の妥当によってそうした権利が守られるとする，法の機能に関する自由主義的な理解そのものにも反省が必要になってくる。行政と企業との，さらには企業とその企業活動によって直接に影響を受ける消費者なり，労働者なりとのミクロな，法規制をめぐる無数の交渉こそが法の執行にほかならないとすれば，特定の規制を法に義務づけられたものとして執行していく法の適用から，どのような規制が好ましいかを考えていく，あるいは交渉の中で決めていくという，むしろ法の定立に近いものまで含んだ形の法実現が行われることになるからである。そこでは，被規制者は，法によって権利を守られる者としてよりも，むしろいかなる法が妥当すべきかを決めていく主権者に近い立場に立っているのである。

このように権利保護という自由主義的な法執行への統制関心の充足も，もはや法による権利体系の一般的な確立だけではすまず，協議を通じた予測可能性の確保から(　c　)まで視野に収めていくことによってはじめて把握可能になるとすれば，当然に統制を本来の仕事とする裁判のあり方にも変化が生じざるをえない。

(中略)

こうしたゆらぎを含んだ秩序に対し，権利争訟化の機能を充足していく裁判とは，それでは具体的にどのような裁判なのであろうか。

その答えは，二つの方向から探っていくことができる。一つは，これまで法の執行にあたかもゆらぎが含まれていないかのように，国民の法執行へのかかわりを合法性の監視だけに限定してきたのを改めて，ゆらぎに対応した<u>参加</u>(d)なり，交渉なりの国民の代替的統制を積極的に支援していくことである。もう一つは，大文字の法の忠実な適用という，法秩序維持に一面的に定位したこれまでの裁判の役割規定を，小文字の法の法秩序的なインプリケーションを積極的に引き出していく権利争訟化の機能性を取り込む形で，再定義していくことである。

(中略)

その一つの可能なモデルは，「自律援助型」裁判手続のモデルの中に見い出される。それは基本的に，裁判の役割を，これまでの法(大文字の法)の意味を確認し，その維持を図っていくことよりも，むしろ人々の自律の欲求，すなわち，他者との関係づけ(小文字の法)を通じて，その生活空間を自己の意思で規律していきたいとする欲求に答えていくことに求めるものである。

裁判は，その機能を法規制とみるにせよ，紛争解決とみるにせよ，社会全体の法規制なり，紛争解決なりのうちのごく一部にしか関与しない。人々は問題を裁判に持ちこむ前に，直接相手方との間で，具体的にいかなる行為が相互に期待されるのかその食い違いを調整していくことを行っているのであって，そこで確認されたものが当事者にとっての(　①　)の法にほかならない。これは基本的に(　②　)の法を参照しつつ，その意味内容を自分なりの状況に即して敷衍していくという形をとるが，その中に，法だけでは決定されつくせない部分に，当事者なりの状況の解釈，その独自のあるべき社会のヴィジョンが織り込まれていくのである。

さらに，合意によって，法の指示とは異なった取り決めを当事者間でする可能性も一般にはかなり広く残されている。もちろん法規制の場合，行政に許される裁量にはおのずから限界があるが，規制の趣旨を敷衍していく形の合意は，ほとんど行政執行の一部にさえなっている。その面でも（　③　）の法は，（　④　）の法の射程をこえて，その内容を膨らませていく開放性を本質的にもっている。また，裁判の役割を考える場合大切なのは，こうした自由度の大きい（　⑤　）の法を使って，生活空間を規律していこうとする自律への意欲は，ひとたび裁判に問題が持ち出されれば消滅するという根の浅いものではないということである。むしろ当事者自身の意欲という点でいえば，裁判を使って，その自主的な交渉だけではうまくいかなかった自分たちなりの（　⑥　）の法の形成をもう一度やり直して，自律を貫徹していこうとする意思が，この訴え提起後も一貫して流れているといってよい。それが実際に，裁判上の和解を促し，時には判決が出た後にもう一度それを基盤に話し合いを進めていく「判決後交渉」を生み出す根源的な要因でもある。

とすれば，裁判の役割として，この人々の間にある自己規律への欲求を汲み上げ，それを支援していくという新しい役割が浮かび上がってくる。自律援助型の裁判手続の基本は，一言でいえば，訴訟の前後を通じて裁判外で一貫して行われている（　e　）な交渉と，裁判内での対審的な弁論との同型性を可能なかぎり確保していくことによって，訴訟が交渉に接合され，共振を起こしやすい条件を作り出すことである。法化社会が，一個の（　⑦　）の法によってではなく，無数の（　⑧　）の法が反響を重ね合わせながらゆらぎを含んだ法秩序を必然化するとすれば，裁判もまた一個の（　⑨　）の裁判としてではなく，無数の（　⑩　）の裁判の合成として機能せざるをえないのである。

＊棚瀬孝雄「法化社会と裁判」『権利の言説―共同体に生きる自由の法』(勁草書房，2002年)110-112頁，121-125頁を一部改変。

問１　空欄ａに入る最も適切なものを次から一つ選びなさい。

①　安定性

②　緊急性

③　信頼性

④　実在性

⑤　不可侵性

問2　下線部bの「狭義の法執行モデル」とは，行政がどのように規制を行うモデルのことなのか，課題文をもとに30字以内で答えなさい。

問3　空欄cに入る最も適切なものを次から一つ選びなさい。

①　違法行為の除去という規制目的の達成

②　違法行為の発見と制裁付与

③　交渉を通じたミクロな法の創造

④　規制目的達成のための社会的責任の創出

⑤　法規制の目的とそれに適合する手段方法の再検討

問4　下線部dの「参加」とはどのようなものと考えられるか。適切でないものを次からすべて選びなさい。

①　行政が法を実際に執行する前の，執行の一般的な方針を定める過程に，国民が参加すること。

②　被規制者である企業の運営に監督官庁の担当者が参加すること。

③　行政が産業規制を厳格に法規通りに執行しているか監視することにより，国民が法執行に参加すること。

④　行政による法執行に任せきりにせず，違法行為を行っている企業に対し，国民が直接に損害賠償や差止めを求めて訴えを起こすことにより，法執行に参加すること。

⑤　法は企業に特定の行為まで指示せず，期待する安全の具体的目標のみを示すこととし，規制目標を具体化する協議の場に，利害関係を持つ国民が参加すること。

⑥　法を現実に合わせて立法する作業において，企業の代表が国会に参加すること。

問5　空欄①～⑩には「大文字」または「小文字」が入る。「大文字」が入る箇所をすべて選びなさい。

問6　空欄eに入る最も適当なものを次から一つ選びなさい。

①　強制的
②　対立的
③　党派的
④　自主的
⑤　相互的
⑥　継続的

解答編

法学部

◀社会（国際関係や環境問題を含む）と法・政治に関する試験（基礎学力や思考力を問うもの）▶

1 **解答**　問1．a―⑥　b―④　問2．⑤　問3．②　問4．③　問5．③・⑦　問6．④　問7．h―⑤　i―③　問8．j―①　k―⑥　問9．道義的　問10．②・⑤・⑦・⑧

◀解　説▶

≪条約が国家を拘束する性質≫

問1．第1段落第1文の「条約は原則として法的拘束力をもつことが…条約義務の拘束性を絶対のものとすることには消極的であった」の部分を解釈すると，条約によって現状維持が確保され，自国の利益になるのであれば，条約の法的拘束力を主張するが，それが自国の不利益になり，条約を遵守しなくても罰則がないなら拘束力を拒否するということになる。その拒否の例が第2段落で述べられている。

問2．第2段落の「（　c　）の原則」を含む文の次にくる最終文の「条約上の義務は，条約締結時の一時的状況が続く限りにおいて国際法的に拘束力をもつのであって，状況が変わればもはや拘束力をもたない」という内容が「（　c　）の原則」を言い換えている。また，第3段落最後のビスマルクの言葉「条約はすべて，…条約締結時の事情に変更が生じない限りという留保は，いつも暗黙のうちに了解されている」に「事情」「変更」という言葉が含まれている。

問3．第4段落最後のセオドア=ローズヴェルトの言葉の「国家は，…条約を廃棄する権利を当然もつ」の「当然」という言葉から考えて，②「絶対的な権利」が適している。

問4．（　e　）の原則については第5段落最終文の，ある著名な国際法学者の言葉「この原則を，国内外で例外なく正当な法規則とみなす人は誰もいない」があり，それを受けて第6段落第1文で「世界の最強国として条約の効力を守ることに最大限の利益をもっていたイギリスでさえ，条約上の義務が無条件に拘束力をもつのだ，という見解を認めることには明らかに消極的であった」と書かれている。「条約上の義務が無条件に拘束力をもつ」の言い換えとして適しているのは，③「合意は守られなければならない」である。

問5．（　f　）の直前の「こうした主張」は，グラッドストーンの演説の「当事国が置かれたある特定の立場に全く関係なく，条約が現にあるという単純な事実のゆえにすべての当事国は拘束されるべきだ」という主張である。これを承服できないとグラッドストーンは考えているのであるから，承服できない理由として適当な選択肢を選ぶと，③非実際的，⑦硬直的になる。国々の特定の立場を全く考慮せずに条約そのものの絶対的な拘束力を強調している状況を「非実際的」「硬直的」という言葉で表している。

問6．第8段落第5文の「不可能なことのうちには，国家の死活的利益…にとって有害となる行動が含まれる，ということである」を受けて第6文で「国家はすべて他国に対するいかなる義務をも無視する自己保存の法的権利をもつ」の中の「自己保存の法的権利」，そして最終文の「戦時には特別の重みをもつ」という部分から判断して，国家の死活的利益とは自国の領土，国民を他国の侵略から守る④「安全保障」のことだとわかる。

問7．「緊急の必要性」の理由での行動は（たとえ法や条約を破っても）正当化されるということが第9段落で述べられているので，（　h　）は〈これをなすことの権利を日本がもっているかどうかの問題ではなく日本にとって必要な行為だからしている〉という主張が適当である。（　i　）を含むヒトラーの言葉「国家が抑圧の危機ないしは滅亡の危機にさらされている」は「緊急の必要性」の状況なので，③「合法性の問題は副次的な役割でしかない」が適当である。副次的という表現を使っているのは「緊急の必要性」よりも「合法性」の方が優先順位が下であることを示すためである。

問8．国際法のディレンマとは第12段落より，「1914年以前には，合意は守られなければならないという原則は弾力的に解釈されていて，義務不履行は法的に容認できるとして擁護される傾向にあった」のが，「1919年以後は，この原則の解釈が次第に厳格にな」ると，「国家はそれを厳密な法的義務であるとみなさなくてもよい」と考えるようになったこと，と解釈できる。これを教会の教義がもつディレンマ，つまり「(　j　) 解釈にすれば，信者の数は増えていく。(　k　) 解釈は理論的には望ましいが，教会からの信者の離脱を誘発する」と同義であると筆者は考えているわけだから，(　j　) には①「弾力的な」，(　k　) には⑥「厳格な」という言葉が入る。

問 9．第 11 段落で，条約不履行の正当化の理由が「法的根拠」に基づくのか，「道義的根拠」に基づくのかを検討するにあたり，「道義的根拠」に基づく場合について，「国家は，法そのものが道義に反するとか，不合理であるとか，実行不可能であるとか，といった理由で…その法を無視する権利をもつのだ」と説明されている。第 15 段落の (　l　) を含む文に続いて，「すなわち，協定によって課された義務は『非合理』かつ『不公平』であった」と書かれていることからも (　l　) には「道義的」という言葉を入れるのが適当だとわかる。

問 10．①正しい。第 13 段落第 4 文に「これは疑いの余地もないことだが，1919 年以後国際法の諸規則が一層頻繁かつ公然と犯されたのは，これら諸規則を強化してより厳密にしかも正確に解釈しようとする戦勝国の善意ある努力に一部起因するものであった」とある。

②誤り。第 11 段落第 1 文に「条約義務の不履行を正当化することが明示的ないし黙示的になされる場合，その申し立てられた正当化の理由が法的根拠に基づくのか，それとも道義的根拠に基づくのか…」とあり，道義的理由で説明されることもある。

③正しい。第 2 段落で説明された「事情変更の原則」より，正しいことがわかる。

④正しい。第 8 段落第 6 文に「論者のなかには，国家はすべて他国に対するいかなる義務をも無視する自己保存の法的権利をもつのだ，とことさら主張するものもいる」とある。

⑤誤り。第 2 段落の「事情変更の原則」に矛盾する。

⑥正しい。第 9 段落で，第一次世界大戦中のイギリスの封鎖措置が，「自国の安全を守るために，明らかに緊急の必要性をもつ」という理由で正当化されたことに対して，「イギリスを除いて，この『緊急の必要性』とい

う要件を誰も査定する資格などもってはいなかった」と述べられている。
⑦誤り。第 12 段落で義務の不履行が許される理由は「理性ないし道義を慮るからこそ，国家はそれを厳密な法的義務であるとみなさなくてもよい，というわけである」と述べられていることに矛盾する。
⑧誤り。第 1 段落第 1 文で「条約は原則として法的拘束力をもつことが，すべての国家によって広く認められていたにもかかわらず，1914 年以前の国際法は，条約義務の拘束性を絶対のものとすることには消極的であった」と述べ，それ以降の文章で 1919 年以降の国際法についても，法的根拠または道義的根拠によって義務の不履行が正当化されたと説明していることからも，筆者が「条約が形作る国際秩序の絶対性」を伝えようとしているわけではないことがわかる。
⑨正しい。第 8 段落第 6 文に「論者のなかには，国家はすべて他国に対するいかなる義務をも無視する自己保存の法的権利をもつのだ，ととことさら主張するものもいる」とある。

2　解答

問 1．⑤　問 2．③　問 3．c―⑦　d―①
問 4．①・③・④　問 5．協調　問 6．②・④

◀解　説▶

≪人新世でのグローバル・コモンズの責任ある管理≫

問 1．第 1 節の第 2 段落の第 1 ～ 3 文で述べられている「人類は，近代的なテクノロジーを活用し化石燃料由来のエネルギーを際限なく使用することで，経済発展を遂げてきた」が，「（　a　）という世界観」を前提とした経済活動が「地球システムを壊しつつある」という内容は，最終文のヨハン=ロックストロームの言葉「我々の世界はとてつもなく大きくなり，地球は小さくなって，我々の活動が地球のキャパシティを超えるようになってきた」に象徴的に言い換えられている。つまり，それまでは，「我々の世界」は小さく，地球は大きいと前提されていたのが，その前提が崩壊してしまったので，「我々の活動が地球のキャパシティを超えるようになってきた」と言っているのである。よって，（　a　）に入る前提は⑤「地球はとても大きく我々の世界は小さいので，我々が何をやっても地球は大丈夫だ」ということになる。
問 2．（　b　）は第 2 節の第 4・5 段落に 3 カ所出てくる。最初の

（　b　）を含む文は「地球システムはこれまで，人間の活動からくる負荷をよく吸収し，定常状態にとどまろうとしてきたが，ある（　b　）を超えると変化が連鎖し，急激に別の状態へと不可逆的な移行を始める」とある。（　b　）を超えると別の状態に移行するというのは「臨界」という言葉の意味そのものである。「臨界」とは「物質が現在の状態から変化して違う状態になってしまう境界」のことである。よって，③「臨界点」が正しい。⑤「限界」は「もうこれ以上先はないギリギリのライン」を意味するので，残りの（　b　）に入れると，「限界を超えつつある」「限界を超えているか超えようとしている」となり，これ以上先がないのであれば，地球は存続できなくなってしまうことになるので不適。

問3．第3節の第3段落で「多くのコミュニティは，コモンズを守るための何らかの取り決めを編み出し，構成員がそれを守る仕組みを創ってきた」「構成員がルールを知り，それを守ることの重要性，守らなければ結局は自分が損をすると理解している」「コミュニティは構成員が誰かを知っているし，ルールを破ったときのペナルティも理解している」「この結果，多くのローカルなコミュニティで，コモンズは守られてきた」と述べられており，このローカル・コモンズの仕組みをグローバル・コモンズに適用しようとするときに我々が向き合うべき課題が第5段落で述べられている。第3段落の内容からすれば，ローカル・コミュニティでコモンズを守る礎であったものは，一つはコミュニティの構成員が誰であるか明確であることである。つまり，構成員がコミュニティに対して帰属意識をもっているからこそコモンズが守られるのである。よって，（　c　）には⑦「帰属意識」が入る。もう一つは構成員がルールを知っており，それを守る重要性を理解していることである。よって，（　d　）にはルールを意味する①「規範」が入ることがわかる。

問4．下線部eでいう「ローカル・コモンズを管理した仕組みが，グローバル・コモンズではうまく機能しない」ことの原因は第3節第4・5段落で述べられている。

①正しい。第4段落第2文の「アマゾンやスマトラは遠く，それを失うことが自分の日常にどのような影響があるかを実感することは難しい」に合致する。

③正しい。第4段落最終文の「我々の経済活動がグローバルになるにつれ，

ローカル・コモンズの場合とは違って自分の行動の帰結を知ることは少なくなり」に合致する。
④正しい。第5段落では「グローバル・コモンズ…を守るために，…仕組みを，作っていけるかどうか」とあり，現状，そのような仕組みがないことがわかる。
②・⑤・⑥のようなことは文章に述べられていない。
問5．（　f　）を含む第3節第6段落では〈グローバル・コモンズのガバナンス〉の構築を模索することが述べられている。その〈グローバル・コモンズのガバナンス〉は最終段落第1文に「グローバル・コモンズには，『将来世代を含む全人類の利益のために人類が協調して守るべき対象』というガバナンスの観点からの規範的な意味もある」とあり，（　f　）の直後の「管理」を「守る」と言い換えていると考えれば，（　f　）には「協調」という言葉が入ることがわかる。
問6．①正しい。第1節の第3段落第1～3文に「20世紀半ばまでに人類は地球システムの機能やプロセスに影響を及ぼす圧倒的な存在となった。これを『人の時代』，あるいは『人新世』（the Anthropocene）と呼ぶ。『人』と『地球』の関係が根本的に変わった時代である」と書かれている。つまり，近代的テクノロジーを駆使し，化石燃料由来のエネルギーを際限なく使用する形での人類の経済活動が「人新世」を生み出したと言える。
②誤り。「共同体」とは第3節で述べられているコミュニティのことである。第3段落で，「コミュニティの構成員が，個人としては『合理的』に動き，自分の利益だけを追求」すると共同体の利益が損なわれる「コモンズの悲劇」が起きるが，多くのローカル・コミュニティでコモンズを守るためのルールを作り，構成員がそのルールとそれを守る重要性を理解することで，コモンズ，すなわち共同体の利益が守られてきたことが述べられている。したがって，「個人や企業が自分の利益を追求するのは合理的である以上，私権を制限することでしか共同体の利益を守れない」とは言えない。
③正しい。第3節の第7段落最終文に「プラネタリー・バウンダリーは，人間の経済活動が地球の容量を超えないためのガードレールというわかりやすい形でグローバル・コモンズを提示する」とある。プラネタリー・バウンダリー内に経済活動を制限することで，グローバル・コモンズが守れ

るので，人類ひいては個々人の利益に適うことになる。
④誤り。第3節の第3段落第2・3文で「コミュニティの構成員が，個人としては『合理的』に動き，自分の利益だけを追求してコモンズを利用しようとすると，…結果的には皆が損をする。『コモンズの悲劇』といわれる事態である」と述べられていることに矛盾する。
⑤正しい。第2節の第4・5段落の内容に一致する。

3　**解答**　問1．⑤
問2．行政が普遍的に妥当な法によって一律に規制を行うというモデル。(30字以内)
問3．③　問4．②・③・⑥　問5．②・④・⑦・⑨　問6．④

◀解　説▶

≪法規制および裁判の進化≫

問1．第1段落第1文に「法を執行される側の統制関心として，第一にあげられるのは，権利保護の要求である」とある。第2文はこれを詳しく説明したものである。「自己の行動決定に干渉してくる他者」を「普遍的な法規範に服せしめ」て「自己の権利とされるものの（　a　）を確認」する，つまり，他者が自己の権利を侵害しないようにすることを確認するという内容なので，（　a　）には⑤「不可侵性」が入る。
問2．「狭義の法執行モデル」は，第4段落第1文で「現実の法の執行が，普遍的に妥当する法を一律に執行していくという古典的な法のイメージ」と言い換えられているので，この部分を「～というモデル」という形で30字以内にまとめればよい。
問3．第4段落第1文後半に「法の機能に関する自由主義的な理解そのものにも反省が必要になってくる」とあり，第2文で「特定の規制を法に義務づけられたものとして執行していく法の適用から，どのような規制が好ましいかを考えていく，あるいは交渉の中で決めていくという，むしろ法の定立に近いものまで含んだ形の法実現が行われる」と続き，法執行のあり方の変化を述べている。そして，第5段落で「権利保護という自由主義的な法執行への統制関心」も「法による権利体系の一般的な確立」だけでなく「協議を通じた予測可能性の確保から（　c　）まで視野に収めていくこと」まで含んだ形で充足されると言い換えられている。よって，

(c)に入るのは③「交渉を通じたミクロな法の創造」が適当である。
問4．第7段落第2文の「ゆらぎに対応した参加なり，交渉なりの国民の代替的統制」は，第4段落第2文で「行政と企業との，さらには企業とその企業活動によって直接に影響を受ける消費者なり，労働者なりとのミクロな，法規制をめぐる無数の交渉」と具体的に述べられている。交渉する担い手に着目して選択肢を検討する。
①正しい。行政の法執行に国民（企業を含む）が協議参加している。
②誤り。行政の法執行過程ではなく，企業の運営に行政が介入している。
③誤り。これは，第7段落第2文に述べられている「合法性の監視」という，従来の「国民の法執行へのかかわり」の例である。
④正しい。企業と国民（消費者や労働者）との協議の例である。
⑤正しい。企業と国民（消費者や労働者）との協議の例である。
⑥誤り。これでは企業が法執行過程ではなく法制定過程に参加することになってしまう。
問5．「大文字の法」と「小文字の法」の違いは第8段落第2文に「これまでの法（大文字の法）…自律の欲求，すなわち，他者との関係づけ（小文字の法)」と述べられている。「これまでの法」とは第4段落第1文に「古典的な法のイメージ」として述べられている「普遍的に妥当する法」と判断できる。このことから選択肢を検討していく。(①)は直接相手方との間で調整を行っているので「小文字」が入る。(②)はそれが参照するとあるので，(①)と対比される「大文字」が入る。「(③)の法は，(④)の法の射程をこえて，その内容を膨らませていく開放性を本質的にもっている」とあるので，(③)の法は(④)の法より柔軟性・具体性があるということで，(③)には「小文字」，(④)には「大文字」が入る。(⑤)は「自由度の大きい」「自律への意欲」という説明から「小文字」が入る。(⑥)は「自主的な交渉だけではうまくいかなかった自分たちなりの」という形容がかかるので「小文字」が入る。「法化社会が，一個の(⑦)の法によってではなく，無数の(⑧)の法が反響を重ね合わせながらゆらぎを含んだ法秩序を必然化する」という部分については，「一個」と「無数」の対比から，(⑦)には「大文字」，(⑧)には「小文字」が入る。続く「裁判もまた一個の(⑨)の裁判としてではなく，無数の

（　⑩　）の裁判の合成として機能せざるをえない」という部分についても，同様の対比から，（　⑨　）には「大文字」，（　⑩　）には「小文字」が入る。

問6．「（　e　）な交渉」とは，「自律援助型の裁判手続の基本」であり，それは「小文字の法」を通じた交渉である。第10段落第5文で「むしろ当事者自身の意欲という点でいえば，裁判を使って，その自主的な交渉だけではうまくいかなかった自分たちなりの小文字の法の形成をもう一度やり直して，自律を貫徹していこうとする意思が，この訴え提起後も一貫して流れているといってよい」と具体的に述べられているので，④「自主的」が入るとわかる。

■一般選抜（学部学科試験・共通テスト併用方式）：経済学部

問題編

▶試験科目・配点

学科	試験区分	試験教科・科目		配　点
経済	大学入学共通テスト	外国語	『英語（リーディング，リスニング）』，『ドイツ語』，『フランス語』のうちから１科目選択	100点
		国語	『国語』	100点
		数学	『数学Ⅰ・数学Ａ』および『数学Ⅱ・数学Ｂ』	50点（各25点）
	大学独自試験	数学	【学部共通試験】 数学（Ⅰ・Ⅱ・Ａ・Ｂ「数列」「ベクトル」）	200点
経営※〈英語選択〉	大学入学共通テスト	外国語	『英語（リーディング，リスニング）』，『ドイツ語』，『フランス語』のうちから１科目選択	20点
		国語	『国語』	40点
		地理歴史または公民または数学	「日本史Ｂ」，「世界史Ｂ」，「地理Ｂ」，「倫理」，「政治・経済」，『倫理，政治・経済』，『数学Ⅰ・数学Ａ』，『数学Ⅱ・数学Ｂ』のうちから１科目選択	40点
	大学独自試験	英語	英語	150点
経営※〈数学選択〉	大学入学共通テスト	外国語	『英語（リーディング，リスニング）』，『ドイツ語』，『フランス語』のうちから１科目選択	40点
		国語	『国語』	40点
		地理歴史または公民または数学	「日本史Ｂ」，「世界史Ｂ」，「地理Ｂ」，「倫理」，「政治・経済」，『倫理，政治・経済』，『数学Ⅰ・数学Ａ』，『数学Ⅱ・数学Ｂ』のうちから１科目選択	20点
	大学独自試験	数学	【学部共通試験】 数学（Ⅰ・Ⅱ・Ａ・Ｂ「数列」「ベクトル」）	150点

▶備　考

※経営学科は，大学独自試験の選択科目（英語・数学）によって大学入学共通テストの各科目の配点が異なるため，英語選択者，数学選択者を分けて合否判定する。募集人員に対する合格者の割合は，それぞれの志願者数および大学入学共通テストの得点状況を踏まえて決定する。

- 大学入学共通テストの英語の技能別の配点比率は，リーディング 100 点：リスニング 100 点（200 点満点）とする。
- 大学入学共通テストの国語は，古文，漢文を含む。
- 大学入学共通テストの選択科目を指定科目数以上受験した場合は，高得点の科目を合否判定に利用する。第 1 解答科目・第 2 解答科目の区別も行わない。
- 大学入学共通テストの得点は，各学科の配点に応じて換算して利用する。
- 任意で提出した外国語外部検定試験結果は，CEFR レベル（A2 以上）ごとに得点化し，大学入学共通テストの外国語の得点（200 点満点）に上限付きで加点される。
- 大学独自試験の英語の出題範囲は，コミュニケーション英語Ⅰ，コミュニケーション英語Ⅱ，コミュニケーション英語Ⅲ，英語表現Ⅰ，英語表現Ⅱとする。（大学独自試験に英語を課す学科のみ）

英語

（75 分）

1 (1)〜(10)に最適な語を選びなさい。一度選んだ語は二度選んではならない。

Research shows we check our smartphones about 84 times each day and spend up to 5 hours on them. Tech and social media use have been linked to a wide (1) of areas, including mental health, cognition, and social/emotional aspects. But is social media use related to creativity?

A new study by psychologists Joshua Upshaw, Whitney Davis, and Darya Zabelina at the University of Arkansas just published in *Translational Issues in Psychological Science* (2) the relationships between social media use, divergent thinking, and real-life creative achievement.

In a sample of 379 undergraduates, the researchers correlated scores on a divergent thinking measure, a self-reported real-life creative achievement scale, and a smartphone addiction scale. The Alternative Uses Task was used to measure divergent thinking (the measurement of creativity), in which participants are asked to (3) as many alternative and creative uses for something like an ordinary brick. The Creative Achievement Questionnaire asked participants to report their creative achievements across ten areas (visual art, music, dance, architectural design, creative writing, humor, inventions, scientific discovery, theater and film, and (4) arts). A smartphone addiction scale was used, having participants rate to what (5): "I have a hard time concentrating in class while doing assignments, or while working due to smartphone use."

The authors (6): "We report that people who think in more creative ways tend to not actively engage in social media and are generally less addicted to their smartphones. People with real-life creative accomplishments, on the other hand, tend to be more active on social media platforms."

Lead author Joshua Upshaw noted the findings were interesting because: "it (7) that, for this sample, there may be some form of (8) idea stagnation for those who are more active on social media. This could be because the input of ideas from social media for more active users is more likely to be influenced by the ideas of others. Though active users had less original ideas, lifetime creative achievement was positively linked with more active use, suggesting that one's cognitive ability to generate original ideas is not necessarily problematic for achieving creative outcomes. Prior work has demonstrated this. One interpretation of this finding could be that active (9) in social media use may provide people with social support systems that help them accomplish their creative goals. There are likely multiple reasons this might be; such as, increased access to resources, (10) motivation to produce creative work from praise, or greater positive affect in general."

Adapted from Wai, J. (2022). Is social media related to creativity? *Forbes*. https://www.forbes.com/sites/jonathanwai/2022/01/24/is-social-media-related-to-creativity (Retrieved Jan 24, 2022)

(a) conclude (b) continued (c) culinary (d) engagement
(e) explores (f) extent (g) list (h) original
(i) quest (j) range (k) suggests

2 次の英文を読み，(11)～(20)の下線部(a)～(d)の中から，間違っている箇所を1つ選びなさい。

Six Strategies to Maintain Employee Motivation

(11) Imagine (a)working in an environment where everyone (b)to feel inspired every day. It almost sounds too good (c)to be true, but high-functioning teams (d)do exist: organizations such as Google, Atlassian and Microsoft show us it can be done.

(12) Goal-setting gives employees (a)meaning in their day-to-day roles: employees who are brought (b)about on the goal-setting (c)journey are 3.6 times more likely to be (d)engaged than those who are not.

(13) (a)Recognize that each team member has different sources of motivation, then linking these back to the overall goals of your organization is (b)key. In fact, surveys (c)have shown that 55% of employees—regardless of age, sex, region or tenure—would be more motivated if they (d)believed they were doing meaningful work.

(14) In addition (a)to yearly or quarterly goals, set goals to track what your people are achieving (b)on a weekly or monthly basis. These don't have to be performance-driven. They can be social or cultural, or they can focus (c)to personal development—for example, setting a goal for dealing (d)with challenging stakeholders.

(15) Going back on a promise violates an employee's psychological contract: this is the unwritten—but (a)no less real—set of expectations of the employment relationship. This (b)implicitly contract exists as a two-way

exchange: in return (c) for hard work an employee gets a promotion, learning opportunities, or an (d) opportunity to participate in an interesting project.

(16) If an employee's hard work is not (a) met with the promised reward, it's not just motivation that (b) suffers. It can also lead to feelings of (c) betray, which inevitably leads to (d) increased employee turnover.

* * * * * * * * * * * * * * * * * * *

Business Travel Resumes, Though Not at Its Former Pace

(17) Business travel (a) appears to be returning, albeit unevenly, after all (b) but disappearing for most of the pandemic. Despite early predictions that Zoom meetings would (c) supplant face-to-face encounters even after the coronavirus (d) receding, industry trade groups and hotel companies are pointing to significant upswings in small business meetings.

(18) What is not returning so quickly, executives and experts say, (a) are business trips by individuals. Some employers continue to set limits on travel. In (b) other cases, because of Covid restrictions, visitors are not allowed (c) in the offices (d) to the people they want to see.

(19) Yet for all the positive signs that business travel is taking (a) roots again, Russia's war in Ukraine, China's "zero Covid" lockdowns and the unpredictable path of the pandemic all (b) threaten to (c) stifle a widespread return to 2019 levels (d) from happening anytime soon.

(20) The renewed hope contrasts sharply (a) with the mood two years ago, after most business trips were abruptly canceled or suspended. Delta Air Lines reported that its domestic premium (b) revenues in March were "100 percent

restored to March 2019 levels," with business travel reaching <u>at</u>(c) its highest levels <u>since</u>(d) the pandemic started.

Adapted from Skilbeck, R. (2019). Six strategies to maintain employee motivation. *Forbes*. https://www.forbes.com/sites/rebeccaskilbeck/2019/02/12/six-strategies-to-maintain-employee-motivation/?sh=347e566d1d35 (Retrieved May 13, 2022)

Adapted from Levere, J. L. (2022). Business travel resumes, though not at its former pace. *New York Times*. https://www.nytimes.com/2022/05/15/business/business-travel.html (Retrieved May 16, 2022)

3　次の英文を読み，(21)〜(30)に最適な語を(a)〜(d)の中から１つ選びなさい。

This month marked the 50th anniversary of the "Nixon Shock". By suspending the dollar's convertibility into gold at a fixed price of $35 an ounce, and also imposing a surcharge (21) imports plus freezing wages and prices, Nixon precipitated the collapse of the postwar international monetary system known as the Bretton Woods agreement, leading to the start of the floating exchange rate system which has become the norm ever since among the advanced economies.

The economic rationale behind Nixon's decision was straightforward: With public finances in the U.S. deteriorating in the 1960s and 1970s, growing deficit on the balance of payments and a resulting gold flowing out of the country, the U.S. was approaching the point where it could not make good on its guarantee to convert its currency into gold.

The expected fall in the status of the dollar as an international key currency did not happen. The function of a specific currency as a global currency can be measured by how widely it is used in foreign trade, international debt issuance and major international payment systems, and the degree (22) which it features in official foreign reserves.

Looking at its global shares according to such measures, the dollar's status as the international key currency is not on a downward trend. Rather, it seems to have increased over the past decade, (23) a decline in America's GDP share of the world economy.

As globalization progresses, demand for the dollar has steadily increased, satisfied by the growing current-account deficit and corresponding net capital inflows to the U.S. Under the Bretton Woods system, the growing demand for dollars was satisfied by the widening U.S. balance-of-payments deficit, which put a strain (24) U.S. gold reserves. This vulnerable situation came to be called Triffin's dilemma, after the economist who identified it.

According to the famous dictum of "open economy trilemma," a country cannot enjoy the following three good things simultaneously: free capital movement, a fixed exchange rate and autonomous monetary policy. One has to be given up. Most advanced economies opted (25) pursue free capital movement and autonomous monetary policy by giving up fixed exchange rates.

But today, judging (26) the interest rate configurations in many countries, nations are seemingly not enjoying autonomous monetary policy, with interest rates either at or near zero in all advanced economies. Is this because each individual country, from the bottom of its heart, wanted to set its interest rate at zero?

That is probably true in the U.S., where the Federal Reserve Bank believes zero interest rates are needed to regain policy room by ultimately increasing inflation expectations. How about the European Central Bank and the Bank of Japan? Do they really believe zero percent is the most desirable interest rate (27) their own economies? Or, to put it differently, are they enjoying fully autonomous monetary policy?

I guess the answer is yes and no. On the one hand, the thinking behind zero interest is the same for them as it is for the Fed. But on the other hand, given the Fed's policy stance they do not have much choice. Their main concerns for Europe and Japan seem to be about the possible exchange rate appreciation of their own currencies (28) case they raise interest rates.

Ultimately, the influence of U.S. monetary policy has become stronger, not weaker. The choice for many countries—at (29) for advanced countries—is not a trilemma but a dilemma between free capital movement and autonomous monetary policy. Even in this case, we could imagine a situation in which losing monetary policy autonomy is justifiable, if the resulting global macroeconomic performance is reasonably satisfactory and if individual countries can benefit.

In this light, how should we assess global macroeconomic performance, and for that matter the collective performance of monetary policy, in recent decades? Yes, there was a period called "the Great Moderation," but it was followed by the global financial crisis. The straightforward implication of suspending gold convertibility is that our monetary system has become truly an inconvertible money system, which means human wisdom is the only anchor of a currency's value. Fifty years on, the broader truth is that we still have not found how best to control money. This is still a journey (30) progress.

(21)	(a) at	(b) on	(c) to	(d) with
(22)	(a) by	(b) for	(c) in	(d) to
(23)	(a) although	(b) as	(c) despite	(d) through
(24)	(a) after	(b) for	(c) on	(d) under
(25)	(a) for	(b) in	(c) out	(d) to
(26)	(a) at	(b) from	(c) of	(d) that

(27) (a) for (b) over (c) to (d) without

(28) (a) by (b) in (c) on (d) which

(29) (a) issue (b) least (c) most (d) times

(30) (a) in (b) on (c) over (d) with

Adapted from Shirakawa, M. (2021). Understanding the real impact of the 'Nixon Shock.' *Nikkei Asia.* https://asia.nikkei.com/Opinion/Understanding-the-real-impact-of-the-Nixon-Shock (Retrieved Aug 25, 2021)

4 以下の英文は，娘(PENNY)と母(MOTHER)の会話である。(31)〜(35)に最もふさわしい会話文を選びなさい。

PENNY: Bye, mom.

MOTHER: (31)________.

PENNY: Mom, I'm in a hurry.

MOTHER: Just two seconds. I need you to run an errand for me.

PENNY: But mom, I don't have time. The girls are waiting for me at the coffee shop.

MOTHER: They'll wait. This is important. It's a present for your Auntie Beth. (32)________.

PENNY: Can't Ben do it?

MOTHER: Ben's got to finish his homework.

PENNY: Why is it always (33)________?

MOTHER: Because you're reliable and Ben isn't and anyway, you're going in that direction. And you love your Auntie Beth, don't you?

PENNY: That's not fair.

MOTHER: Life's not fair, Penny.

PENNY: (34)________!

MOTHER: Here it is. It's a book I bought for her on rewilding gardens. You know she loves her garden.

PENNY: Rewilding? She'll never go for that. She loves everything to be neat and orderly.

MOTHER: I know, but she's environmentally conscious too and she knows how important it is to encourage insects to come to the garden. So, she mentioned rewilding to me.

PENNY: She did? Wow! (35)__________!

MOTHER: Isn't it?

PENNY: You're right, I do love Auntie Beth.

MOTHER: Write your name in the book then, before I put it in the envelope. It can be from both of us.

(31) (a) Give me a ride please, Penny
(b) Hang on a second, Penny
(c) You can't go out today, Penny
(d) I think it's going to rain, Penny

(32) (a) I asked you to post that for me
(b) I told you to post something for me
(c) I need you to post it for me
(d) I want you to deliver it to me

(33) (a) me who has to run errands for you
(b) you who have to run errands for me
(c) Ben who has to run errands for me
(d) Ben who has to run errands for you

(34) (a) Tell them about it

(b) Tell Ben about it

(c) Tell Auntie Beth about it

(d) Tell me about it

(35) (a) That's unintentional

(b) That's pretty obvious

(c) That's so cool

(d) That's also unfair

5 以下の英文は，商品やサービスの価格を顧客に提示する際，企業はどのようなことに留意すべきかについて論じた記事からの抜粋である。冒頭で，筆者は，「企業は価格を通じて顧客との対話を行っている」という自らの主張を述べている。その段落に続く以下の英文を読み，(36)～(40)の問いに答えなさい。

Once a company accepts that price is an integral part of its dialogue with customers, the next step is to figure out the best way to present it. Here, we turn to the field of linguistics. In linguistics, meaningful dialogue is characterized by the assumption that participants attempt to follow—and expect others to follow—four basic rules:

1. **The rule of quality:** Participants in a conversation say only what they believe to be true and accurate.
2. **The rule of manner:** They avoid expressions that are overly vague, complex, or simplistic.
3. **The rule of relevance:** They only contribute information that is related to the topic.
4. **The rule of quantity:** They provide the right amount of information—neither more nor less than needed.

Linguistic norms have already been applied to a variety of communication contexts including advertising, product descriptions or reviews, and company announcements. These four rules reflect what we would call "conversational cooperativeness," which can guide companies on how to be forthcoming about prices without necessarily provoking *sticker shock. Here are three initial recommendations that flow directly from the four rules, along with illustrative examples that help clarify how each recommendation can be applied.

Make price a reflection of your values

Our first suggestion is to position price as a component of the company's responsible and ethical intentions. A fine example is *Southwest Airlines, which throughout its history has carefully nurtured a reputation for unrivalled customer focus, incorporates price fairness in the very name of its approach to service: on its website, the US airline describes "Transfarency" as a "philosophy in which customers are treated honestly and fairly, and low fares actually stay low—no unexpected bag fees, change fees, or hidden fees." [...]

From a linguistics standpoint, this suggestion applies the rule of relevance: you communicate about the company's ethics, you connect price to that message, and hope that customers also establish a link between the two. The danger, of course, is that the gesture comes across as opportunistic, rather than an authentic demonstration that the company is willing to align its own interests with those of customers. This was certainly the perception of *onlookers when *StubHub, which was often criticized for angering customers by separating *ancillary fees and charges from ticket prices, suddenly (and unsuccessfully) shifted to "all-in" pricing. Being genuine about how your price supports your core values, therefore, is critical.

Explain the price

Customers commonly wonder why a price is set at a particular point, or why it has recently changed. [...] Our second suggestion, therefore, is to apply the rule of manner by being increasingly clear. "*Demystifying" how prices are set or changed can help establish a trusting relationship with customers. Specifically, companies can work to explain their rationale or disclose components of the price for a product or service. For example, the furniture company Neptune provides extensive details of its underlying logic for pricing, while software developer Buffer allocates the cost of its monthly subscription to cost items (salaries, rent, fees to intermediaries, etc.) and profit. [...] Finally, a recent trend in online retailing is adding an explanation of the company's finances on the company's website, such as *ZocDoc's "how we make our money" page.

Violate a rule, but do it *blatantly

Any of the four rules can be broken, if done in a *lucid way. In fact, people break them all the time, and for a good reason: blatant violations encourage thinking beyond direct literal meanings, evoking imagination and adding creative aspects that enhance the value of a conversation.

We suggest that a company can use communication that intentionally and vividly breaks any one or more rules to make a point about its price. For example, in Saudi Arabia *IKEA replaced monetary values printed on price tags and ads with images of coffee cups, pizzas, bananas, and other relatively inexpensive everyday items to prompt patrons to consider just how affordable its furniture really is. No one can literally exchange coffee cups or pizzas for furniture at IKEA, but customers infer that the furniture is as affordable as these common goods. In this manner, IKEA is vividly violating the rule of relevance, as it presents seemingly irrelevant information in the ad. But this is actually a more cooperative way to indicate the affordability of the company's prices.

Another example is *Stella Artois' award-winning "reassuringly expensive" slogan and campaigns. This *AB InBev beer brand attempted to signal premium quality by making its comparatively higher price salient. In one instance, an ad featured a coupon that, if used, ostensibly increased the price of the product rather than decreased it. In doing so, the company vividly violated the rule of manner because it presented a confusing and illogical "deal." In turn, customers were expected to conclude that the company was highlighting the beer's superior taste, not the price itself.

Finally, the Japanese ice cream brand Akagi recently apologized following a 12-cent *price hike on some of its products after 25 years without change. This public, exaggerated apology for an increase of a fraction of a dollar could be literally perceived as a violation of the rule of quantity. But the company used this vivid violation of conversational rules as a way to build its reputation.

Adapted from Bertini, M., von Schuckmann, J. & Kronrod, A. (2022). Talking to your customers about prices. *Harvard Business Review.*
https://hbr.org/2022/03/talking-to-your-customers-about-prices (Retrieved June 2, 2022)

*sticker shock…値段の高さに驚くこと
*Southwest Airlines…米国の航空会社
*onlookers…傍観者
*StubHub…米国のオンラインチケット販売会社
*ancillary…付随する
*Demystifying…わかりやすく説明する
*ZocDoc…米国のオンライン病院検索・予約サービス
*blatantly…あからさまに，露骨に
*lucid…わかりやすい
*IKEA…スウェーデンの家具メーカー
*Stella Artois…ビールのブランド名
*AB InBev…Stella Artoisなどのブランドを有するビールメーカー

*price hike…価格上昇

(36) Which of the following sentences best sums up this article?

(a) Companies use linguistic rules to understand their relationship with customers.

(b) Companies provide information about prices to their customers by following general rules of communication.

(c) Companies never break the four basic linguistic rules when pricing their products.

(d) Companies can often make mistakes when they suddenly change their prices and customers will punish them.

(37) What does the example of Southwest Airlines show?

(a) That customers these days are more interested in the ethics of companies than in their prices.

(b) That companies who do not charge extra fees and are clear about their prices can charge higher prices.

(c) That customers are sensitive to the links between the actual behavior of a company and its prices.

(d) That customers are mostly interested in cheap prices and do not think much about ethical intentions.

(38) Which of the below best summarizes the content of the paragraph with the heading "Explain the Price."

(a) That customers only understand prices when companies put all the information on their home pages.

(b) That customers appreciate clear explanations of pricing and that transparency builds trust in the company.

(c) That certain kinds of information must never be explained to customers as they will lose trust in the company.

(d) That the best companies in the world are honest about their intention to make profits.

(39) When does the author think that companies can break the rules of communication to make a point about price?

(a) When the prices are related to physical items such as coffee cups or bananas.

(b) When the prices of furniture are threatened by competition from other companies.

(c) When companies want to make a point about the affordability of the product.

(d) When companies are selling relatively cheap everyday items at very high prices.

(40) Why did Akagi recently apologize to customers and what was the expected result?

(a) Akagi wanted to prove that they could increase their prices if they apologized sincerely.

(b) Akagi wanted to prove that they could break all the rules of communication after 25 years.

(c) Akagi wanted to use their apology to build up the reputation of the company.

(d) Akagi wanted its customers to think they had improved their product so much that it was now worth twice the price.

6 次の英文を読み，52ページのヒントを参考にして(41)～(50)に当てはまる語を考え，52ページのクロスワードを完成させなさい。その後，単語を解答用紙に**ブロック体大文字**で書きなさい。なお，採点対象となるのは，解答用紙に記載されたもののみである。

Chen Qiushi was born in China's remote, frigid north near the country's border with Russia. An only child, he loved to tell stories and jokes to his family and classmates and dreamed of being an actor or a television (41). But his mother objected, and Chen got a law degree from a local university and moved to Beijing, where he later took a job at a prestigious legal firm.

In off-hours, Chen continued to pursue his (42) for performing. He dabbled in standup comedy at local bars and did voice acting. He became a contestant on a talent show for orators. In his final performance, he expounded on the importance of free speech. "A country can only grow stronger when it is accompanied by (43)," Chen said. "Only freedom of expression and the freedom of press can protect a country from descending into a place where the weak are preyed upon by the strong."

Chen won second place and used his newfound fame to build a large social-media (44). In 2018, he uploaded more than four hundred short videos that provided basic (45) on Chinese law on Douyin, a platform similar to TikTok, but only available for users in China. He gained more than 1.5 million followers, making him the most (46) legal personality on the entire platform.

In the next year, Chen began providing independent journalism to his followers on social-media. In the summer of 2019, he travelled to Hong Kong to report firsthand on the pro-democracy street (47) that had erupted in the city. "Why am I in Hong Kong?" Chen asked, in a video posted on August 17th. "Because a lot is happening in Hong Kong right now."

Chen (48) protesters and spoke with those who supported the police.

He waded into simmering controversies, such as the use of (49) by some demonstrators. He acknowledged that journalism was a hobby of sorts but said that he still had an obligation "to be present" when and where news unfolded. He also pledged to be objective. "I won't express my opinion carelessly," Chen promised. "I won't say whom I support or whom I disagree with. Everyone has their own subjective prejudice. I wish to leave behind my own prejudice and treat everything with neutrality as much as I can . . . because I am not (50) with public opinion and the media environment in China, I decided to come to Hong Kong and become the media myself."

Adapted from Simon, J. & Mahoney, R. (2022). How China's response to COVID-19 set the stage for a worldwide wave of censorship. *The New Yorker*. https://www.newyorker.com/news/news-desk/how-chinas-response-to-covid-19-set-the-stage-for-a-worldwide-wave-of-censorship (Retrieved April 25, 2022)

出典追記：The Infodemic: How Censorship and Lies Made the World Sicker and Less Free by Joel Simon and Robert Mahoney, Columbia Global Reports

Across	Down
(42) Desire or deep interest. (44) A group of supporters or admirers. (45) Simple lessons that provide practical information about a specific subject. (47) Public demonstrations making strong objections to official policies. (48) Questioned or talked with someone to get information.	(41) A writer or editor for a news source. (43) People who engage often in the analysis, evaluation, or appreciation of art or performance. (46) Commonly liked or approved. (49) The use of physical force so as to injure, abuse, damage, or destroy. (50) Pleased with what has been experienced or received.

（75分）

マークによる数値解答欄についての注意

解答欄の各位の該当する数値の欄にマークせよ。その際，はじめの位の数が0のときも，必ずマークすること。

符号欄がもうけられている場合には，解答が負数の場合のみ − にマークせよ。（0または正数の場合は，符号欄にマークしない。）

分数は，既約分数で表し，分母は必ず正とする。また，整数を分数のかたちに表すときは，分母を1とする。根号の内は，正の整数であって，2以上の整数の平方でわりきれないものとする。

解答が所定欄で表すことができない場合，あるいは二つ以上の答が得られる場合には，各位の欄とも **Z** にマークせよ。（符号欄がもうけられている場合，− にはマークしない。）

〔解答記入例〕 ア に7， イ に −26 をマークする場合。

	符号	10の位											1の位										
	−	0	1	2	3	4	5	6	7	8	9	Z	0	1	2	3	4	5	6	7	8	9	Z
ア	○	●	○	○	○	○	○	○	○	○	○	○	○	○	○	○	○	○	○	●	○	○	○
イ	●	○	○	●	○	○	○	○	○	○	○	○	○	○	○	○	○	○	●	○	○	○	○

〔解答表示例〕

$-\dfrac{3}{2}$ を，$\dfrac{\square}{\square}$ にあてはめる場合 $\dfrac{\boxed{-3}}{\boxed{2}}$ とする。

0を，$\dfrac{\square}{\square}$ にあてはめる場合 $\dfrac{\boxed{0}}{\boxed{1}}$ とする。

$-\dfrac{\sqrt{3}}{2}$ を，$\dfrac{\square}{\square}\sqrt{\square}$ にあてはめる場合 $\dfrac{\boxed{-1}}{\boxed{2}}\sqrt{\boxed{3}}$ とする。

$-x^2+x$ を, $\boxed{}\,x^2+\boxed{}\,x+\boxed{}$ にあてはめる場合

$\boxed{-1}\,x^2+\boxed{1}\,x+\boxed{0}$ とする。

1

(1) 厚さ 0.09 mm の紙を三つ折りで 1 回折りたたむと元の厚さの 3 倍になる。折りたたんだ紙の厚さが初めて 10000 m を超えるのは三つ折りで $\boxed{\text{ア}}$ 回折りたたんだときである。ただし, 紙は何回でも折りたためるものとし, $\log_{10} 3 = 0.4771$ とする。

(2) θ の方程式 $\cos^2\theta + (a+3)\sin\theta - a^2 - 1 = 0$ が, 解をもつような定数 a の値の範囲は $\boxed{\text{イ}} \leqq a \leqq \boxed{\text{ウ}}$ である。

(3) 12^3 のすべての正の約数の和は $\boxed{\text{あ}}$ である。記述式解答欄 $\boxed{\text{あ}}$ に答えのみを記せ。

(4) 平方数とは自然数の 2 乗で表される数である。$1, 4, 9, 16, \ldots$ は平方数である。

x を自然数とする。x 以下の平方数のうち 5 で割ると余りが j となるものの個数を $N(x, j)$ と表す。例えば, $N(10, 0) = 0$, $N(10, 1) = 1$, $N(10, 2) = 0$, $N(10, 3) = 0$, $N(10, 4) = 2$ である。

(i) $N(1000, 0) = \boxed{\text{エ}}$, $N(1000, 2) = \boxed{\text{オ}}$ である。

(ii) $N(x, 1) = 3$ を満たす最大の x は $\boxed{\text{カ}}$ である。

2 aを実数とする。関数

$$f(x)=\frac{a+1}{2}x^4-a^2x^3-a^2(a+1)x^2+3a^4x$$

について考える。

(1) $f'(a)=\boxed{\text{キ}}$ であり, $f'(-a)=\boxed{\text{ク}}$ である。

(2) $y=f(x)$ は, $a=\boxed{\text{ケ}}$ のとき, 極値をとる x の値がちょうど2つとなり, $a=\dfrac{\boxed{\text{コ}}}{\boxed{\text{サ}}}$, $\boxed{\text{シ}}$, $\boxed{\text{ス}}$ のとき, 極値をとる x の値がただ1つとなる。ただし, $\dfrac{\boxed{\text{コ}}}{\boxed{\text{サ}}}<\boxed{\text{シ}}<\boxed{\text{ス}}$ とする。

(3) $a=\boxed{\text{ケ}}$ のとき, $x=\boxed{\text{セ}}$ で極大値 $\boxed{\text{ソ}}$, $x=\boxed{\text{タ}}$ で極小値 $\boxed{\text{チ}}$ をとる。

(4) $a=1$ とする。点 $(-1, f(-1))$ を通り, $y=f(x)$ のグラフに接する直線は3本あり, それぞれ, $x=\boxed{\text{ツ}}$, $\boxed{\text{テ}}$, $\dfrac{\boxed{\text{ト}}}{\boxed{\text{ナ}}}$ で $y=f(x)$ と接する。ただし, $\boxed{\text{ツ}}<\boxed{\text{テ}}<\dfrac{\boxed{\text{ト}}}{\boxed{\text{ナ}}}$ とする。

3 点 O を中心とする半径 1 の円に内接する正五角形 ABCDE において，線分 AB の中点を F，直線 BE と直線 AC の交点を G，直線 AC と直線 BD の交点を H とする。

(1) $\angle \mathrm{ADB} = \dfrac{\boxed{ニ}}{\boxed{ヌ}}\pi$，$\angle \mathrm{BAC} = \dfrac{\boxed{ネ}}{\boxed{ノ}}\pi$，$\angle \mathrm{AHB} = \dfrac{\boxed{ハ}}{\boxed{ヒ}}\pi$ である。

(2) 三角形 ABD と三角形 ABH を比較すると，

$$\mathrm{AB} : \mathrm{BD} = \left(\dfrac{\boxed{フ}}{\boxed{ヘ}} + \dfrac{\sqrt{\boxed{ホ}}}{\boxed{マ}}\right) : 1 \text{ である。}$$

(3) $\angle \mathrm{FAG} = \theta$ とおくと $\cos\theta = \dfrac{\boxed{ミ}}{\boxed{ム}} + \sqrt{\dfrac{\boxed{メ}}{\boxed{モ}}}$ である。

(4) $\mathrm{FG} = \boxed{い}$ である。記述式解答欄 $\boxed{い}$ に答えのみを記せ。

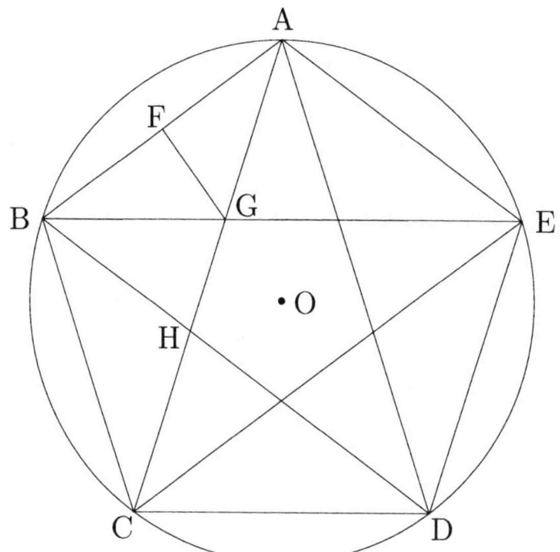

解答編

英語

1 **解答** (1)—(j) (2)—(e) (3)—(g) (4)—(c) (5)—(f) (6)—(a)
(7)—(k) (8)—(h) (9)—(d) (10)—(b)

◆全　訳◆

≪ SNS は創造性に関係するのか？≫

調査によると，私たちは毎日，約 84 回スマホをチェックし，最大 5 時間をスマホに費やしている。技術や SNS の利用は幅広い分野との関連があり，具体的には，心の健康，認知，社会的・感情的側面などが挙げられる。しかし，SNS の使用は創造性に関係するのだろうか？

Translational Issues in Psychological Science 誌で先頃発表された，アーカンソー大学の心理学者 Joshua Upshaw, Whitney Davis, Darya Zabelina による新研究は，SNS の使用，発散的思考，実生活での創造的成果の間の関係を調査している。

379 人の学部生を標本として，研究者たちは，発散的思考度数，自己報告による実生活での創造的成果度数，スマホ依存度数の得点の相関関係を求めた。代替用途タスクを用いて，（創造性の尺度である）発散的思考を測定し，被験者は，普通のレンガのようなものの代替的で創造的な用途をできるだけ多く列挙するように求められる。創造的成果アンケートでは，被験者に 10 分野にわたる創造的成果の報告を求めた（視覚芸術，音楽，舞踊，建築意匠，文芸，ユーモア，考案，科学的発見，演劇・映画，料理法)。スマホ依存度数を用い，被験者に以下の点がどの程度かを評価させた。「スマホ使用のせいで，授業中，課題や勉強に集中できない」

著者たちは次のように結論づける。「報告内容としては，創造的思考の度合いが高い人は，SNS をあまり使わない傾向にあり，スマホ依存度が一般的に低い。反面，実生活で創造的成果のある人は，SNS をよく使う傾向にある」

筆頭著者の Joshua Upshaw は，この調査結果は興味深いと指摘している。その理由は以下の通りである。「次のようなことが示唆されています。この標本の場合，SNS をよく使う人には，ある種の創造的思考の停滞があり得ます。この理由として考えられるのは，SNS をよく使う人にとって，SNS から得た思考は，他者の思考に影響されている可能性が高いということです。SNS をよく使う人は創造的思考には乏しいが，生涯の創造的成果と SNS をよく使うことの間には正の相関があり，これが示唆するところ，創造的思考を生み出す認知能力は，創造的成果を得るために必ずしも問題ではありません。先行研究もこのことを実証しています。この調査結果の1つの解釈としてあり得るのは，SNS をよく使うことによって，創造的目標を達成するのに役立つ社会的支援システムを人々に提供することが可能だということです。これには多数の理由があり得ますが，例えば，様々な思考の入手機会の増加，称賛による創造的作品の生産動機の継続，あるいは，前向きな感情の一般的な向上，などです」

◀解　説▶

選択肢の品詞を以下のように分類しておくと，解きやすい。

名詞：(d) engagement「関与」 (f) extent「程度」 (j) range「範囲」

名詞または動詞：(g) list「リスト〔一覧表〕；～を列挙する」 (i) quest「探求（の旅）；探求する」

動詞の原形：(a) conclude「(～と) 結論づける」

動詞の3単現：(e) explores「～を探求する」 (k) suggests「～を提案〔示唆〕する」

動詞の過去形または過去分詞形（過去分詞は形容詞的にも使える）：(b) continued「(～を) 継続した；継続された」

形容詞：(c) culinary「料理の」 (h) original「独自の，創造的な」

(1)<形容詞＋名詞>の語順で，名詞が入る。a wide range of ～「広い範囲の～，広範な～，幅広い～」(≒ a variety of ～ / various ～)

(2) 3人称単数の A new study…に対する述語動詞なので，(b) continued, (e) explores, (k) suggests に絞られる。explore the relationship between ～「～の間の関連を調査する」 類義の quest は基本的に自動詞であり，3単現の -s もないので，ここでは使えない。

(3) be asked to *do*「～するように求められる」の *do* の部分なので，(a)

conclude, (g) list, (i) quest に絞られる。list (up) uses「用途を列挙する」

(4)直前の visual art と同様に，＜形容詞＋名詞＞の語順で，形容詞が入る。culinary arts「料理法」

(5) to some extent「ある程度」を疑問詞を用いて to what extent「どの程度」(≒ how much) とした形。having participants rate は分詞構文で have *A do*「*A* に～させる」の形。rate to what extent「どの程度かを評価する」

(6)複数形の The authors に対する述語動詞なので，3単現の (k) suggests は不適。conclude (that) ～「～だと結論づける」に相当する形で conclude : "…" となっている。

(7)単数形の it に対する述語動詞であり，that 節を目的語にとる語なので，3単現の(k) suggests が適切。suggest (that) ～「～だと示唆する」(≒ imply (that) ～)

(8)＜形容詞＋名詞＞の語順で，形容詞が入る。2文後 (Though active users…) にも original ideas「創造的思考」の語がある (≒ creativity「創造性」)。

(9)第4段第1文 (The authors (6) : …) の actively engage in social media「SNS に積極的に関与する」＝「SNS をよく使う」という表現を，＜形容詞＋名詞＞で active engagement in social media use「SNS 使用への積極的関与」＝「SNS をよく使うこと」と言い換えている。2文前 (Though active users…) の more active use と同義 (この use は名詞)。engage in ～「～に従事する」 engagement in ～「～への従事」

(10) multiple reasons「多数の理由」を such as, *A*, *B*, or *C*「例えば *A*，*B*，*C*」と具体化している (such as の直後のカンマは本来，不要)。*A* ＝ increased access to ～「～への増やされたアクセス」＝「～の入手機会の増加」と同様に，*B* ＝ continued motivation to *do*「～する続けられた動機」＝「～する動機の継続」で，いずれも＜過去分詞＋名詞＞の語順である。

解答 (11)―(b)　(12)―(b)　(13)―(a)　(14)―(c)　(15)―(b)　(16)―(c)
(17)―(d)　(18)―(d)　(19)―(a)　(20)―(c)

◆全 訳◆

≪従業員のやる気を維持する6つの方法≫

⑾誰もが毎日やる気のある環境で働いているのを想像してみよう。それはほとんど話がよすぎてあり得ないと思うかもしれないが，機能の高いチームは実在している。Google，Atlassian，Microsoftといった組織は，それができると我々に示している。

⑿目標設定は，日々の役割における意味を従業員に与える。目標設定の過程に同行している従業員が仕事に熱中している確率は，そうでない従業員の3.6倍である。

⒀チームの構成員全員に異なるやる気の源泉があることを認識し，それを組織全体の目標に立ち返って結びつけることが重要である。実際，調査が示しているように，年齢・性別・地域・勤続年数に関係なく，55%の従業員は，意義のある仕事をしていると思えば，やる気が上がる。

⒁年間目標や四半期目標に加えて，週や月単位での従業員の達成度を把握するための目標を設定しよう。こうした目標は成果主義的なものでなくてもよい。社会的・文化的なものでもよいし，個人的成長に焦点を当てたものでもよい。例えば，厄介な利害関係者に対処するための目標を設定してもよい。

⒂約束を破ることは，従業員の心理的契約，すなわち，雇用関係の不文律ながら現実的な期待の集合に背くことである。この暗黙の契約は，双方向取引として存在している。激務の見返りに，従業員は昇進，学習機会，あるいは面白いプロジェクトに参加する機会を得る。

⒃従業員の激務が約束された報酬をもって迎えられなければ，やる気が低下するだけではなく，同時に，裏切られたという気持ちにつながる可能性があり，これは必然的に従業員の離職率の上昇につながる。

≪出張は復活しているが，以前のペースではない≫

⒄コロナの大流行期に出張はほとんど消滅していたが，まばらながら，復活してきているようだ。コロナ収束後でもズーム会議が対面会議に代替するだろうと初期には予測されていたが，業界団体やホテル会社は，小規模の商用会議の大復活を指摘している。

⒅経営者や専門家によれば，これほど急速に復活していないのは，個人の

出張である。一部の企業は出張制限を続けている。別の事例としては，コロナの制限により，訪問客は面会希望者のオフィスへの立ち入りを許可されていない。

⒆しかし，出張が再び根付きつつあるという前向きな兆候にもかかわらず，ロシアのウクライナ戦争，中国の「ゼロコロナ」封鎖，パンデミックの予測不可能な経路といったすべてが，2019年の水準への広範な回帰が近いうちに起きるのを封じ込める恐れがある。

⒇こうした新たな希望は，ほとんどの出張が突然中止や延期になった2年前の雰囲気とは大きく対照的である。デルタ航空の報告によれば，3月の国内線保険料収入は「2019年3月水準まで完全に回復」しており，出張はパンデミック開始以降，最高水準に達している。

◀解　説▶

⑾(b) to feel → feels

an environment where S V「SがVする環境」。everyone に対する述語動詞であり，every day とあるので，3単現の feels に直す。あり得ないと思われることを想定したと考えて，仮定法の felt も使用できる。feel inspired「やる気が出る」(≒ feel motivated)

⑿(b) about → 不要〔または along などの副詞〕

bring about ～「～をもたらす」(≒ generate / produce) はここでは不適。問題文は bring employees on the goal-setting journey「従業員を目標設定の過程の上に乗せる」(bring *A* on *B*「*A* を *B* の上に乗せる」) という表現が，受動態になり，関係詞節になった形。

⒀(a) Recognize → Recognizing

Recognizing that ～, then linking … is key「～を認識し，…を結びつけることが重要だ」 2つの動名詞句が一体化して単数扱いで is の主語になっている (then は，本来は and (then) が正しい)。key は「重要な」という意味の形容詞 (≒ important)。

⒁(c) to → on または upon

focus on ～「～に集中する」(≒ concentrate on ～)

⒂(b) implicitly → implicit

名詞の contract「契約」を修飾するのは，副詞の implicitly「暗黙のうちに」ではなく，形容詞の implicit「暗黙の」(≒ tacit) である。反意語は explicit「明示的な」。(a) no less「それでもなお」(≒ nevertheless) は単独で副詞的に働く語句で，正しい。

(16)(c) betray → betrayal

betray「裏切る」は動詞，betrayal「裏切り」が名詞であり，前置詞 of の目的語は名詞である。feelings of betrayal「裏切られたという気持ち」(≒ sense of betrayal)

(17)(d) receding → (had) receded

(even) after の後に＜意味上の主語＋動名詞＞を置くのは不自然な表現である。通常，after は接続詞として使うので，recede「後退する，弱まる」を述語動詞の形に直す。

(18)(d) to → of

be allowed in ～「～への立ち入りを許可される」に続く表現は，the offices of the people they want to see「面会希望者のオフィス〔職場〕」となる（所有格の of)。第1文は (C) What is not returning so quickly, … (V) are (S) business trips by individuals. と考えれば正しい。

(19)(a) roots → root

take root「(習慣などが) 根付く」 イディオムにおいて，名詞が必ず無冠詞単数形になる例は多い。例：take shape「形成する」 in fact「実際」

(20)(c) at → 不要

reach は基本的に他動詞として用いる。reach *one's* highest levels「最高水準に達する」

解答　(21)―(b)　(22)―(d)　(23)―(c)　(24)―(c)　(25)―(d)　(26)―(b)
(27)―(a)　(28)―(b)　(29)―(b)　(30)―(a)

◆全　訳◆

≪「ニクソン・ショック」の本当の影響を理解する≫

今月は「ニクソン・ショック」50周年記念だった。金1オンス〔約28g〕あたり35ドルという固定価格で行われていたドルの金への交換を停止し，輸入品に課徴金を課し，賃金と物価を凍結することで，ニクソンは戦後の国際通貨制度（ブレトン・ウッズ協定）の崩壊を促進し，その結果，以後，先進国間の基準となった変動為替相場制が始まった。

ニクソンの決断の背後にある経済的根拠は，明快なものだった。1960～70 年代のアメリカの公共財政の悪化，国際収支の赤字拡大，それに伴う金の国外流出により，アメリカは自国通貨の金への交換保証を履行できない状況に近づいていた。

予想されていたドルの国際基軸通貨としての地位低下は起こらなかった。特定通貨の国際通貨としての機能の測定基準となり得るのは，対外貿易，国際債発行，主要な国際決済システムにおけるその通貨の普及度，そして，公式外貨準備高の中での重要度である。

こうした指標による世界的シェアを見ると，ドルの国際基軸通貨としての地位は低下傾向にはなく，それどころか，過去 10 年間で上昇したように見える。もっとも，アメリカの世界経済における GDP のシェアは低下しているが。

グローバル化が進展するにつれ，ドル需要は着実に高まっており，それを満たしていたのは，経常収支の赤字拡大と，それに伴うアメリカへの純資本流入だった。ブレトン・ウッズ体制下では，ドル需要の増加を満たしていたのは，アメリカの国際収支の赤字拡大であり，これがアメリカ中央銀行の正貨準備を圧迫していた。こうした脆弱な状況は，トリフィンのジレンマと呼ばれるようになった（これを特定した経済学者にちなむ）。

有名な「開放経済のトリレンマ」の格言によれば，国家は，自由な資本移動，固定為替相場，自律的金融政策という 3 つのよいことを同時には享受できず，どれか 1 つを諦めねばならない。先進国の大半は，固定為替相場の放棄によって，自由な資本移動と自律的金融政策の追求を選んだ。

しかし今日，多くの国々の金利構成から判断すると，各国が自律的金融政策を享受しているようには見えず，金利はあらゆる先進国で，ゼロ，ないし，ほぼゼロである。これは，各国が心底，金利をゼロにしたがったからなのか。

アメリカではおそらくそうだろう。アメリカ連邦準備銀行の考えでは，最終的にインフレ期待を高めることで政策の余地を取り戻すためにゼロ金利が必要なのである。では，欧州中央銀行や日本銀行はどうか。本当にゼロ金利が自国の経済にとって最も望ましい金利だと考えているのか。あるいは，別の言い方をすれば，自律的金融政策を十分に享受しているのか。

答えはどちらとも決め難い。一方では，ゼロ金利の背後にある考え方は，欧州や日本も，連邦準備銀行と同じである。しかし他方では，連邦準備銀行の政策スタンスを考えると，欧州や日本にはあまり選択肢がない。欧州中央銀行と日本銀行の主な懸念は，万一，金利を引き上げた場合の自国通貨の為替レート上昇の可能性についてであるようだ。

結局，アメリカの金融政策の影響力は強まっているのであり，弱まってはいない。多くの国々，少なくとも先進諸国にとっての選択は，トリレンマではなく，自由な資本移動と自律的金融政策との間のジレンマである。この場合でも，我々が想像しうる状況においては，結果として生じるグローバルなマクロ経済の成果がまずまずである場合や，各国が利益を得られる場合，金融政策の自律性を失うことが正当化される。

この観点から，ここ数十年間の世界のマクロ経済の成果，さらに言えば，金融政策の集合的成果をどう評価すべきだろうか。確かに，「大平穏期」と呼ばれる時期があったが，その後，世界的な金融危機が発生した。金交換停止の明快な意味は，我々の通貨制度が実際に交換不能な通貨制度になったこと，すなわち，人間の知恵でしか通貨価値をつなぎ止められなくなったことだ。50年後の現在，より大きな真実として，私たちは通貨を統制する最善の方法をまだ見つけていない。これはまだ進行中の旅なのだ。

◀解　説▶

(21) impose *A* on *B*「*A*（税金など）を *B* に課す」 tax「税金」に相当する語として surcharge「追加料金，課徴金」がきている。

(22) the degree to which S V「S が V する程度」（≒ how much S V）

(23) have increased「増加」⇔ decline「減少」で＜逆接＞の関係であり，空所直後は a decline in ～「～の減少」という名詞句のみなので，接続詞の although ではなく，前置詞の despite「～にもかかわらず」（≒ in spite of ～）が入る。

(24) put a strain on ～「～を圧迫する」 put *A* on *B*「*A* を *B* の上に置く」から派生したイディオム。*cf.* put emphasis〔stress〕on ～「～を強調する」

(25) opt to *do*「～することを選ぶ」（≒ choose to *do*） *cf.* opt for ～「～を選ぶ」 直後が動詞の原形 pursue「～を追求する」であることもヒント。

(26) judging from ～「～から判断すると」は独立分詞構文（≒ from ～）。

(27) the most desirable interest rate for their own economies「自国の経

済にとって最も望ましい金利」 be desirable for ～「～にとって望ましい」

(28) in case (that) S V「(万一) S が V する場合」(≒ if S V)

(29) for many countries —— at least for advanced countries「多くの国々にとって，少なくとも先進諸国にとって」 ダッシュの後で，直前の内容を詳しく言い直している。

(30) in progress「進行中の」

4 **解答** (31)―(b) (32)―(c) (33)―(a) (34)―(d) (35)―(c)

◆全　訳◆

≪庭を自然環境に戻すことに興味を持ったベスおばさん≫

ペニー：じゃあね，ママ。

母　　：ちょっと待って，ペニー。

ペニー：ママ，急いでるのよ。

母　　：2 秒だけ。おつかいを頼みたいのよ。

ペニー：でもママ，時間がないのよ。友達がコーヒーショップで待ってるのよ。

母　　：待っててくれるわよ。これは大事なの。ベスおばさんへのプレゼントよ。私の代わりにこれを投函してほしいのよ。

ペニー：ベンにはできないの？

母　　：ベンは宿題を終わらせなきゃいけないのよ。

ペニー：どうしていつも私がおつかいに行かなきゃいけないの？

母　　：あなたは信頼できるけど，ベンはそうじゃないし，とにかく，あなたはそっちに行くんでしょ。それに，ベスおばさんのこと大好きじゃなかった？

ペニー：そんなの不公平よ。

母　　：人生は不公平なのよ，ペニー。

ペニー：全くその通りね！

母　　：ここにあるわ。おばさんのために買った本で，庭を自然環境に戻すやり方が書いてあるの。おばさんは庭が好きなのを知ってるわよね。

ペニー：庭を自然環境に戻す？　おばさんは絶対そんなことしないわよ。何でも整然としているのが好きなんだから。

母　　：知ってるわよ。でも，おばさんは環境問題にも関心があって，虫を庭に呼び寄せることの大切さを知っているのよ。だから，おばさんが庭を自然環境に戻す話を私にしたのよ。

ペニー：おばさんが？　すごい！　それはとてもカッコいいわ！

母　　：カッコいいわよね？

ペニー：うん，私，本当にベスおばさん大好き。

母　　：じゃあ，私が封筒に入れる前に，あなたの名前を本に書いておいて。私たち２人から，ってことにしてもいいんだから。

◀解　説▶

(31) 出かけようとしているペニーを，母親が引き留めている場面。Hang on (for) a second「〔命令文で〕ちょっと待って」 hang on の代わりに hold on / wait，(for) a second の代わりに (for) a moment / (for) a minute なども用いる。 (a)「車に乗せていってよ，ペニー」 (c)「あなたは今日は出かけられないわよ，ペニー」 (d)「雨が降ると思うわ，ペニー」

(32) 母の最終発言に before I put it in the envelope「私が封筒に入れる前に」とあるので，母がベスおばさんへのプレゼントの本を郵便で送ろうとしていることがわかる。post「～を投函する」 need *A* to *do*「*A* に～をしてほしい」(≒ want *A* to *do*) の構文は，母の第２発言中にもある。(a)「私はあなたにそれを私の代わりに投函するように頼んだのよ」 (b)「私はあなたに何かを私の代わりに投函するように言ったのよ」 (d)「私はあなたにそれを私に届けてほしいのよ」

(33) 母の第２発言の I need you to run an errand for me. をそのまま受けて Why is it always me who has to run errands for you? となる。It is *A* who *do*「～するのは *A* だ」の強調構文で，*A* は本来は主格だが，口語文なので目的格の me を主格のように使っている。

(34) 難問。Tell me about it. は慣用表現で「全くその通りね」という意味がある。

(35) 直前の Wow! や I do love Auntie Beth. といったペニーの最終発言から，ベスおばさんへの肯定的評価が入る。cool「カッコいい，イケてる，クールだ」 (a)「それは意図的ではないわ」 (b)「それはかなり明白だわ」 (d)「それも不公平ね」

5 解答 (36)—(b) (37)—(c) (38)—(b) (39)—(c) (40)—(c)

◆全　訳◆

≪価格について顧客と話す≫

価格が顧客との対話に不可欠な部分であることを企業がひとたび受け入れたら，次の段階は，その最善の提示法を考え出すことである。ここで，我々は言語学の分野に頼ることにする。言語学において，有意義な対話を特徴づける前提は，参加者が4つの基本的なルールに従おうとし，かつ，他の参加者がそれに従うのを期待することだ。

1．**質のルール**：会話の参加者は，真実で正しいと自分が考えることのみを言う。
2．**表現法のルール**：会話の参加者は，過度に曖昧・複雑・単純な表現を避ける。
3．**関連性のルール**：会話の参加者は，話題に関連する情報のみを提供する。
4．**量のルール**：会話の参加者は，必要以上でも以下でもなく，適切な量の情報を提供する。

言語規範はすでに多様なコミュニケーション文脈に適用されており，その例には，広告，製品説明・レビュー，企業告知などがある。これらの4つのルールが反映しているのは，いわゆる「会話的協調性」であり，これは企業が必ずしも値段の高さに驚かせずに価格を公表する方法のガイドラインとなる。ここでは，4つのルールから直接出てくる最初の3つの推奨事項，ならびに，各推奨事項の適用方法の明確化に役立つ実例を示す。

価格に企業の価値観を反映させる

第1の提案は，価格を企業の責任・倫理上の意図の構成要素と位置づけることである。その好例がサウスウエスト航空で，この企業は，その歴史を通じて，比類のない顧客中心主義との評判を慎重に育み，価格の公正さを自社のサービスのやり方そのものに組み込んでいる。同社のウェブサイトは「運賃の透明性」を「顧客に誠実かつ公平に接し，低料金を実際に低

く保つ哲学：想定外の手荷物料金，料金の変更，隠れ料金などは一切ございません」と説明している。（中略）

言語学的観点からすれば，この提案は関連性のルールを適用している。企業は自社の倫理を伝え，価格をその倫理と結びつけ，顧客にもその2つを結びつけてもらうことを望んでいる。もちろん，危険な点は，この姿勢が御都合主義に見えてしまい，企業が自社と顧客の利益を合わせたがる本物の姿勢に見えないことである。間違いなく傍観者がこのように感じたのは，StubHub 社が付随価格をチケット価格から分離して，顧客を怒らせたとしばしば批判された後に，突然「全て込みの」価格に変更して，しかも失敗したときだった。したがって，価格が企業の中心的価値観を支えていると誠実に述べることが重要である。

価格を説明する

価格が特定の値段に設定されている理由や，価格の最近の変更理由を，顧客は普通は不思議に思う。（中略）ゆえに，第2の提案は，ますますわかりやすくすることによって，表現法のルールを適用することだ。価格の設定や変更を「わかりやすく説明すること」は，顧客との信頼関係の構築に役立ち得る。具体的に言えば，価格の根拠の説明や，製品やサービスに対する価格の構成要素の開示に企業は取り組める。例えば，家具のネプチューン社は，価格設定の基盤にある論理を詳細に説明しており，ソフトウェア開発のバッファ社は，月額利用料金を原価項目（給与，家賃，仲介業者への手数料など）と利潤に分けて説明している。（中略）最後に，ネット小売業の最近の傾向は，企業の財務説明の自社サイトへの掲載である。例えば，ZocDoc 社の「当社の利益の生み出し方」のページなどだ。

ルールを破るなら，あからさまに

上述の4つのルールは，わかりやすい方法で行えば，どれでも破れる。実際，これらのルールは常に破られており，しかも十分な理由がある。あからさまな違反は，直接的な文字通りの意味を超えた思考を促し，想像力を喚起し，会話の価値を高める創造的な側面を付け加えるのだ。

企業は価格について主張するために，1つ以上のルールを意図的かつ鮮明に破るコミュニケーションを利用できる，と指摘しておこう。例えば，サウジアラビアの IKEA は，値札や広告に印刷された貨幣価値を，コーヒーカップ，ピザ，バナナやその他の比較的安価な日用品の画像に置き換え，同社の家具の実際のお手頃感を顧客に考えるように促した。コーヒーカップやピザを IKEA の家具と文字通りに交換することは誰にもできないが，家具がこれらの日用品と同じくらいお手頃なのだと顧客は推測している。このような方法で，IKEA は一見無関係に見える情報を広告で提示しつつ，関連性のルールを鮮明に破っている。しかし，これは実際には，同社の価格の手頃さを示すのに一層役立つ方法である。

もう1つの例は，Stella Artois 社の受賞作である「安心できるほど高価」という標語とキャンペーンである。この AB InBev のビールブランドは，比較的高い価格を目立たせることで，高品質を示そうとした。例えば，ある広告に出ていたクーポンは，使用すると商品価格が下がるのではなく，表向きは上がるのだった。こうすることで，同社は表現法のルールを鮮明に破っていた。なぜならば，紛らわしく非論理的な「お買い得」を提示したのだから。しかし今度は，同社が価格自体ではなく，ビールの優れた味を強調していると顧客が結論づけることが予想された。

最後に，日本のアイスクリームブランド赤城乳業は，25年間変わることのなかった一部商品を12セント（10円）値上げした後に，最近，謝罪した。1ドルにも満たない額の値上げに対するこうした大げさな謝罪は，まさに「量のルール」の違反として認識され得る。しかし，同社は会話のルールへのこうした鮮明な違反を，自社の評判を高める手段として利用したのだ。

◀解　説▶

(36)「以下の文のうち，この記事の最適な要約はどれか」

(a)「企業は顧客との関係を理解するために言語上のルールを使用する」

(b)「企業は一般的なコミュニケーションのルールに従うことで，価格情報を顧客に提供する」

(c)「企業は製品の価格設定の際，4つの基本的な言語上のルールを絶対に破らない」

(d)「企業は価格を突然変更するときに間違いを犯すことが多く，顧客から罰せられる」

消去法が有効。(a)「顧客との関係を理解するために」は記述なし。(c)「4つの基本的な言語上のルールを絶対に破らない」は第6段（Any of the …）以降に矛盾。(d)「顧客から罰せられる」は記述なし。

(37)「サウスウエスト航空の例は何を示しているか」

(a)「最近の顧客は，価格よりも企業の倫理観に関心がある」

(b)「追加料金を請求せず，価格がわかりやすい企業は，より高額を請求できる」

(c)「顧客は企業の実際の行動と価格との関係に敏感である」

(d)「顧客は低価格に最も関心があり，倫理的な意図は大して考えない」

(c) が第4段第1文（From a linguistics …）に一致。(a)・(b) は記述なし。(d) は第4段第1文に矛盾。

(38)「以下のうち，『価格を説明する』という見出しの段落の内容の最適な要約はどれか」

(a)「企業が自社ホームページに全情報を掲載して初めて，顧客は価格を理解する」

(b)「顧客は価格の明確な説明を評価し，透明性が企業への信頼を築く」

(c)「ある種の情報は，顧客が企業への信頼を失うことになるので，絶対に説明してはならない」

(d)「世界で最も優れた企業は，利益を生もうとする意図に正直である」

(b) が第5段第2・3文（Our second suggestion, … relationship with customers.）に一致。他は記述なし。

(39)「企業が価格について主張するために，コミュニケーションのルールを破れるのはいつだと筆者は考えているか」

(a)「価格がコーヒーカップやバナナのような物理的な品物に関連しているとき」

(b)「家具の価格が他社との競争で脅かされているとき」

(c)「企業が製品のお手頃感を主張したいとき」

(d)「企業が比較的安価な日用品を非常に高額で販売しているとき」

(c) が第7段第2・3文（For example, in … these common goods.）に一致。他は記述なし。

(40)「赤城乳業は，最近なぜ顧客に謝罪したのか，そして，期待されていた結果は何か」

(a)「赤城乳業は，真摯に謝罪すれば価格を上げられると証明したかった」

(b)「赤城乳業は，25年後にコミュニケーションのルールをすべて破れると証明したかった」

(c)「赤城乳業は，謝罪を利用して自社の評判を高めようとした」
(d)「赤城乳業は，自社製品が大幅に改良され，今では価格の2倍の価値があると顧客に思わせたかった」
(c) が最終段最終文（But the company …）に一致。他は記述なし。

6 解答

(41) JOURNALIST　(42) PASSION　(43) CRITICS
(44) FOLLOWING　(45) TUTORIALS　(46) POPULAR
(47) PROTESTS　(48) INTERVIEWED　(49) VIOLENCE
(50) SATISFIED

◆全　訳◆

≪中国の独立系ジャーナリスト陳秋実≫

陳秋実が生まれたのは，中国の辺ぴな極寒の北部で，ロシアとの国境付近である。彼は一人っ子で，物語や冗談を家族や同級生に話すのを好み，俳優かテレビジャーナリストになるのが夢だった。しかし，母親が反対したので，地元の大学で法律の学位を取り，北京に移住し，その後，名門法律事務所に就職した。

休みのときは，陳は演じることへの情熱を追求し続け，地元のバーでスタンダップコメディに手を出したり，声優をしたりし，演説家を発掘する番組の出場者になった。最終演説では，彼は言論の自由の重要性を説いて，こう言った。「国が強くなれるのは，批判的な人たちが付随しているときだけです。表現と報道の自由だけが，弱者が強者に食い物にされるような場所へと国が成り下がるのを防いでくれるのです」

陳は準優勝し，新たに得た名声を使って，SNSの多くのフォロワーを獲得した。2018年には，中国の法律に関する基本的な説明を提供する短い動画400本以上をDouyinにアップした。このプラットフォームはTikTokに似ているが，中国のユーザーしか利用できない。彼は150万人以上のフォロワーを獲得し，プラットフォーム全体で最も人気のある法律タレントとなった。

翌年，陳はSNS上でフォロワーに向けて，独立系ジャーナリズムの提供を開始した。2019年夏，彼は香港に渡り，香港で勃発した民主化を求める街頭抗議を直接取材した。「なぜ私は香港にいるでしょう？」と8月17日投稿の動画で陳は問いかけた。「まさに今，香港で多くのことが起きているからです」

陳は抗議者たちにインタビューしたり，警察の支持者たちと話したりした。彼は一部のデモ参加者による暴力の行使といった，一触即発の論争にも加わった。彼はジャーナリズムがある種の趣味だと認めつつも，ニュースが展開される時や場所に「存在している」義務が依然としてあると語り，客観的であることも誓い，こう約束した。「私は不用意に自分の意見を述べないし，誰を支持するとか，支持しないとかも言わない。すべての人が独自の主観的な偏見を持っている。私は自分自身の偏見を排して，すべてを可能な限り中立的に扱いたい。私は中国の世論とメディア環境に満足していないので，香港に来て，自分自身がメディアとなることにしたんです」

クロスワードの横：

(42)「欲望や深い関心」

(44)「支持者やファンの集団」

(45)「特定の主題について実用的な情報を提供する簡単な授業」

(47)「公的政策に対して強い異議を唱える公衆のデモ」

(48)「情報を得るために，誰かに質問したり話したりした」

クロスワードの縦：

(41)「情報源を書いたり編集したりする人」

(43)「芸術や演技の分析・評価・鑑賞に従事することの多い人々」

(46)「一般的に好かれている，あるいは承認されている」

(49)「損傷・破損・損壊・破壊を目的とする物理的な力の使用」

(50)「経験したことや受け取ったことに満足している」

◀解　説▶

(41) 第4段第1文（In the next…）や第5段第3文（He acknowledged that…）の journalism「ジャーナリズム」が最大のヒント。

(42) passion「情熱」（≒ desire / enthusiasm） pursue *one's* passion for ～「～への情熱を追求する」

(43) 直前文（In his final…）の the importance of free speech「言論の自由の重要性」，直後の文の（"Only freedom of…）の freedom of expression and the freedom of press「表現と報道の自由」に関連する表現で，critics「批判的な人たち」 *cf.* critical「批判的な，重大な」 criticism「批評，批

判」

(44) 第3段最終文（He gained more…）や第4段第1文（In the next…）に followers「(SNS 上の) フォロワーたち」の語がある。following もほぼ同義。

(45) tutorial「チュートリアル，個別指導」(≒ private instruction) *cf.* tutor「家庭教師」

(46) 直前の「150 万人以上のフォロワーを獲得し」という内容を受け，the most popular「最も人気のある」とつながる。

(47) street protest「街頭抗議〔デモ〕」 (48)の直後にも protesters「デモ参加者」(≒ (49)直後の demonstrators）とある。

(48) Chen (48) protesters and spoke with… と並んでいるので，動詞の過去形が入る。問題文のテーマの journalism「ジャーナリズム」と関連する内容として，interview「～にインタビューする，～に取材する」を想起する。

(49) demonstrators「デモ参加者」と関連する内容で，violence「暴力，暴力行為」(≒ physical force「物理的な力（の行使）」)。

(50) be satisfied with ～「～に満足している」(≒ be pleased with ～)

❖講　評

試験時間 75 分に対して，大問 6 題，小問 50 問の出題。1～5はマーク式，6は長文の空所 10 カ所に入る英単語をクロスワードのヒントとともに考え，記入する形式だった。

1　選択肢 11 語から，空所 10 カ所を埋める形式。品詞がバラついているので，文法的判断を優先する。(4) culinary arts「料理法」や (10) continued motivation などは埋めにくいが，消去法で絞り込めるはず。(8)・(9) は前後に同じ形があり，全体としては満点も可能な大問である。

2　正誤問題 10 問で，2つのパッセージからなる。英文の内容には，ロシアのウクライナ戦争，中国の「ゼロコロナ」封鎖などの時事も含まれる。(12)・(16)・(18) が難解であろう。

3　長文中の前置詞を中心とした空所補充 10 問で，該当箇所のみで判断できるものも多く，比較的短時間で処理可能。内容は，第 37 代アメリカ大統領ニクソン（在任：1969 ～ 74 年）の suspending the dollar's convertibility into gold「ドルの金への交換〔金兌換〕の停止」による the collapse of the postwar international monetary system known as the Bretton Woods agreement「戦後の国際通貨制度（ブレトン・ウッズ協定）の崩壊」, the floating exchange rate system「変動為替相場制」の開始が持つ現代的意義について論じた英文（出典は日経の海外サイト）。balance of payments「国際収支（BOP)」, foreign reserves「外貨準備高」, current-account「経常収支」, net capital inflows「純資本流入」, gold reserves「(中央銀行の）正貨準備」, the Federal Reserve Bank「アメリカ連邦準備銀行」など経済用語が多用され，設問にも (21) surcharge「追加料金，課徴金」などが絡んでいる。(25) は直後の形をよく見ないと間違える。

[4] 会話文の空所補充問題が5問。(34) が難問だが，他は着実に正解したい。

[5] 企業と顧客の関係に関する880語程度の英文で，内容一致問題5問。[3]同様，経済学部に関連する内容で，国内企業の話題も登場し，身近に感じられただろう。問題文で引用されている言語学上の4つの基本的ルールとは，sociolinguistics「社会言語学」の pragmatics「語用論」において Paul Grice の four maxims「4つの公理」(cooperative principle「協調の原理」）として知られるもので，非常に上智大学らしい出題。内容一致の判断は非常に明確である。

[6] 英単語の記述10問で，2021年度同様の長文とクロスワードの融合問題。(41)・(44)・(47) は本文中にほぼ同じ語がある。(46)・(50) は基本的。差がつきそうなのは (43)・(45)・(48) あたりであろう。

数学

1 解答

(1)ア．17　(2)イ．-1　ウ．2
(3)あ．5080
(4)エ．6　オ．0　カ．80

◀解　説▶

≪小問4問≫

(1)　折りたたんだ紙の厚さは，初項 0.09×3 mm，公比3の等比数列になるから，n 回折りたたんで 10000 m を超えるとき

$$0.09\times 10^{-3}\times 3^n>10000$$
$$3^2\times 10^{-2}\times 10^{-3}\times 3^n>10^4$$
$$3^{n+2}>10^9$$
$$\log_{10}3^{n+2}>9$$
$$(n+2)\log_{10}3>9$$
$$0.4771(n+2)>9$$
$$n>\frac{9}{0.4771}-2=16.8\cdots$$

よって，17回折りたたむと初めて 10000 m を超える。（→ア）

(2)
$$\cos^2\theta+(a+3)\sin\theta-a^2-1=0$$
$$(1-\sin^2\theta)+(a+3)\sin\theta-a^2-1=0$$
$$\sin^2\theta-(a+3)\sin\theta+a^2=0$$

$t=\sin\theta$ とおくと，$-1\leqq t\leqq 1$　かつ

$$t^2-(a+3)t+a^2=0$$

この方程式の判別式を D とすると

$$D=(a+3)^2-4a^2\geqq 0$$
$$a^2-2a-3\leqq 0$$
$$(a+1)(a-3)\leqq 0$$
$$-1\leqq a\leqq 3 \quad \cdots\cdots①$$

このとき，$f(t)=t^2-(a+3)t+a^2$ とおくと，$s=f(t)$ のグラフの軸について

$$\frac{a+3}{2} \geqq 1$$

であるから，$f(t)=0$ が $-1 \leqq t \leqq 1$ に解をもつとき

$$f(1) \leqq 0 \quad \cdots\cdots ② \quad かつ \quad f(-1) \geqq 0 \quad \cdots\cdots ③$$

②より

$$a^2-a-2 \leqq 0$$
$$(a+1)(a-2) \leqq 0$$
$$-1 \leqq a \leqq 2 \quad \cdots\cdots ④$$

③より

$$a^2+a+4 \geqq 0$$
$$a^2+a+4=\left(a+\frac{1}{2}\right)^2+\frac{15}{4}>0 \text{ より}$$

③はすべての実数 a について成り立つ　……⑤

①，④，⑤より

$$-1 \leqq a \leqq 2 \quad (\to イ，ウ)$$

(3)　$12^3=2^6 \cdot 3^3$ であるから，12^3 の正の約数の和は

$$(1+2+2^2+ \cdots +2^6)(1+3+3^2+3^3)$$
$$=\frac{2^7-1}{2-1} \cdot \frac{3^4-1}{3-1}$$
$$=127 \cdot 40$$
$$=5080 \quad (\to あ)$$

(4)　(i)　$N(1000,\ 0)$ は1000以下の平方数のうち，5の倍数であるものの個数であり，これらは

$$5^2 \cdot 1^2,\ 5^2 \cdot 2^2,\ 5^2 \cdot 3^2,\ \cdots,\ 5^2 \cdot 6^2=900$$

より，6個あるから

$$N(1000,\ 0)=6 \quad (\to エ)$$

また，$N(1000,\ 2)$ は1000以下の平方数のうち，5で割って2余るものの個数であるが，k を自然数とするとき，$n=5k-4,\ 5k-3,\ 5k-2,\ 5k-1,\ 5k$ と自然数を分類すると，それぞれについて

$$n^2=5(5k^2-8k+3)+1,\ 5(5k^2-6k+1)+4,\ 5(5k^2-4k)+4,$$
$$5(5k^2-2k)+1,\ 5 \cdot 5k^2 \quad \cdots\cdots ①$$

であり，5で割って2余るものはない。

$\therefore\quad N(1000,\ 2)=0$ （→オ）

(ii) $N(x,\ 1)=3$ は x 以下の平方数のうち，5 で割って 1 余るものが 3 個である自然数である。自然数 n について，n^2 を 5 で割ったとき 1 余るのは，①より，$n=5k-4,\ 5k-1$ のときであるから，順に，$n=1,\ 4,\ 6,\ 9,\ \cdots$ となる。

したがって，条件を満たす x は

$$6^2 \leqq x < 9^2 = 81$$

よって，$N(x,\ 1)=3$ を満たす最大の x は 80 である。（→カ）

2 解答

(1)キ．0　ク．0

(2)ケ．-1　コ．-2　サ．5　シ．0　ス．2

(3)セ．1　ソ．2　タ．-1　チ．-2

(4)ツ．-1　テ．0　ト．4　ナ．3

◀解　説▶

≪極値をとる x の値の個数，1 点を通る 3 本の接線の接点の x 座標≫

(1)
$$f(x)=\frac{a+1}{2}x^4-a^2x^3-a^2(a+1)x^2+3a^4x$$

$$f'(x)=2(a+1)x^3-3a^2x^2-2a^2(a+1)x+3a^4$$

$$f'(a)=2a^4+2a^3-3a^4-2a^4-2a^3+3a^4=0 \quad (\text{→キ})$$

$$f'(-a)=-2a^4-2a^3-3a^4+2a^4+2a^3+3a^4=0 \quad (\text{→ク})$$

が成り立つので，$f'(x)$ は $(x-a)(x+a)=x^2-a^2$ で割り切れるから，割り算を実行することにより

$$f'(x)=(x-a)(x+a)\{2(a+1)x-3a^2\} \quad \cdots\cdots ①$$

(2) $a=-1$ のとき

$$f(x)=-x^3+3x$$

$$f'(x)=-3x^2+3$$
$$=-3(x+1)(x-1) \quad \cdots\cdots ②$$

$f'(x)$ は $x=\pm1$ の前後でそれぞれ符号を変えるから，極値をとる x の値が $x=\pm1$ の 2 つとなる。

$\therefore\quad a=-1$ （→ケ）

また，①より，$a\neq-1$ のとき，$f'(x)=0$ とすると

$$x=\pm a,\ \frac{3a^2}{2a+2}$$

$a=-a$ のとき，$a=0$ であり

$$f'(x)=2x^3$$

$a=\dfrac{3a^2}{2a+2}\neq -a$ のとき

$$2a+2=3a$$

$$a=2$$

このとき

$$f'(x)=6(x-2)^2(x+2)$$

$-a=\dfrac{3a^2}{2a+2}\neq a$ のとき

$$3a=-2a-2$$

$$a=-\frac{2}{5}$$

このとき

$$f'(x)=\frac{6}{5}\left(x-\frac{2}{5}\right)^2\left(x+\frac{2}{5}\right)$$

これら3つの場合，それぞれ，$x=0$，2，$-\dfrac{2}{5}$ の前後で，$f'(x)$ は1回だけ符号を変えるから，このとき，$f(x)$ は1個だけ極値をとる。
よって，極値をとる x の値がただ1つとなるのは

$$a=-\frac{2}{5},\ 0,\ 2\quad (\to コ〜ス)$$

(3) $a=-1$ のとき，②より，右の増減表を得る。

x	$\cdots$	-1	$\cdots$	1	$\cdots$
$f'(x)$	$-$	0	$+$	0	$-$
$f(x)$	↘	極小	↗	極大	↘

これより
$x=1$ のとき　極大値 $f(1)=2$
(→セ，ソ)
$x=-1$ のとき　極小値 $f(-1)=-2$ (→タ，チ)
をとる。

(4) $a=1$ のとき

$$f(x)=x^4-x^3-2x^2+3x$$

$$f'(x)=4x^3-3x^2-4x+3$$

$$f(-1)=-3$$

グラフ上の点 $(t,\ f(t))$ における接線の方程式は

$$y=(4t^3-3t^2-4t+3)(x-t)+t^4-t^3-2t^2+3t$$

これが $(-1,\ -3)$ を通るとき

$$-3=(4t^3-3t^2-4t+3)(-1-t)+t^4-t^3-2t^2+3t$$

$$3t^4+2t^3-5t^2-4t=0$$

$$t(t+1)^2(3t-4)=0$$

$$\therefore\quad t=-1,\ 0,\ \frac{4}{3}$$

よって，$y=f(x)$ と接する直線は 3 本あり，これらの接点の x 座標は

$$x=-1,\ 0,\ \frac{4}{3}\quad (\to ツ〜ナ)$$

である。

3 解答

(1)ニ．1　ヌ．5　ネ．1　ノ．5　ハ．2　ヒ．5

(2)フ．−1　ヘ．2　ホ．5　マ．2

(3)ミ．1　ム．4　メ．5　モ．4

(4)い．$\dfrac{3\sqrt{5}-5}{4}$

◀解　説▶

≪正五角形内にできる三角形への三角比の応用，黄金比≫

(1)　ABCDE は正五角形であるから，中心角 ∠AOB，∠BOC について

$$\angle \mathrm{AOB}=\angle \mathrm{BOC}=\frac{2}{5}\pi$$

∠ADB，∠BAC は円周角であるから

$$\angle \mathrm{ADB}=\frac{1}{2}\angle \mathrm{AOB}=\frac{1}{5}\pi\quad (\to ニ，ヌ)$$

$$\angle \mathrm{BAC}=\frac{1}{2}\angle \mathrm{BOC}=\frac{1}{5}\pi\quad (\to ネ，ノ)$$

また，同様に，$\angle \mathrm{ABD}=\dfrac{1}{2}\angle \mathrm{AOD}=\dfrac{2}{5}\pi$ であるから

$$\angle \mathrm{AHB}=\pi-(\angle \mathrm{BAH}+\angle \mathrm{ABH})$$

$$=\pi-\left(\frac{1}{5}\pi+\frac{2}{5}\pi\right)$$

$$=\frac{2}{5}\pi\quad (\to ハ，ヒ)$$

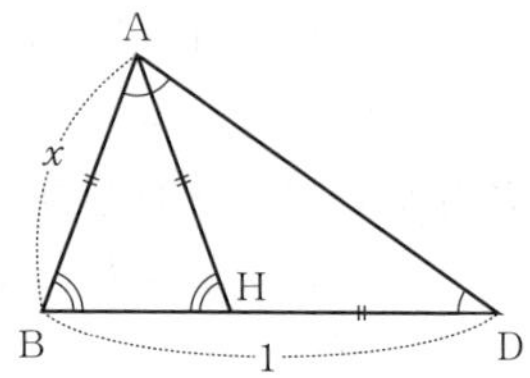

(2)　$\angle \mathrm{ABH}=\angle \mathrm{AHB}=\dfrac{2}{5}\pi$ であり，$\triangle \mathrm{ABH}$ は $\mathrm{AB}=\mathrm{AH}$ の二等辺三角形である。また，$\angle \mathrm{HAD}=\angle \mathrm{HDA}=\dfrac{1}{5}\pi$ であり，$\triangle \mathrm{AHD}$ は $\mathrm{AH}=\mathrm{HD}$ の二等辺三角形である。さらに，$\angle \mathrm{DAB}=\angle \mathrm{ABH}=\dfrac{2}{5}\pi$ であり

$$\triangle \mathrm{ABH} \backsim \triangle \mathrm{DAB}$$

であるから，$\mathrm{AB}:\mathrm{BD}=x:1$ とすると

$$\mathrm{AB}:\mathrm{BD}=\mathrm{BH}:\mathrm{AB}$$

$$x:1=1-x:x$$

$$x^2=1-x$$

$$x^2+x-1=0$$

$x>0$ だから

$$x=\frac{-1}{2}+\frac{\sqrt{5}}{2}\quad (\to フ\sim マ)$$

(3)　$\triangle \mathrm{ABG} \backsim \triangle \mathrm{ADH}$ であり，(2)より

$$\mathrm{AH}:\mathrm{AD}=x:1$$

$$\therefore\quad \cos\theta=\frac{\mathrm{AF}}{\mathrm{AG}}=\frac{\frac{1}{2}}{\mathrm{AH}}$$

$$=\frac{1}{2}\cdot\frac{2}{-1+\sqrt{5}}$$

$$=\frac{1}{4}+\frac{\sqrt{5}}{4}\quad (\to ミ\sim モ)$$

別解　余弦定理を用いて，次のように $\cos\theta$ を求めてもよい。

$$\cos\theta=\cos\angle \mathrm{ADB}=\frac{\mathrm{AD}^2+\mathrm{BD}^2-\mathrm{AB}^2}{2\cdot \mathrm{AD}\cdot \mathrm{BD}}$$

$$=1-\frac{1}{2}\left(\frac{\mathrm{AB}}{\mathrm{BD}}\right)^2\quad (\because\quad \mathrm{AD}=\mathrm{BD})$$

(2)より

$$\cos\theta=1-\frac{1}{2}\left(\frac{\sqrt{5}-1}{2}\right)^2=\frac{1}{4}+\frac{\sqrt{5}}{4}\quad (\to ミ\sim モ)$$

(4)　$\angle \mathrm{AOF}=\angle \mathrm{FAG}=\dfrac{1}{5}\pi=\theta$ であり，(3)より

$$\mathrm{FO}=\cos\theta=\frac{1+\sqrt{5}}{4}$$

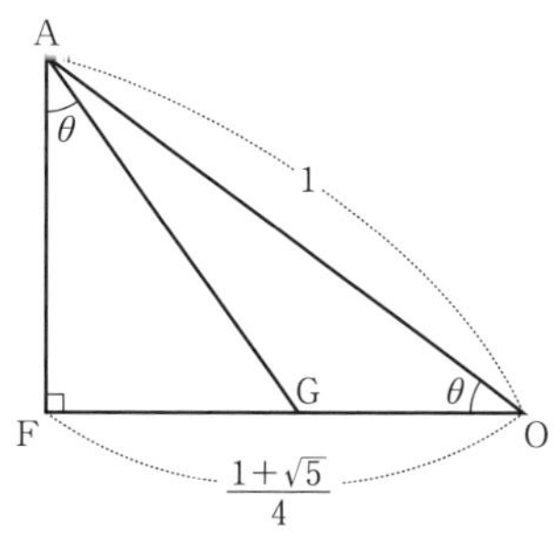

$\mathrm{AF}=\sin\theta$ であり

$$\begin{aligned}\mathrm{FG}=\mathrm{AF}\tan\theta&=\frac{\sin^2\theta}{\cos\theta}\\&=\frac{1-\cos^2\theta}{\cos\theta}=\frac{1}{\cos\theta}-\cos\theta\\&=\frac{4}{1+\sqrt{5}}-\frac{1+\sqrt{5}}{4}\\&=\sqrt{5}-1-\frac{1+\sqrt{5}}{4}\\&=\frac{3\sqrt{5}-5}{4}\quad(\to い)\end{aligned}$$

参考　(2)で登場した比

$$1:\frac{1+\sqrt{5}}{2}\left(=\frac{-1+\sqrt{5}}{2}:1\right)$$

のことを「黄金比」とよび，これは数字の様々な場面で登場する。

❖講　評

大問 3 題の出題で，1は 4 問の小問集合であり，1(3)，3(4)は答えのみの記述式で，他はすべてマーク式の解答方式である。

1　(1)　常用対数を紙の厚さに応用するものである。

(2)　三角方程式の解の存在条件についての標準的な難度の出題である。

(3)　正の約数の和を求める基本的な問題で確実に処理したい。

(4)　平方数の剰余の分類であることがわかれば難しくないが，ポイントを見誤ると難問になりかねない。

2　4 次関数の極値の存在，接線が 3 本存在するときの接点の座標についての出題で，これも標準的な難度といえる。極値の個数については，$f'(x)=0$ の異なる解の個数を考えることになる。

3　正五角形の黄金比　$1:\dfrac{1+\sqrt{5}}{2}=\dfrac{-1+\sqrt{5}}{2}:1$　に関する出題

で，二等辺三角形の相似を利用して，方程式を導くところがポイントとなる。

全体として，基本から標準レベルの問題であるが，試験時間の割には問題量が多く，ほとんどがマーク式であるため，正確かつ速い計算力が求められる。

2022年度

問題と解答

■一般選抜（学部学科試験・共通テスト併用型）

問題編

▶試験科目・配点

<table>
<tr><th>学部</th><th>試験区分</th><th colspan="2">試験教科・科目</th><th>配　点</th></tr>
<tr><td rowspan="4">法</td><td rowspan="3">大学入学共通テスト</td><td>外国語</td><td>『英語（リーディング，リスニング）』，『ドイツ語』，『フランス語』のうちから１科目選択</td><td>60 点</td></tr>
<tr><td>国語</td><td>『国語』</td><td>40 点</td></tr>
<tr><td>地理歴史または公民または数学</td><td>「日本史Ｂ」，「世界史Ｂ」，「地理Ｂ」，「倫理」，「政治・経済」，『倫理，政治・経済』，『数学Ⅰ・数学Ａ』のうちから１科目選択</td><td>40 点</td></tr>
<tr><td>大学独自試験</td><td>学部学科適性試験</td><td>【学部共通試験】
社会（国際関係や環境問題を含む）と法・政治に関する試験（基礎学力や思考力を問うもの）</td><td>100 点</td></tr>
<tr><td rowspan="4">経済（経済）</td><td rowspan="3">大学入学共通テスト</td><td>外国語</td><td>『英語（リーディング，リスニング）』，『ドイツ語』，『フランス語』のうちから１科目選択</td><td>100 点</td></tr>
<tr><td>国語</td><td>『国語』</td><td>100 点</td></tr>
<tr><td>数学</td><td>『数学Ⅰ・数学Ａ』および『数学Ⅱ・数学Ｂ』</td><td>50 点
(各 25 点)</td></tr>
<tr><td>大学独自試験</td><td>数学</td><td>【学部共通試験】
数学（Ⅰ・Ⅱ・Ａ・Ｂ「数列」「ベクトル」）</td><td>200 点</td></tr>
<tr><td rowspan="4">経済※（経営）〈英語選択〉</td><td rowspan="3">大学入学共通テスト</td><td>外国語</td><td>『英語（リーディング，リスニング）』，『ドイツ語』，『フランス語』のうちから１科目選択</td><td>20 点</td></tr>
<tr><td>国語</td><td>『国語』</td><td>40 点</td></tr>
<tr><td>地理歴史または公民または数学</td><td>「日本史Ｂ」，「世界史Ｂ」，「地理Ｂ」，「倫理」，「政治・経済」，『倫理，政治・経済』，『数学Ⅰ・数学Ａ』，『数学Ⅱ・数学Ｂ』のうちから１科目選択</td><td>40 点</td></tr>
<tr><td>大学独自試験</td><td>英語</td><td>英語</td><td>150 点</td></tr>
<tr><td rowspan="4">経済※（経営）〈数学選択〉</td><td rowspan="3">大学入学共通テスト</td><td>外国語</td><td>『英語（リーディング，リスニング）』，『ドイツ語』，『フランス語』のうちから１科目選択</td><td>40 点</td></tr>
<tr><td>国語</td><td>『国語』</td><td>40 点</td></tr>
<tr><td>地理歴史または公民または数学</td><td>「日本史Ｂ」，「世界史Ｂ」，「地理Ｂ」，「倫理」，「政治・経済」，『倫理，政治・経済』，『数学Ⅰ・数学Ａ』，『数学Ⅱ・数学Ｂ』のうちから１科目選択</td><td>20 点</td></tr>
<tr><td>大学独自試験</td><td>数学</td><td>【学部共通試験】
数学（Ⅰ・Ⅱ・Ａ・Ｂ「数列」「ベクトル」）</td><td>150 点</td></tr>
</table>

▶備　考

※経済学部経営学科は，大学独自試験の選択科目（英語・数学）によって大学入学共通テストの各科目の配点が異なるため，英語選択者，数学選択者を分けて合否判定する。募集人員に対する合格者の割合は，それぞれの志願者数および大学入学共通テストの得点状況を踏まえて決定する。

- 大学入学共通テストの英語の技能別の配点比率は，リーディング 100 点：リスニング 100 点（200 点満点）とする。
- 大学入学共通テストの国語は，古文，漢文を含む。
- 大学入学共通テストの選択科目を指定科目数以上受験した場合は，高得点の科目を合否判定に利用する。第 1 解答科目・第 2 解答科目の区別も行わない。
- 大学入学共通テストの得点は，各学科の配点に応じて換算して利用する。
- 任意で提出した外国語外部検定試験結果は，CEFR レベル（A2 以上）ごとに得点化し，大学入学共通テストの外国語の得点（200 点満点）に上限付きで加点される。
- 大学独自試験の英語の出題範囲は，コミュニケーション英語Ⅰ，コミュニケーション英語Ⅱ，コミュニケーション英語Ⅲ，英語表現Ⅰ，英語表現Ⅱとする。（大学独自試験に英語を課す学科のみ）

法学部

◀社会（国際関係や環境問題を含む）と法・政治に関する試験（基礎学力や思考力を問うもの）▶

（75分）

1 次の文章(課題文)を読んで，後の問いに答えなさい。

(a)法は道徳と無関係ではありません。ある意味では，道徳の一部であるとさえ言うことができます。しかし，法に存在意義があるとすれば，それは，一人一人が自分に当てはまる道徳は何かを考えるよりも，法に従った方が，自分がとるべき行動をより良くとることができる，という事情があるからです。そのためには，一般的な理由づけとしての道徳とは独立に，法は何かを見分けることができなければなりません。

さて，この問題は，「法の支配」という概念で括られる一群の要請と深く関係しています。法の支配という概念もいろいろな意味で使われます。ときには，人権の保障や民主主義の実現など，あるべき政治体制が備えるべき徳目のすべてを意味する理念として用いられることもありますが，こうした濃厚な意味合いで使ってしまうと，「法の支配」を独立の議論の対象とする意味が失われます。およそ政治体制について善いことはすべて「法の支配」に含まれることになってしまいます。これから議論する「法の支配」は，現代の法哲学者や政治哲学者の多くが標準的に使う意味合い，つまり，人が法に従うことが可能であるために，法が満たしているべき条件，という希薄な意味のそれです。

法の支配は人の支配と対比されます。ある特定の人(々)の恣意的な支配ではなく，法に則った支配が存在するためには，そこで言う「法」が人々の従うことの可能な法でなければなりません。そのために法が満たすべき条件として，次のようないくつかの条件が挙げられてきました。

一つは，法が公開されていることです。政府の関係者だけが何が法かを理解していて(たとえばラテン語で書かれているとか)，一般市民には知らされていないようでは，一般市民は法に従って生きることができません。また，法の内容は，明確であることが必要です。「(　b　)」というだけの法では，どのようにしたらよいのかは分かりません。「人をむやみに傷つけるな」とか「道路は右側を歩け」といった分かりやすさが必要です。ただ，明確ではあっても，法の内容が個人ごとに，また，個別の場面に限定されて細かく決まっていて，相互の関連が分からないようでは，やはり困ります。同じ道を運転するにも，Aさんは右側を通り，Bさんは左側を通るべきだということでは，誰も安心して車を運転できなくなります。これでは，向こうから運転してくるのが右側通行の車なのか左側通行の車なのかが分かりません。

また，たとえ明確で一般的な内容を持っていたとしても，(　c　)のありさまで，昨日運用していたはずの法が今日は別のものに変わっているということでも，やはり法に従って生きることは不可能です。状況の変化に応じて法も改正されていかなければなりませんが，それでも，ある程度の安定性は必要となります。そして，複数の法が互いに矛盾・衝突しないことも重要です。ある法によればタクシーの営業に許可はいらないことになっており，別の法によるとやはり許可がいるということになっているとなると，許可がいるのかいらないのか判断がつきません。

法が前もって定まっていることも肝心です。すでにやってしまった行為を，後から作った法に基づいて罰したりすることも法の支配に反します。行ってしまった後からできた法に従うことはできるはずがありません。法律学の世界ではこのことを「事後法の禁止」とか「遡及処罰の禁止」という概念で表します。

さらに，法が実行不可能なことを要求しないことも，法の支配の要請の一つです。いくら明確に前もって知らされている法であっても，「政府の要求があれば，10分以内に役所に出頭せよ」などという法に従うことはできないでしょう。

そして，かりに法が以上のような要請を満たしているとしても，その法を適用する公務員が法の定める通りに適用することも必要です。そのためには，法が適正に運用されるようコントロールする裁判所の役割も重要となります。

こうした，法の(　d　)などの要請が，法の支配の要請と言われるものです。法の支配が成り立つために，こうした条件が要請されること自体は，一般的な実践理性の要請です。法の定めがあってはじめて要請されることがらではありません。

法の支配の要請が守られ，政府がどのように行動するかが一般市民に前もって分かっていて予測可能性が保障されていれば，市民の側としても，自分がどのように行動すべきか，合理的に計画することが可能となりますし，人は自分の幸福を実現しようとして行動を計画するものでしょうから，結果的には，社会全体として見ても，より多くの人が幸福な暮らしを送ることができる，少なくともその条件を備えることができると言えるでしょう。カントは法の役割とは，多様で相衝突する道徳的判断をする人々の自由な行動をたがいに両立させることにあると考えましたが，そうした法の役割も，法の支配の要請を守ることではじめて十分に果たすことができるでしょう。

法がこうした条件を備えていることは，法が一般的な道徳とは独立した権威としての役割を果たすために必要なことです。法が何を要求しているのかが理解できず，かりに理解できたとしても実行不可能だというのでは，法の要求に従うことで本来自分がとるべき行動をとることはできないでしょう。

ハーバード大学で法哲学を教えたロン・フラー教授は，法が法として機能するために，こうした条件を備えていなければならないことが，法と道徳との必然的な関連性を示していると主張しました。それが彼の唱導する自然法論を支えることになると考えたわけです。

法の支配が示すこうした要請が，一般的な実践理性の要求だという意味では，それを道徳の要請と考えることもできないわけではありません。(e)<u>しかし，それは法の内容が道徳的でなければならないという要請とは区別する必要があります</u>。

というのも，道徳に反する非人道的な法，たとえば少数民族を迫害したり，強制収容所に送って虐殺したりするような法であっても，少なくともそれが法として機能するためには，前節で描いたような法の支配の要請は守る必要があるからです。ナイフがナイフとしての役割を果たすためには，切れ味が良い必要があります。しかし，切れ味の良いナイフはおいしい料理を作るために使うこともできれば，強盗のために使うこともできます。法の支配の要請を守ることは，法の内容が道徳的であることを保証しません。

同じことを別の言い方で表すと，法の支配に沿った(　f　)な形で政府が強制力を行使することは，その強制力の行使が正しいことを保証しません。毎週月曜の午後9時に必ず強盗団がやってきて金品を奪うことが分かっているとしても，その強盗が正しいことを意味しないのと同じことです。

また，法の支配の要請が守られていることは，その社会で民主主義が実現しているか否かとも，一応は，無関係です。イギリスの植民地時代の香港では，法の支配の要請はかなりの程度，実現していましたが，民主主義は存在しませんでした。それでも，政府の行動が市民にとって(　f　)であることは，そうでない体制よりはましな体制だったと言えそうです。

法の支配の要請は，法秩序が満たすべき要請の一つであり，一つにすぎません。ですから，他の要請のために100パーセントは実現できないことも珍しくありません。法の明確性が要請されること，政府がどのように行動するかが一般市民に分かっていることが重要であることはたしかですが，現代の民主国家のように，政府が市民生活のすみずみまで配慮することを要求される社会では，具体的な権限の行使にあたって，政府に一定の範囲で判断の余地を認める必要があります。政府に具体的状況に即して適切に面倒を見てもらいたいのであれば，法の支配の要請は一歩退くことを迫られます。望ましいことのすべてを同時に100パーセント実現できるわけではないという世の中では当たり前のことが，法の世界でも当てはまるわけです。

また，立憲主義体制の下では，憲法典自体が，基本権保障の名の下に，立法や司法にあたって法外の道徳的要請を勘案することを要求しています。人を平等に扱うとは何を意味するか，どのような表現行為についてどこまで自由を保障すべきなのか等の基本権保障の提起する問題は，その社会で定められた法が何かを見ただけでは，判断することのできない，より一般的な実践理性のレベルでの判断を要求します。

実定法の要求することだけを見ていれば，とるべき行動が分かるわけではありません。権威としての法の役割には，もともと限界があります。そうであれば，法の支配を守ることで実現できることにも，もともと限界があります。とくに不思議なことではありません。

法の支配が100パーセント実現することは不可能なものであり，しかも，100パーセントの実現を目指すべきものでもないことは，プラトンやアリストテレスがすでに指摘しています。

プラトンは『ポリティコス』という対話篇の中で，統治に関する正しい知識を弁(わきま)えている人間はきわめて少数であることを指摘した上で，現実に統治にあたる者が正しい知識を弁えているのであれば，彼(あるいは彼ら)は，法律を用いずに統治すべきだと言います。というのも，「法律の能力には，限界があるからだ。つまり，すべての人間にとって最善の理想になるとともに，最も適切でもあるようなこと，これを厳密に網羅した上で，最善の方策をひとときに全員に命令として与えるということ，このようなことは法律がぜったいに実行しえない」ことだからです。人間はさまざまですし，人間の世界のできごとも，一つとして全く同じということはあり得ないのに，法律は単純不変の公式として，そうしたさまざまな人間，さまざまなできごとのすべてに同じ答えを与えようとします。そういう点で，法律は「(　g　)人間にそっくり」だとプラトンは言います。

しかし，実際には正しい知識を持った者が統治の任にあたることは，期待できません。とくに多数者が統治にあたる民主政がそうです。多数者が統治の正しい知識を修得しうることなど，到底考えられないと彼は言います。したがって，正しい知識を持たない統治者による統治が暴政に陥らないようにする次善の策として，だいたいの場合においては適切な答えを与えてくれる，画一的な法律による統治が必要となるわけです。

法というものの限界については，プラトンの弟子であるアリストテレスも同様の指摘をしています。『ニコマコス倫理学』で，彼は，次のように言います。

　法はすべて一般的なものであるが，ことがらによっては，ただしい仕方においては一般的規定を行いえないものが存在する。それゆえ，一般的に規定することが必要であるにかかわらず一般的なかたちではただしく規定することのできないようなことがらにあっては，（　h　）ところを採るというのが法の常套（じょうとう）である。その過っているところを識（し）らないではないのだが——。しかも法は，だからといって，ただしからぬわけではない。けだし過ちは法にも立法者にも存せず，かえってことがらの本性に存するのである。つまり，「個々の行為」なるものの素材がもともとこのような性質を帯びているのである。

本来は，個別の事情，個別の行為に即した最善の答えを探るべきですが，そうした能力をすべての人に期待することはできませんし，そうした個別の判断を許していると，為政者はとんでもない誤った判断をする危険もあります。それを回避するための次善の策として，「（　h　）ところ」を定式化して，一般的に適用するのが，法の役割です。

法は権威であると主張するものです。自分で何が善いことかを判断するよりも，法の規定に従った方がより善い判断にいたることができると主張します。しかし，法は必ずしも最善の答えをつねにだしてくれるわけではありません。法の権威主張にはもともと限界がある，プラトンやアリストテレスが言っているのも，そうしたことです。

＊長谷部恭男「法が法として機能する条件」『法とは何か－法思想史入門』（河出書房新社，2011年）148-156頁を一部改変。

問1　下線部ａに「法は道徳と無関係ではありません」とあるが，法と道徳の関係ないし異同を示すものとして適当なものを次から<u>すべて</u>選びなさい。

①　法の定める規範内容は明確であることが求められるものの，必ずしも明確であるとは限らないため，法の解釈に当たって道徳的な観点から検討を行うことがある。

②　法の定める規範内容は明確であることが求められ，また実際に明確であるのに対し，道徳の定める規範はその内容が不明確なものばかりである。

③ 法の定める規範は，多様で相衝突する道徳的な判断をたがいに両立させる側面を持つ。

④ 法の定める規範を遵守していれば法により制裁を科されることはなく，また，道徳的にとがめられることもない。

⑤ 法も道徳も規範を定める点で共通することから，道徳的観点を有しない法規範はおよそ存在しない。

問２ 空欄ｂに入る文として最も適当なものを次から一つ選びなさい。

① 赤信号では止まれ

② 正しく生きよ

③ 汝盗むなかれ

④ 約束は守れ

⑤ 室内禁煙

問３ 空欄ｃに入る四字熟語として最も適当なものを次から一つ選びなさい。

① 朝真暮偽

② 朝種暮穫

③ 朝生暮死

④ 朝令暮改

⑤ 朝三暮四

問４ 空欄ｄには複数の言葉が入る。ここに入る言葉として，本文に照らして適当でないものをすべて選びなさい。

① 一般性 ② 明確性 ③ 個別性 ④ 無矛盾性

⑤ 簡潔性 ⑥ 公開性 ⑦ 不遡及性 ⑧ 不可侵性

⑨ 実行可能性 ⑩ 独創性 ⑪ 無謬性 ⑫ 多元性

問５ 下線部ｅに「しかし，それは法の内容が道徳的でなければならないという要請とは区別する必要があります」とあるが，このように言えるのは何故か。45字以内で答えなさい。

問6 空欄fに入る言葉としてふさわしいものを本文中から抜き出しなさい。

問7 空欄gに入る文として最も適当なものを次から一つ選びなさい。

① どうにも融通無碍(むげ)でいい加減な

② やみくもに喧嘩腰で噛みつく

③ およそ無表情で腹のうちが読めない

④ どこかの強情で愚鈍な

⑤ 底抜けに明るい楽天的な

問8 空欄hに入る文として最も適当なものを次から一つ選びなさい。

① 全員に例外なく該当する

② 為政者の誤りを正す

③ 個々人に都合のよい

④ 比較的多くに通じる

⑤ 道徳的に正しい

2　以下の文章(課題文)は，1)齋藤純一『政治と複数性－民主的な公共性にむけて』，及び，2)金成(かなり)隆一「真ん中が抜け落ちた国で」からの抜粋である。両者は，「社会統合」とそこに見られる「困難」という共通のテーマについて，それぞれ，政治学者，ジャーナリストの視点から論じている。二つの文章を読んで，後の問いに答えなさい。

1)齋藤純一『政治と複数性－民主的な公共性にむけて』

歴史的に見れば，社会統合は実態としてはかなりの程度国民統合(national integration)と重なってきた。つとにT・H・マーシャルが論じたように，18世紀以降の市民的，政治的，そして社会的シティズンシップの進展こそが，西欧社会において，見知らぬ他者との間に新しい紐帯をつくりだし，互いを「われわれ」の一員とみなすナショナル・アイデンティティを形成してきた。リベラル・ナショナリズムの擁護者は，このナショナルな統合を継承すべき遺産としてとらえながら，人びとが引き続き十分なシティズンシップを享受しうるようにするためには，その前提条件としてナショナル・アイデンティティを再構築することが避けがたくなっている，と主張する。

リベラル・ナショナリズムは，「地と血」の絆を再び統合の媒体としてもちだすエスノ・ナショナリズムとは違い，想像上のエトノス[*]に準拠して国民を再定義しようとするわけではない。むしろ，それは，同一の政治社会における文化／エスニシティの多元性を積極的に肯定し，「同化のない統合」を構想しようとしている。ナショナリズムに「リベラル」という形容が付されるのも，(　a　)を擁護しようとするスタンスゆえである。ここでは，主に，ナショナル・アイデンティティによる社会統合の再生というラインを旗幟(きし)鮮明に示すD・ミラーの議論に沿って，その社会統合の構想がどのような特徴を，そしてどのような難点をもっているかを指摘したい。

ミラーは，自らの基本的主張を次の三つの点に要約している。第一に，国民(ネイション)は根拠のない虚構ではなく，それに帰属する者のアイデンティティの一部を現に構成する実在性(リアリティ)をそなえている。第二に，人びとが同胞国民に負う責務と彼らが人類に負う責務とは非対称的であり，諸国民を分ける境界線にもとづく「われわれ」の「彼ら」に対する優先("compatriots priority")には倫理的な根拠がある。第三に，特定の領域内で国民共同体を構成する人びとは政治的な自己決定を当然の権利として要求することができる。これらの主張はミラーがそう考えるほど論争を免れているわけではないが，ここでは，社会統合はなぜナショナルな統合としてのみ回復可能であると彼が主張するのかに考察の焦点を絞ることにしたい。

ミラーは，(b)ナショナリティの擁護と価値観や生活様式の多元性の擁護とを両立させるために，「公共的文化」(public culture)と「私的文化」(private culture)——さまざまなエスニック集団の文化——の二つの次元に文化を区別する。「ナショナリティにとって重要なのは人びとが共通の公共的文化を共有すべきだということであり，これは人びとが多様なエスニック集団に帰属することと完全に両立可能である」。公共的文化とは，一般に「ある人間集団が共にどのように生活を営むかに関する一連の理解」から成り立っており，それは，「デモクラシーへの信頼や法の支配といった政治的原理」のみならず，日常生活の行動やコミュニケーションの様式を規定する「社会的規範」を，さらには宗教的信条や言語などについての特定の「文化的理想」をも含んでいる。ミラーによれば，両文化の区別が維持されるかぎり，再構築されるナショナル・アイデンティティが，一元的かつ排他的なものとして，他の諸々のアイデンティティに対して抑圧的に作用する事態を避けることができる。国民共同体への帰属をさまざまな下位集団への帰属と両立させ，人びとが，どのような下位集団に帰属しているかにかかわりなく国民という上位集団の成員に対して信頼感や(　c　)をもちうるような関係を構築すること。これはミラーのみならず，リベラル・ナショナリズムに共通する考え方である。

(中略)

(d)社会統合はなおも国民統合の再建としてのみ可能であるとするリベラル・ナショナリズムの主張は，社会保障が後退を重ね，リベラル・デモクラシーが機能不全に陥りつつある現状に照らすなら説得力をもって響くかもしれない。しかし，彼らの描くナショナルな統合の構想には，次のような問題や(道徳的)危険性が含まれていることを軽視すべきではない。

第一に，先に言及した公共的文化に対する私的文化の距離は，多数者の文化と少数者の文化とでは明らかに異なっている。多数者の「文化的理想」をかなりの程度反映する公共的文化は，それとは異なった価値観を生きる成員に対して中立的であるとは言えず，移民を含む少数者に及ぼされる同化の圧力を回避することは難しい。

第二に，社会保障制度の再建などをめぐって，問題の解決が困難であると考えられれば考えられるほど，求心化のドライブがかかり，(　e　)をより強固なものにしようとする傾きが生じるだろう。それに応じて国民を再形成するプログラム――国民化の規律――が徹底されるようになれば，それに沿わない者は国民の連帯から疎外されざるをえず，国民の間に緊密な連帯を築こうとするプログラムは逆に「国民の他者」を新たに生み出さざるをえない。

第三に，「われわれ」を「彼ら」から画する文化的な境界が強調されるならば，ナショナリティや公共的文化のあり方を再解釈するための地平が国民共同体の内部に閉ざされることになる。解釈の地平は他と融合することなく閉ざされざるをえず，公共的文化とりわけ「政治的原理」の解釈を「われわれ」のものではないパースペクティヴからとらえ返すことは困難となる。ナショナリティの強調は人びとの関心を内部最適化に傾斜させ，国民とは定義されない人びとを視野の外に締めだす効果をもつことになる。相互依存が深まっている国際社会にあってある国民の意思決定が他の諸国民に影響を及ぼすことは避けがたく，それがあるデモス内では民主的正統性をそなえながらも，他の諸国民(デモイ)に支配の効果を及ぼすことさえある。(f)国民統合によって内向きのアテンションが強まり，トランス・ナショナルな権力関係において自らがどのような位置を占めているかを顧みない態度が助長される危険性について，リベラル・ナショナリズムは敏感であるとは言いがたい。

最後に付言するなら，(　e　)の強化が，(g)再分配を強化する政策や少数派の異論に開かれたデモクラシーの再建を支持するような動機づけを実際にもたらしうるのかどうかも不明である。対外的に喚起される国民の結束が経済的格差の縮小をはかる再分配を支持するのではなくかえってそれを後退させるような政策と両立することは経験的にも馴染みのあることである。

(＊)エトノス：民族としての国民

2）金成隆一「真ん中が抜け落ちた国で」

アメリカで驚かされるのは，（　h　）の整備が後回しになっていることだ。地方を車で走っていて気をつけなければならないのが道路の陥没だ。よけないとパンクしそうなほどの衝撃を受ける。ニューヨーク市内の地下鉄駅はゴミだらけ，ネズミだらけ。都市間を結ぶ高速鉄道には，トイレが未整備でホーム中にアンモニア臭が充満している駅もある。

多くの人が使うはずの（　h　）が整備されないことは私にはナゾのままなので，本稿では取材経験のある公教育に触れたい。2018年に教員デモを取材すると，にわかには信じられない証言が集まった。デモはウェストバージニア州で始まり，ケンタッキーやアリゾナなどへ飛び火した。私はオクラホマ州を訪ねた。

「勤務校は教室の雨漏りがひどい。生徒がぬれないよう机の配置を変える。でも小学生の娘の教材を見たら，世界地図にまだソ連があった。小学校の財政も大変だ，と妙に納得した」。「年収は３万4000ドル。家族を養えないので土日に計16時間，小売店で働く」（高校の英語教諭ロドニー・ウェバリング，37歳）。

「昇給は10年なし。土曜日は食料品店の試食コーナーで働いている。授業で使うコピー用紙，鉛筆，クレヨンなどは自腹で購入。家賃を節約するため母と同居中。『家賃500ドル以内の部屋を』と神に祈り続けたら，450ドルの部屋が見つかった。定職に就いているのだし，わがままじゃないでしょう？」（小学校教員ティファニー・クリステン，52歳）。

デモには生徒の姿も。一般的にアメリカでは教科書は学校の備品だ。それが古すぎると，高校２年のノア・スイート（17歳）は怒っていた。「私の教科書によると，ビル・クリントンがアメリカ大統領で，（2001年の）同時多発テロは起きていない。冥王星は惑星のままです」。生まれる前の1990年代の教科書を使っている。別の生徒は，学校に人数分の教科書がないため，試験前はスマホで必要なページを撮影し，それを指先で拡大しながら勉強していると惨状を訴えた。

デモが起きていた州は，教員給与が全米平均を下回っていた。背景には，2008年の金融危機から立ち直れていないことがある。公教育は大半が州政府と地元自治体の予算によっているが，金融危機で税収が落ち込み，学校予算が犠牲になった。その後，経済は回復したが，生徒一人当たり州予算（2015年時点）は，29州で

2008年水準に戻っていない。アリゾナ州の落ち込みは36％減と最大で，オクラホマ州も15％減。両州は所得税，法人税の減税を進め，財政をさらに悪化させていた。

現地報道によると，オクラホマ州では辞める教員が後を絶たず，緊急の教員免許発行数が急増。約２割の学校は週４日制に移行した。アリゾナ州ではフィリピンからの「出稼ぎ教員」が教えているという。

一方，ニューヨーク郊外の裕福な自治体の公立校は私学よりも施設が充実している。アメリカでは固定資産税が教育予算を支えるため，地価の差がそのまま大きな格差となって教育現場に出る。

（　h　）の惨状を前に思い出したのは，経済学者ロバート・ライシュが『ザ・ワーク・オブ・ネーションズ』で示した「成功者の（　i　）」という現象だ。

彼は，グローバル経済下の職種区分は，工場やデータ入力などの「生産サービス」，飲食店や介護などの「対人サービス」，データや言語などのやりとりで問題を解決する「シンボル分析的サービス」に三分類できるとした上で，「生産サービス」は海外移転と機械化に，「対人サービス」は機械化と移民との競争にさらされ，両者を乗せた船は「沈みつつある」とした。一方，世界で働く法律家やコンサルタントたち「シンボリック・アナリスト」の「大船は急速に浮上しつつ」あると分析した。21世紀はおおむねその通りになった。

重要なのは，ライシュが描いた，この先だろう。グローバル化した世界では，シンボリック・アナリストが支配的になり，沈む船に乗った労働者との所得格差を広げる。社会としては，新時代に合わせた再教育や職業訓練の費用をシンボリック・アナリストに負担してもらいたいが，ここで彼らが応じるか？ライシュは「連帯感なしには，最富裕層の寛大さは生まれてこない」と見通しを示した。

こうして成功者の「（　i　）」が始まる。警備員を雇ったゲーテッド住宅で暮らせば，外の世界の治安はあまり気にならなくなる。子どもを私学に通わせれば，公立校の整備への関心は薄くなる。会員制の医療やジムでサービスを受けられるなら，公的医療への出費は無駄に見えるかもしれない。「成功者たちが同種の人間だけがすむ『飛び地（エンクレーヴ）』を形成しつつある。そこでは，自分たちの所得を恵まれない人々に再分配する必要がない」というのだ。ライシュが「公共投資の衰退」を指摘したのは30年も前だが，先述した公教育の窮状などを眺めれば，今も続いていると思わざるを得ない。

こうなると「真ん中」が抜け落ちたアメリカで，「私たち」という連帯感を醸成できるかという問いにぶつかる。難題として立ちふさがるのが，1990年代から指摘される，価値観をめぐる「文化戦争」だろう。

同性婚や公立学校での礼拝，妊娠中絶，移民政策など争点は多岐にわたるが，煎じ詰めると「宗教」と「同化」に行き着く。いずれも今日の発火点は，主流の規範や価値観に疑問を呈す「対抗文化」が勢いを持った1960年代にありそうだ。

宗教については，アメリカは1791年の修正憲法第1条で「国教会制度」を放棄した。国家が特定の宗教に国教会としての特別の地位を与えないことを決めたが，実際の暮らしではキリスト教に基づく習慣が大切にされてきた。文化保守は「ユダヤ・キリスト教的な伝統」(Judeo-Christian tradition)が，リベラル勢力によって1960年代以降，公的空間から排除されてきたことへの憤りを語る。厳格な「政教分離」を求める人々が，公立学校でのお祈りや聖書の朗読を問題視し，訴訟に持ち込んだ。最高裁は1962年，1963年の判決で，強制された祈りも聖書の朗読も違憲とした。

今でも公立学校からの「モーゼの十戒」の石碑撤去などが続いている。「メリー・クリスマス」の代わりに，宗教性を排した「ハッピー・ホリデー」が都市部で広まる。白人の高齢者の間には「慣れ親しんだキリスト教を土台とした社会が揺らいでいる」という危機感がある。若者の「モラル低下」も同根と感じている。

この不満を発信したのが，1992年の共和党全国大会で演説した，パット・ブキャナンだ。「この選挙では，私たちが何者であるのか，何を信じているのかが問われている。国内では，アメリカの魂をかけて宗教戦争が起きている。文化戦争です」。

この演説には，大きな批判が出たと本人が著書に記しているが，地方を取材すれば，この感覚は特に白人高齢者の間で広く共有されていることが分かる。最近では，文化保守を怒らせた争点が同性婚(j)だ。最高裁は2015年，同性婚を禁じる州法に違憲判決を出した。反対派が優勢だった世論も2011年に初めて逆転し，2019年には賛成派(61%)が反対派(31%)を引き離している。世俗化が進む中，文化保守は焦っているが，価値観を巡る対立は「真ん中」での妥協が困難で，分断の強い要因になっている。

＊齋藤純一『政治と複数性－民主的な公共性にむけて』(岩波書店，2020年)46-48頁・53-55頁，及び，金成隆一「真ん中が抜け落ちた国で」アステイオン93号(2020年)98-103頁を一部改変。

問1　空欄aに入る言葉として最も適当なものを次から一つ選びなさい。

① 格差の是正
② 大きな政府
③ 価値観の多元性
④ 国教会制度
⑤ 国家からの自由

問2　下線部bで示されるように，リベラル・ナショナリズムは公共的文化と私的文化の区別を重視するが，両文化の区別の維持は容易ではない。2)の金成論文において，そうした状況から引き起こされる事態はどのような言葉で表現されているか。その言葉を抜き出しなさい。

問3　空欄cに入る言葉としてふさわしいものを，2)の金成論文から抜き出しなさい。

問4　下線部dのように言えるのは何故か。その理由として最も適当なものを次から一つ選びなさい。

① グローバル化によって国民としての意識が希薄になったから
② 国民は実存性をそなえたアイデンティティだから
③ 多数派は少数派に対して文化的に同化するよう強要するから

④　移民は国民として統合されないから

⑤　憲法などの政治的原理があれば社会統合は構築されるから

問5　空欄eに入る言葉として最も適当なものを次から一つ選びなさい。

①　グローバル化

②　エスニシティ

③　ナショナル・アイデンティティ

④　脱－統合化

⑤　民主的な討議

問6　下線部fは，「トランス・ナショナルな権力関係において自らがどのような位置を占めているかを顧みない態度」が助長される危険性に対して，リベラル・ナショナリズムが敏感ではないことを指摘する。こうした態度から生じうる結果として最も適当なものを次から一つ選びなさい。

①　グローバル化した経済活動に関する国家間の紛争の増大

②　他地域で生じている領土に関する国際的紛争に対する無関心

③　難民受入れや外国人労働者の就労に関する厳格な審査と制限

④　外国人観光客を見越したインバウンド事業への投資の減退

⑤　多国籍企業による国境を越えた経済活動に対する規制の撤廃

問7　下線部gで示されている懸念は，2)の金成論文において具体的な形で表出されている。下線部gで示された懸念の具体的な表れに該当するものを次からすべて選びなさい。

①　ハッピー・ホリデーの広がり

②　シンボリック・アナリストの台頭

③　公的医療への出費

④　若者のモラル低下

⑤　出稼ぎ教員の出現

⑥　職業訓練の費用負担

⑦　ゲーテッド住宅の形成

問8　空欄hに入る言葉として最も適当なものを次から一つ選びなさい。

①　社会保障制度

②　所得再分配

③　義務教育

④　公共インフラ

⑤　公助共助

問9　空欄iに入る言葉として最も適当なものを次から一つ選びなさい。

①　諦観

②　離脱

③　略奪

④　蔑視

⑤　憤怒

問10　2)の筆者は，課題文に含まれていない論文の冒頭で，アメリカは様々な意味で「真ん中」が抜け落ちた国であると言っている。抜粋した2)金成論文の中で「真ん中」は何を意味していたか。適当なものを次から<u>すべて</u>選びなさい。

①　アメリカ合衆国の東海岸・西海岸以外に居住する人たちの価値観

②　誰もがアクセスできる公共施設や公共サービス

③　異なる意見があっても，最後はそれぞれが妥協し，到達するコンセンサス

④　対人サービスで人々をつなぐ仲介者

⑤　個人と国家の間にあり，異質な他者と出会える場としての中間団体(労働組合や教会等)

⑥　若年世代と高齢世代に挟まれる現役世代

問11　下線部 j の同性婚に関しては，日本でも，札幌地裁令和３年３月17日判決により，違憲の判断が示されたところである。同判決は，同性婚を認めない区別取扱いは，「人の意思によって選択・変更できない事柄である性的指向に基づく区別取扱いであるから，これが合理的根拠を有するといえるかについては，慎重な検討を要するところ，…婚姻によって生じる法的効果を享受することは法的利益であって，同性愛者であっても異性愛者であっても，等しく享受しうる利益と解すべきであり，本件区別取扱いは，そのような性質の利益についての区別取扱いである。…(異性婚のみを認めている)本件規定(*)の目的そのものは正当であるが，…同性婚について定めていない本件規定や憲法24条(**)の存在が同性愛者のカップルに対する一切の法的保護を否定する理由となるものではない。そうであるにもかかわらず，本件規定により，同性愛者と異性愛者との間で，その性的指向と合致する者との間で婚姻することができるか否かという区別が生じる結果となってしまっている。…異性愛者に対しては婚姻という制度を利用する機会を提供しているにもかかわらず，同性愛者に対しては，婚姻によって生じる法的効果の一部ですらもこれを享受する法的手段を提供しないとしていることは，立法府が広範な立法裁量を有することを前提としても，その裁量権の範囲を超えたものであるといわざるを得ず，本件区別取扱いは，その限度で合理的根拠を欠く差別取扱いに当たると解さざるを得ない」として，法の下の平等を定めた憲法14条１項違反があるとした。

以上の判旨から導き出せることとして適当なものを次から<u>すべて</u>選びなさい。

(＊)民法及び戸籍法の婚姻に関する諸規定

(＊＊)婚姻は両性の合意のみに基づいて成立する旨を規定

①　憲法14条１項は，合理的根拠のある区別取扱いを許容している。

②　立法府は，同性間の婚姻及び家族に関する事項に関して広範な立法裁量を有することから，その立法裁量の適法性について裁判所は判断しない。

③　同性愛者であっても異性との間で婚姻をすることはできるので，婚姻に

よって生じる法的効果を享受することは可能であり，同性愛者に対する差別的取扱いは存しない。

④ 同性愛者も異性愛者も，婚姻によって生じる法的効果を享受し得る法的利益を有している。

⑤ 憲法24条は，同性愛者のカップルに対する法的保護を否定する理由になりうる。

⑥ 日本では，登録パートナーシップ制度を導入する地方公共団体も増えていることから，同性愛者は同制度を利用すればよい。

⑦ 婚姻制度の主たる目的は，夫婦の共同生活自体の保護ではなく，子を産み育てることにある。

経済学部

◀数　学▶

(75 分)

マークによる数値解答欄についての注意

解答欄の各位の該当する数値の欄にマークせよ。その際，はじめの位の数が 0 のときも，必ずマークすること。

符号欄がもうけられている場合には，解答が負数の場合のみ − にマークせよ。(0 または正数の場合は，符号欄にマークしない。)

分数は，既約分数で表し，分母は必ず正とする。また，整数を分数のかたちに表すときは，分母を 1 とする。根号の内は，正の整数であって，2 以上の整数の平方でわりきれないものとする。

解答が所定欄で表すことができない場合，あるいは二つ以上の答が得られる場合には，各位の欄とも Z にマークせよ。(符号欄がもうけられている場合，− にはマークしない。)

〔解答記入例〕 ア に 7， イ に −26 をマークする場合。

	符号	10 の 位											1 の 位										
ア	−	0	1	2	3	4	5	6	7	8	9	Z	0	1	2	3	4	5	6	7	8	9	Z
	○	●	○	○	○	○	○	○	○	○	○	○	○	○	○	○	○	○	○	●	○	○	○
イ	−	0	1	2	3	4	5	6	7	8	9	Z	0	1	2	3	4	5	6	7	8	9	Z
	●	○	○	●	○	○	○	○	○	○	○	○	○	○	○	○	○	○	●	○	○	○	○

〔解答表示例〕

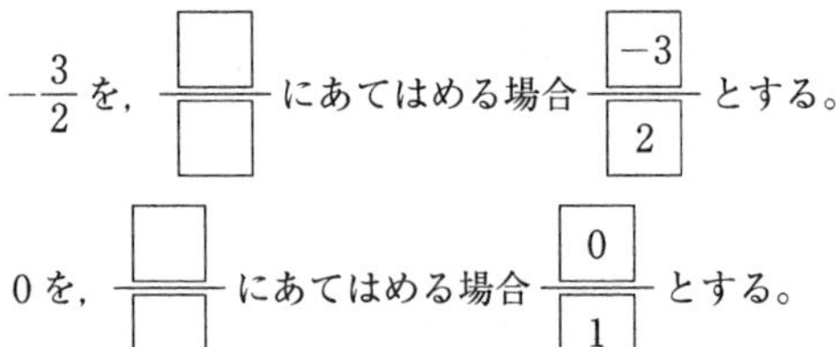

$-\dfrac{\sqrt{3}}{2}$ を，$\dfrac{\boxed{}}{\boxed{}}\sqrt{\boxed{}}$ にあてはめる場合 $\dfrac{\boxed{-1}}{\boxed{2}}\sqrt{\boxed{3}}$ とする。

$-x^2+x$ を，$\boxed{}\,x^2+\boxed{}\,x+\boxed{}$ にあてはめる場合

$\boxed{-1}\,x^2+\boxed{1}\,x+\boxed{0}$ とする。

1 (1) 整式 $P(x)$ を x^2+x-2 で割った余りが $2x+1$ で，$P(x)$ を x^2-4x+3 で割った余りが $-x+\boxed{ア}$ のとき，$P(x)$ を x^2-x-6 で割った余りは $\dfrac{\boxed{イ}}{\boxed{ウ}}x+\dfrac{\boxed{エ}}{\boxed{オ}}$ である。

(2) $\mathrm{A}=\left(\sqrt{3}+\dfrac{1}{\sqrt{3}-1}\right)^{-1}$, $\mathrm{B}=5^{\log_5 \frac{2}{5}}$, $\mathrm{C}=\log_3 1.5$, $\mathrm{D}=\log_2 \dfrac{4}{3}$

とするとき，$\boxed{あ} < \boxed{い} < \boxed{う} < \boxed{え}$ である。

$\boxed{あ}$ ～ $\boxed{え}$ には，A ～ D から正しいものをマークせよ。

ただし，$\log_{10} 2=0.30$, $\log_{10} 3=0.47$, $\sqrt{3}=1.73$ としてよい。

(3) 2 次関数

$$f(x)=\boxed{カ}\,x^2+\boxed{キ}\,x+\boxed{ク}$$

は次の (a), (b) を満たす。

(a) すべての実数 x に対して，

$$3\int_0^x f(t)\,dt+10\int_{-1}^0 xf(t)\,dt=-2\int_{-x}^0 f(t)\,dt+12\int_0^1 x^3tf(t)\,dt$$

(b) $\displaystyle\int_0^2 f(t)\,dt=-20$

(4) 自然数を 2 進法で表したときの桁(けた)数は並んだ数字の個数である。例えば，$10110_{(2)}$ の桁数は 5 である。自然数 n を 2 進法で表したときの桁数と 10 進法で表したときの桁数の差を $F(n)$ とする。n が

1000 以下のとき, $F(n)$ の最大値は $\boxed{\text{ケ}}$ であり, $F(n) = \boxed{\text{ケ}}$ を満たす最小の n は $\boxed{\text{コ}}$ である。

2 座標空間に 3 点 $A(0,0,2)$, $B(\sqrt{3},1,0)$, $C(-2,2\sqrt{3},-2)$ をとる。原点 O から 3 点 A, B, C の定める平面に垂線 OH を下ろす。

(1) $\angle BAC = \theta$ とすると, $\cos\theta = \dfrac{\boxed{\text{サ}}}{\boxed{\text{シ}}}$ であり, 三角形 ABC の面積は $\boxed{\text{ス}}\sqrt{\boxed{\text{セ}}}$ である。

(2) 点 H の座標は

$$\left(\frac{\boxed{\text{ソ}}}{\boxed{\text{タ}}}+\frac{\sqrt{\boxed{\text{チ}}}}{\boxed{\text{ツ}}},\ \frac{\boxed{\text{テ}}}{\boxed{\text{ト}}}+\frac{\sqrt{\boxed{\text{ナ}}}}{\boxed{\text{ニ}}},\ \frac{\boxed{\text{ヌ}}}{\boxed{\text{ネ}}}\right)$$

であり, 四面体 OABC の体積は $\dfrac{\boxed{\text{ノ}}}{\boxed{\text{ハ}}}$ である。

(3) H を中心とする球が O を通るとき, その球が yz 平面と交わってできる図形の面積を求めよ。解答は記述式解答欄に記入すること。

3 正方形の 2 本の対角線の交点を正方形の中心と呼ぶことにする。座標平面上の 4 点 $A(\sqrt{2}, \sqrt{2})$, $B(-\sqrt{2}, \sqrt{2})$, $C(-\sqrt{2}, -\sqrt{2})$, $D(\sqrt{2}, -\sqrt{2})$ を頂点とする正方形の中心 O を点 P_0 とし，以下の操作 ① ～ ④ により点 $P_1, P_2, P_3, \cdots$ を順に決定していく。

【操作】

① P_0 を通る水平な直線と P_0 を通る垂直な直線により，正方形 ABCD を 4 つの正方形に分割し，右上の正方形を S_A，左上の正方形を S_B，左下の正方形を S_C，右下の正方形を S_D とする。

② 1, 2, 3, 4 の番号をつけた 4 枚のカードを等しい確率で引き，1 が出たら S_A，2 が出たら S_B，3 が出たら S_C，4 が出たら S_D を選び，選ばれた正方形を T_1 とし，その中心を P_1 とする。

③ 次に正方形 T_1 について，①と同様にして，4 つの正方形に分割する。②と同様にして，カードを引き，4 つの正方形のうち 1 つを選び T_2 とし，その中心を P_2 とする。

④ 以下，同様の操作を続け $P_3, P_4, \cdots$ を順に決定していく。

例えば，カードを 2 回引き，1 回目に 1 が出て，2 回目に 4 が出たとすると P_1, P_2 は次の図のようになる。

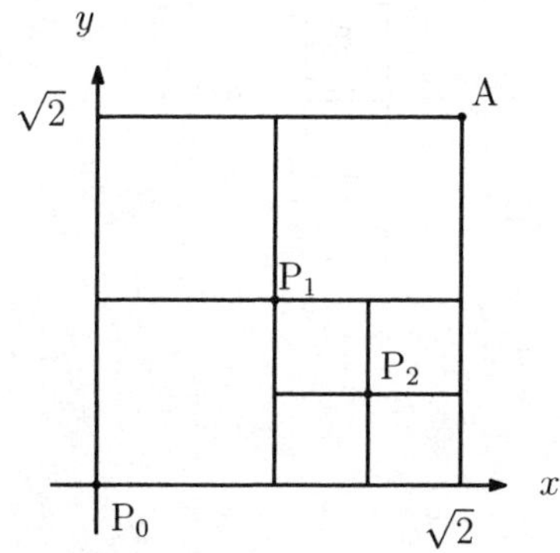

(1) 自然数 n に対して, n 個の線分 $\mathrm{P_0P_1}, \mathrm{P_1P_2}, \cdots, \mathrm{P}_{n-1}\mathrm{P}_n$ の長さの和は

$$\boxed{\text{ヒ}} + \boxed{\text{フ}}\left(\frac{\boxed{\text{ヘ}}}{\boxed{\text{ホ}}}\right)^n$$

である。

(2) カードを 3 回引いたとき, P_3 が $y \geqq x$ かつ $y \leqq 3x$ の範囲にある確率は $\dfrac{\boxed{\text{マ}}}{\boxed{\text{ミ}}}$ である。

(3) カードを 3 回引いたとき, $\mathrm{P_0P_3} > 1$ となる確率は $\dfrac{\boxed{\text{ム}}}{\boxed{\text{メ}}}$ である。

(4) カードを 4 回引いたとき, P_4 の x 座標が $\dfrac{\sqrt{2}}{3}$ 以上 $\dfrac{3\sqrt{2}}{4}$ 以下となる確率は $\dfrac{\boxed{\text{モ}}}{\boxed{\text{ヤ}}}$ である。

◀英　語▶

(75 分)

1 次の英文を読み，(1)～(10)に最適な語を(a)～(k)の中から１つ選びなさい。ただし，同じ語を二度使ってはならない。

As more and more U.S. companies commit to supporting diversity, inclusion, and belonging (DI&B) in the workplace, one component that often gets left behind is the extension of those initiatives across an organization's global offices. On the one hand, policies informed by the American cultural and political context aren't necessarily effective when applied wholesale in other environments. At the same time, it's essential for organizations to demonstrate a consistent commitment to their $\underset{(1)}{\underline{\hspace{5em}}}$ values, no matter where in the world they may operate.

Broaden Inclusive Language Initiatives Beyond English

One component of DI&B that is often overlooked when companies expand globally is inclusive language policies. The language we use can make a big difference in $\underset{(2)}{\underline{\hspace{5em}}}$ that people from diverse backgrounds feel seen and appreciated. That's why many companies are working toward identifying and $\underset{(3)}{\underline{\hspace{5em}}}$ problematic terms from both their external and internal content.

For example, in 2020 Google replaced the terms "blacklist" and "whitelist" with "blocklist" and "allowlist" across all their platforms, removing what had been a $\underset{(4)}{\underline{\hspace{5em}}}$ yet impactful form of racism. Similar efforts have been made to address terms that (often inadvertently) $\underset{(5)}{\underline{\hspace{5em}}}$ gendered assumptions; some organizations now use the phrase "work hours" instead of "man hours" and "police officer" instead of "policeman."

These initiatives represent real progress. But global companies often forget that similarly ___(6)___ terms exist in other languages, and those terms aren't always direct translations of equivalent words in English. To address this, when we were developing an inclusive language guide for our English-language content, we ___(7)___ parallel efforts for all the other languages in which we operate, making sure to work with native speakers to identify terms that could ___(8)___ exclude or offend our international customers, partners, or employees.

For instance, when we updated the Spanish version of our portal we used *"Nataly, hola otra vez,"* which means, *"Nataly, hello again"*—a construction that serves the same function of greeting a returning visitor but ___(9)___ a gendered adjective. Subtle changes like that may seem insignificant, but they're an important way of making our platform more inclusive for people of all identities in every language.

Research shows that a commitment to inclusion is increasingly important to employees, customers, and shareholders—and more to the point, it's the right thing to do. But to demonstrate a genuine, consistent commitment to these principles, global companies must implement value-___(10)___ policies not just at home but wherever they operate.

Adapted from Kelly, N. (2021). Implementing inclusive policies across a global organization. *Havard Business Review*. Retrieved from https://hbr.org/2021/03/implementing-inclusive-policies-across-a-global-organization

(a) charged (b) driven (c) eliminating (d) ensuring

(e) imply　(f) laboriously　(g) omits　(h) pursued
(i) stated　(j) subtle　(k) unintentionally

2 次の英文を読み，⑾～⒇の下線部(a)～(d)の内，それぞれ間違っている箇所を1つ選びなさい。

Elon Musk is being brought in to save SNL's sagging ratings注1

⑾ In the days before the Tesla and SpaceX chief executive takes(a) the stage of the landmark NBC show, several cast members have risen(b) objections, while Musk has gone(c) directly to his 53 million Twitter followers for sketch ideas, and even floated(d) a few of his own.

⑿ Musk is the first person from the business world hosts(a) SNL since Donald Trump in 2015—and the first from primarily(b) outside the sports or media-entertainment realms(c) since John McCain, Al Gore and Al Sharpton each hosted(d) nearly two decades ago.

⒀ Elon Musk will arrive on(a) SNL just a week after four astronauts boarded over(b) a SpaceX Dragon capsule successfully splashed down(c) at night in the Gulf of Mexico—which, as the first such landing by NASA astronauts since 1968, sparked(d) social-media activity galore.

⒁ Musk entering(a) the living rooms of millions of Americans(b) with some well-placed jokes—even with his own expense(c)—could reverse(d) some perceptions.

⒂ "I think the typical person watching(a) it might say, 'I like how this guy approaches life, he (b)makes fun with himself,'" Munster said. "Replicate that (c)a million times and it will be good (d)for sales."

注1　"SNL" is an abbreviation for "Saturday Night Live", an American comedy show.

* * *

Time out: 10 instant shock absorbers to cushion job stress

(16)　If you're like (a)most people who find it hard to shed job stress, you dump it on those (b)closest to you. But that doesn't have to be the case. Think of it this way, your job stress (c)belongs to you—nobody else. Therefore, it's your responsibility to (d)deal it, not someone else's.

(17)　Well (a)established science has shown that first-name self-talk—the way you (b)speak to someone else, (c)referring to yourself *by name* instead of as *"I"*—is a self-regulatory mechanism that creates psychological distance from (d)angry, stressors or frustration.

(18)　Then (a)meditate on your appreciation for each item and visualize anything you've (b)take for granted—things or people, (c)even pets that if you didn't have (d)would leave your life empty and meaningless.

(19)　When you are (a)overwhelming, anxious or frustrated or things don't (b)turn out the way you hoped, bringing awareness (c)into the present moment absorbs the shock. One of the simplest and easiest ways to accomplish this is (d)to use your breath.

(20)　According to research, (a)as little as 10 minutes of resting or receiving massage is a shock absorber (b)resulting psychological and physiological reduction <u>in</u>(c) stress. <u>When possible</u>(d), a nap or massage can be the magic touch to keep stressors at bay.

Sources:

(No. 11-15) Adapted from Zeitchik, S. (May 7, 2021). Elon Musk is being brought in to save SNL's sagging ratings. He could sink the show in other ways. *The Washington Post.* Retrieved from https://www.washingtonpost.com/business/2021/05/07/elon-musk-snl-why-lorne

(No. 16-20) Adapted from Robinson, B. (May 8, 2021). Time out: 10 instant shock absorbers to cushion job stress. *Forbes.* Retrieved from https://www.forbes.com/sites/bryanrobinson/2021/05/08/time-out-10-instant-shock-absorbers-to-cushion-job-stress/?sh=510fb5e5793c

3 次の英文を読み，(21)～(30)の各問への解答として最適なものを(a)～(d)の中から 1 つ選びなさい。

It was 1996, Bill Clinton was president, and endangered bald eagles were dying in his home state of Arkansas. Twenty-nine were found dead at a man-made reservoir called DeGray Lake, before deaths spread to two other lakes. But what really puzzled scientists was how the eagles acted before they died. The stately birds were suddenly flying straight into cliff faces. They hit trees. Their wings drooped. Even on solid ground, they stumbled around as if drunk.

"We weren't in the political limelight that often," says Carol Meteyer, who was then a pathologist注1 for the National Wildlife Health Center, a usually <u>obscure</u>(22) federal agency that investigates animal deaths. But as the toll rose, to more than 70 eagles in total, the mass die-off of America's national bird in the president's home state took on outsize symbolic importance. Scientists around the country were detailed to the case, but they kept coming up empty: It wasn't heavy metals. It wasn't pesticides. It didn't seem to be anything known to man. "We've even had people calling in suggesting that it's radiation from outer space."

Now, in an extraordinarily exhaustive (23) new study, scientists have pinpointed the cause of death for those bald eagles in Arkansas. No wonder the mystery took 25 years to solve: The birds died because of a specific algae注2 that lives on a specific invasive water plant and makes a novel toxin, but only in the presence of specific pollutants. Everything had to go right—or wrong, really—for the mass deaths to happen. This complex chain of events reflects just how much humans have altered the natural landscape and in how many ways.

Susan Wilde, an aquatic scientist at the University of Georgia and a lead author on the new study, began looking into the mysterious deaths in 2001. By then, the cause of death had a name, at least—avian vacuolar myelinopathy, or AVM, which refers to empty spaces or vacuoles found in the brains of these dead birds. This brain damage is why the afflicted注3 bald eagles seemed blind and uncoordinated.

Wilde had a few other clues to work with by 2001. Coots, which are water birds that live on the same lakes, were also becoming sick and uncoordinated. They would "be swimming upside down and struggling to keep their heads out of water," says Meteyer, who investigated AVM for the National Wildlife Health Center. The coots were easy prey for eagles, who ate the sick birds—only to get sick in the same way.

And what were coots eating? Water plants. Scientists had ultimately identified AVM in birds at 10 lakes in six southeastern states—all man-made and all being taken over by an invasive plant called *Hydrilla verticillata.* Wilde had written her doctoral dissertation about one of the lakes before it was invaded by hydrilla; she returned to find dense mats of the hardy plants. They could thrive in the man-made lake, whose waters were too nutrient-poor for native species. She saw spots on their leaves too, which she investigated under a fluorescent microscope. "The light shone down on the leaves and I said, (27)*Wow, the leaves are covered with this species I've never seen before,*" Wilde told me. She recognized the spots as a new species of cyanobacteria, and she immediately thought they had to be important. This was 2001.

A series of experiments began to confirm her guess. Ducks or chickens in the lab fed hydrilla without the cyanobacteria did just fine. Those fed hydrilla with the cyanobacteria got brain lesions注4 like the eagles. Cyanobacteria do sometimes produce toxins that can kill fish and birds. But these toxic cyanobacteria typically float in the water, rather than live on plants, so this was (28)unusual. "I can remember when Susan first identified that. There was a lot of skepticism," biochemist Gregory Boyer says. "None of the known toxins were involved."

Wilde and her colleagues knew they needed to identify the toxin itself. In 2011, she sent samples to Timo Niedermeyer, a biochemist in Germany, who specializes in molecules made by cyanobacteria. He and his colleagues tried to grow the species in his lab, but it grew incredibly slowly. The cyanobacteria so painstakingly cultivated had no effect at all. "We spent two years and achieved nothing," Niedermeyer says.

The team wondered if lab-cultivated cyanobacteria were somehow different from wild ones. Niedermeyer went back to samples collected in the lakes, using a sophisticated technique called AP-MALDI-MSI—"like taking a picture but you don't detect light but molecules," he says—which revealed a novel molecule found only in the cyanobacteria growing on the hydrilla. The lab-grown cyanobacteria did not have it, nor did hydrilla by itself.

What's more, this molecule had a formula never seen before, and, unusually, it contained five atoms of the element bromine. So the team tried adding bromine to its growing cyanobacteria. Surprisingly the same strange molecule appeared, and this new batch of cyanobacteria caused the brain lesions in chickens. Another group of collaborators confirmed the team's work further, by finding the cyanobacteria genes likely responsible for synthesizing the toxin. The team ultimately named this toxin *aetokthonotoxin*, "poison that kills the eagle." Twenty-five years later, it finally had a name.

注1　a scientist who studies diseases

注2　a group of aquatic plants, such as seaweeds

注3　suffering from illness

注4　damage

Adapted from Zhang, S. (March 25, 2021). What killed these bald eagles? After 25 years, we finally know. *The Atlantic*. Retrieved from https://www.theatlantic.com/science/archive/2021/03/humans-accidentally-created-death-trap-bald-eagles/618413

(21) What was the mystery scientists wondered about in 1996?

(a) Why twenty-nine bald eagles were found dead at DeGray Lake first.

(b) How men killed bald eagles to make a reservoir in Arkansas.

(c) Why Arkansas was the home of a large number of bald eagles.

(d) What caused the strange deaths of bald eagles in Arkansas.

(22) What is the meaning of obscure(22)?

(a) Unknown

(b) Wealthy

(c) Popular

(d) Objective

(23) What is the meaning of exhaustive(23)?

(a) Extraordinary

(b) Existing

(c) Tiring

(d) Comprehensive

(24) It took scientists 25 years to solve the mystery because:

(a) scientists wanted to monitor what was happening to the birds over the course of a long time.

(b) the deaths occurred due to the combination of particular factors and events.

(c) experiments in the natural landscape were hard to conduct.

(d) radiation from outer space was difficult to measure.

(25) Which statement is NOT true?

(a) Pesticides were not the cause of the mass deaths.

(b) Susan Wilde started the investigation for the mass deaths in 2001.

(c) The cause of the mass deaths did not even have a name in 2001.

(d) The birds died because of brain damage.

(26) Scientists paid attention to coots mainly because:

(a) coots eat eagles.

(b) coots were also endangered.

(c) coots and eagles lived on different lakes.

(d) eagles and coots developed similar symptoms.

(27) Susan Wilde said *Wow* (27) during her investigation because:

(a) she was fascinated by the color of the leaves.

(b) she discovered bacteria she had never seen before.

(c) she thought that her 25-year-old mystery was finally solved.

(d) her fluorescent microscope showed the surface of leaves with amazing clarity.

(28) What was an unusual (28) thing which the author refers to?

(a) The fact that a hunch was confirmed in scientific experiments.

(b) The fact that fish and birds could be killed by some toxins.

(c) The fact that ducks and chickens were used in scientific experiments.

(d) The fact that this cyanobacteria grew on leaves.

(29) Which statement is NOT true?

(a) Susan Wilde reached out to Timo Niedermeyer for research assistance.

(b) Some animals used in the experiments got the same brain damage as the eagles.

(c) Lab-grown cyanobacteria were always more poisonous than wild ones.

(d) Timo Niedermeyer and his colleagues achieved little after two years of effort.

(30) What did Timo Niedermeyer's team ultimately discover?

(a) Any cyanobacteria can create the toxin that killed the eagles.

(b) A new molecule in particular cyanobacteria was responsible for the toxin.

(c) *Aetokthonotoxin* is a toxin that kills only eagles.

(d) AP-MALDI-MSI was an effective technique in biological experiments.

4 次の英文を読み，(31)〜(40)に最適な語を(a)〜(d)の中から１つ選びなさい。

It is a ritual almost as frequent and as fleeting as observing the cherry blossoms each year. A new Japanese government pledges to move more public services online. Almost as soon as the promise is made, it falls (31)________ the ground like a sad pink petal. In 2001 the government announced it would digitise all its procedures by 2003—yet almost 20 years later, just 7.5% of all administrative procedures can be completed online. Only 7.3% of Japanese applied (32)________ any sort of government service online, well behind not only South Korea and Iceland, but also Mexico and Slovakia. Japan is an e-government failure.

That is a great pity, and not just for Japanese citizens wandering from window to window in bewildering government offices. Japan's population is shrinking and ageing. With its workforce atrophying, Japan relies even more than other economies (33)________ gains in productivity to maintain prosperity. The Daiwa Institute of Research, a think-tank in Tokyo, reckons that putting government online could permanently boost GDP per person by 1%. The failure to do so is a missed opportunity.

Happily, the government of Suga Yoshihide, who became prime minister in September 2020, seems to be making more than the typical ritual attempt (34)________ resolving the problem. It is creating a new government agency intended to drag the old ones (35)________ the digital world. This new office will be in charge (36)________ procurement of IT systems for the government as a whole, giving it real clout. It will be headed by a tech executive, not a bureaucrat.

As a laggard in the rich world in the adoption of digital public services,

Japan does at least have the advantage (37)__________ being able to learn from the experience of other countries. It could look to Estonia for advice on imposing data standards across government departments. Estonia also operates a model digital-ID system (Japan's is used by less than 20% of the population, and the pandemic has highlighted its shortcomings). It could follow South Korea's example in making more of its public data, processes and services "open by default", and being transparent about its use of data when devising policies and designing services. And to boost take-up it could learn from Denmark, where applications for 95% of state pensions and 100% of maternity benefits are now handled digitally.

These successes were achieved (38)__________ part by pressing ahead despite the predictable misgivings of hidebound bureaucrats and techno-nervous pensioners. Japan has tended in the past to placate such people by building parallel digital systems and making use of them voluntary. It will have to get tougher with its citizens and civil servants as well as its IT contractors if take-up of digital services is to increase. In fact, officials may find that if they make digital government work more smoothly, much of the resistance to it melts away, as the advantages and cost savings arising (39)__________ doing paperwork online become more obvious.

The potential gains in productivity, if Japan's administrators get their act together, would be enormous. The older the population becomes, the greater the benefit, to them and to the government, of doing away (40)__________ queues and forms. The savings of time, money and effort will only grow. And unlike the transient beauty of the cherry blossom, the blessings of more efficient government would be lasting.

Adapted from Few reforms would benefit Japan as much as digitising government. (January 2, 2021). *The Economist.* Retrieved from https://www.economist.com/leaders/2021/01/02/few-reforms-would-benefit-japan-as-much-as-digitising-government

	(a)	(b)	(c)	(d)
(31)	at	by	to	within
(32)	about	for	in	on
(33)	in	of	on	to
(34)	at	from	to	with
(35)	for	into	out	up
(36)	of	on	to	with
(37)	into	of	to	up
(38)	about	at	from	in
(39)	as	for	from	on
(40)	back	from	into	with

5 次の英文を読み，(41)〜(50)に入る単語の文字を正しい順番に並べてマスにブロック体アルファベットで書きなさい。

Why San Francisco does sourdough best

When James W. Marshall (41)________ gold in the hills north of San Francisco in 1848, it sparked a migration of epic proportions. Within a year, tens of thousands of (42)________ from both across the country and around the globe had relocated to the Californian city and its surroundings, carrying with them basic necessities like clothing; carpentry tools; and coffee, sugar and flour. However, there was one staple item that would become a part of the city's history forever: starter for bread. Baking sourdough is an (43)________ opportunity for patience and presence.

In a place where nourishment was scarce, bread starter (a dough that has fermented using naturally occurring bacteria and yeast) was a prized possession during the California Gold Rush, (44)________ miners to turn drab flour into loaves that were both (45)________ and delicious. Somehow, the bread tasted tangier and more flavourful than it did elsewhere, and thus San Francisco sourdough was born.

More than 170 years later, San Francisco is synonymous with sourdough bread. (46)________ line up daily for fresh-from-the-oven loaves at Tartine Bakery and at The Mill, a whole-grain sourdough bakery and (47)________ coffee shop just west of San Francisco's (48)________ Victorian houses. Walk into any local (49)________ and you'll find baskets filled with sourdough baguettes; or make a stop at Boudin Bakery in the (50)________ hub of Fisherman's Wharf, where steaming clam chowder comes served in carved-out loaves of the bakery's own sourdough bread. According to sourdough expert

Josey Baker, "baking sourdough is a great chance for learning and relaxation, and then you get to share it with someone."

Adapted from Kiniry, L. (April 3, 2020). Why San Francisco does sourdough best. *BBC Travel*. Retrieved from http://www.bbc.com/travel/story/20200402-why-san-francisco-does-sourdough-best

(41) iodscervde

(42) tsigrnmima

(43) gzaniam

(44) lnolwgai

(45) rontsuuiti

(46) comstrseu

(47) ntenpeedidn

(48) usafom

(49) amtrek

(50) tiousrt

解答編

法学部

◀社会（国際関係や環境問題を含む）と法・政治に関する試験（基礎学力や思考力を問うもの）▶

1 **解答** 問1．①・③　問2．②　問3．④
問4．③・⑤・⑧・⑩・⑪・⑫

問5．法の支配の要請は法が備えるべき条件であり，法の内容の道徳性までをも求めるものではないから。(45字以内)

問6．予測可能　問7．④　問8．④

◀解　説▶

≪法が法として機能する条件≫

問1．①は正しい。第4段落に「法の内容は，明確であることが必要です」と書かれている。他方第18段落では，表現の自由の許容範囲のような基本権保障の提起する問題は，法のみからは判断できない（＝法は明確ではない）ので，憲法典自体が立法や司法（＝法の解釈）にあたって「法外の道徳的要請を勘案（＝道徳的な観点から検討）することを要求してい」るとされている。

③は正しい。第10段落の「カントは法の役割とは，多様で相衝突する道徳的判断をする人々の自由な行動をたがいに両立させることにあると考えました」という部分に合致する。

②は誤り。上述の通り，法の定める規範が常に「実際に明確である」とは言えないし，「道徳の定める規範はその内容が不明確なものばかり」とも本文からは読み取れない。

④・⑤は誤り。第14段落に「法の支配の要請を守ることは，法の内容が道徳的であることを保証しません」とあるので，道徳的観点を有しない法規範も存在しうることになるし，法を遵守しても道徳的にとがめられるこ

とはあると考えられる。

問2．文脈から「(　b　)」には明確でない，つまり抽象的な内容の法規範の例が入るので，②「正しく生きよ」があてはまる。この法規範では，どのように行動することが〈正しく生きること〉がわからない。その点①・③・④・⑤の例は少なくともどのように行動すべきかがわかりやすい。

問3．(　c　)の直後に「昨日運用していたはずの法が今日は別のものに変わっている」とあるので，④朝令暮改（朝に命令を出して夕方それを変えること。法令が出てもすぐあとから改められて，あてにならないこと）があてはまる。①朝真暮偽は真実とうその見定めが難しいことのたとえ。②朝種暮穫は朝に作物を植えて夕暮れに収穫するように，慌ただしい様を表す。③朝生暮死は生命がきわめて短いことのたとえ。⑤朝三暮四は目先の違いにとらわれて，結局は同じ結果であることを理解しないことを指す。

問4．第4段落から第8段落で法が満たすべき条件の例が挙げられており，(　d　)にはその例があてはまる。①第4段落に「明確ではあっても，法の内容が個人ごとに，また，個別の場面に限定されて細かく決まっていて，相互の関連が分からないようでは，やはり困ります」とある。要するに，法の内容がさまざまな人や場面に共通するものであること，つまり一般性をもつべきことを述べている。②第4段落に「法の内容は，明確であることが必要です」とある。④第5段落に「複数の法が互いに矛盾・衝突しないことも重要です」とある。⑥第4段落に「法が公開されていることです」とある。⑦第6段落に「法が前もって定まっていることも肝心です」とある。⑨第7段落に「法が実行不可能なことを要求しないこと」とある。これ以外の③個別性，⑤簡潔性，⑧不可侵性，⑩独創性，⑪無謬性，⑫多元性の条件は述べられていないので，これらをすべて選択すればよい。

問5．第14段落の最終文の「法の支配の要請を守ることは，法の内容が道徳的であることを保証しません」という部分，および法の支配が要請する「法が満たすべき条件」は第3段落にあるように，あくまで法が人々の従うことの可能なものであるために満たすべき条件であるという部分に注目する。以上の箇所から，法の支配の要請を満たすかどうかと法の内容が道徳性をもつかどうかは別の話であるということを45字以内でまとめればよい。

問6．1つ目の（ f ）の後ろの例「毎週月曜の午後9時に必ず強盗団がやってきて金品を奪うことが分かっているとしても，その強盗が正しいことを意味しない」に注目して，〈法の支配に基づく統治があらかじめ分かっていても正しいとは限らない〉という意味にすればよい。第10段落に「法の支配の要請が守られ，政府がどのように行動するかが一般市民に前もって分かっていて予測可能性が保障されていれば，市民の側としても，自分がどのように行動すべきか，合理的に計画することが可能となります」とある部分に注目し，〈あらかじめ分かっている〉の言い換えである「予測可能」の四字を抜き出せばよい。

問7．第21段落の（ g ）の直前の「人間はさまざまですし，人間の世界のできごとも，一つとして全く同じということはあり得ないのに，法律は単純不変の公式として，そうしたさまざまな人間，さまざまなできごとのすべてに同じ答えを与えようとします」に照らし合わせて考えると，④「どこかの強情で愚鈍な」があてはまる。①「融通無碍」「いい加減な」はあてはまらない。②「喧嘩腰」，③「腹のうちが読めない」，⑤「底抜けに明るい楽天的な」はいずれもあてはまらない。

問8．2カ所の（ h ）の前後の内容を確認する。「一般的に規定することが必要であるにかかわらず一般的なかたちではただしく規定することのできないようなことがらにあっては，（ h ）ところを採るというのが法の常套である」や「それ（＝為政者の誤った判断）を回避するための次善の策として，『（ h ）ところ』を定式化して，一般的に適用するのが，法の役割です」より，法は一般性（すべてのものに通じる性質）をもつべきだが，それが難しい場合には，多数の人にあてはまる性質をもって代替すべきという内容にすればよいので，④「比較的多くに通じる」があてはまる。①は一般性をもつことになるので誤り。②の「為政者の誤りを正す」は，為政者が個別の判断を下すことを前提とする。これは法の支配とは矛盾するので誤り。③「個々人に都合のよい」は一般化とは相いれないし，一般化の代替にも適切ではないので誤り。⑤「道徳的に正しい」という価値判断は人によって異なり，一般化の代替には適切ではないので，誤り。

2 **解答** 問1．③　問2．文化戦争〔「文化戦争」，価値観をめぐる「文化戦争」〕

問3．連帯感　問4．②　問5．③　問6．③

問7．⑤・⑦　問8．④　問9．②　問10．②・③　問11．①・④

◀解　説▶

≪社会統合とその困難≫

問1．1）の文章の第2段落の（　a　）の直前に「それ（＝リベラル・ナショナリズム）は，同一の政治社会における文化／エスニシティの多元性を積極的に肯定し，『同化のない統合』を構想しようとしている」とある。この部分の「多元性を積極的に肯定」を言い換えた選択肢が③「価値観の多元性」であるから，この言葉があてはまる。

問2．「公共的文化」と「私的文化」の区別の維持が容易ではないのは，1）の文章の第6段落が指摘するように，公共的文化は少数者よりも多数者の「文化的理想」をかなりの程度反映するからである。そうした状況下では公共的文化は，「それとは異なった価値観を生きる成員に対して中立的であるとは言えず，移民を含む少数者に及ぼされる同化の圧力を回避することは難しい」。したがって，〈多数者の理想を反映した文化〉と〈少数者の価値観を反映した文化〉との対立が生じる可能性がある。こうした事態を，2）の論文の第13段落は「価値観をめぐる『文化戦争』」と表現している。

問3．1）の論文の第4段落に「信頼感や（　c　）」とあるので，「信頼感」と意味が近い言葉を2）の論文から探す。「公共的文化」を共有した国民共同体への帰属とさまざまな下位集団への帰属とを両立させるために何が必要かを考える。2）の論文の第11段落の「連帯感なしには，最富裕層の寛大さは生まれてこない」という部分に注目すれば，「シンボリック・アナリスト（最富裕層）」と「沈む船に乗った労働者」との所得格差を縮めるために必要なのが「連帯感」とわかる。1）の文章で考えると，国民共同体とさまざまな下位集団との間に連帯感があれば，両者への帰属の両立が実現するといえる。

問4．リベラル・ナショナリズムの特徴を示す選択肢を選べばよい。1）の文章の第2段落に「それ（＝リベラル・ナショナリズム）は，同一の政治社会における文化／エスニシティの多元性を積極的に肯定し，『同化のない統合』を構想しようとしている」とあり，第3段落にはD・ミラーが社会統合の構想に関して「国民は根拠のない虚構ではなく，それに帰属する者のアイデンティティの一部を現に構成する実在性をそなえている」と主張しているとあるので，②があてはまる。③の文化的同化の強要と④の移民の非統合はリベラル・ナショナリズムの主張と矛盾する。⑤は，第4段落に統合に当たり国民が共有すべき公共的文化とは〈政治的原理のみならず社会的規範や文化的理想をも含む〉とあるので，政治的原理があれば社会統合は可能とする点が誤り。①の国民意識の希薄化は本文からは読み取れない。

問5．1つ目の（　e　）が含まれる1）の文章の第7段落は，リベラル・ナショナリズムの擁護者の描くナショナルな統合の構想の問題点や危険性を述べた部分である。この「ナショナルな統合」とは第1段落にも登場しており，「リベラル・ナショナリズムの擁護者は，このナショナルな統合を継承すべき遺産としてとらえながら，人びとが引き続き十分なシティズンシップを享受しうるようにするためには，その前提条件としてナショナル・アイデンティティを再構築することが避けがたくなっている，と主張する」とある。第7段落の（　e　）の直前の「求心化」という言葉にも注目して，リベラル・ナショナリズムの擁護者の描く「ナショナルな統合」の前提として2つ目の（　e　）が含まれる第9段落の「ナショナル・アイデンティティの強化」が必要になることが導ける。

問6．下線部fの「国民統合によって内向きのアテンションが強まり，トランス・ナショナルな権力関係において自らがどのような位置を占めているかを顧みない態度が助長される危険性」とは，同段落2文前の「ナショナリティの強調は人びとの関心を内部最適化に傾斜させ，国民とは定義されない人びとを視野の外に締めだす効果をもつことになる」の言い換えである。これに対してリベラル・ナショナリズムが敏感ではないことから生じる結果としては，③が適当である。〈国民とは定義されず，視野の外に締め出された人びと〉が具体的に③で難民や外国人労働者として示され，厳格な審査と制限で彼らマイノリティを締め出してしまう結果を憂慮していることがわかる。①・②・④・⑤はいずれも上記の視点が含まれていないので不適当である。

問7．筆者は，リベラル・ナショナリズムの擁護者が求めるナショナル・

アイデンティティの強化が「再分配を強化する政策や少数派の異論に開かれたデモクラシーの再建を支持するような動機づけ」をもたらすかどうかの懸念を，直後で「対外的に喚起される国民の結束が経済的格差の縮小をはかる再分配を支持するのではなくかえってそれを後退させるような政策と両立する」と言い換えている。要するに，多数派と少数派の経済・社会的な格差の拡大を憂慮しているのである。よって，懸念の具体的な表れに該当するのは⑤・⑦である。⑤の出稼ぎ教員の出現は，ニューヨーク郊外などの裕福な自治体とアリゾナ州やオクラホマ州など財政難に陥っている自治体との教育に関する格差拡大を浮き彫りにしているので懸念の表れに該当する。⑦の警備員を雇ったゲーテッド住宅の形成は，最富裕層と貧困層の経済格差の象徴であり，その格差を一層拡大させ得るので懸念の表れに該当する。①ハッピー・ホリデーの広がりと④若者のモラル低下は，リベラル勢力と「ユダヤ・キリスト教的な伝統」を重んじる文化保守の価値観をめぐる「文化戦争」における争点なので，不適切。シンボリック・アナリストが台頭して彼らが公的医療への出費や職業訓練の費用負担を減らせば再分配は後退して格差は拡大するが，逆に負担を増やせば格差は縮小する。したがって，②・③・⑥は懸念が現実化する原因になり得るが，懸念の表れ自体ではないので不適切。

問８．２）の論文の第１段落の記述から，整備が後回しになっている（　ｈ　）の具体例は，陥没した道路，ゴミやネズミだらけの地下鉄駅，トイレが未整備の高速鉄道の駅であるとわかるので，④「公共インフラ」があてはまる。

問９．２）の論文の第 10 段落の，「生産サービス」と「対人サービス」に従事する労働者を乗せた船は「沈みつつある」一方で，「シンボリック・アナリスト」の「大船は急速に浮上しつつ」あるという記述や，第 12 段落の「成功者（シンボリック・アナリスト）たちが同種の人間だけがすむ『飛び地』を形成しつつある」という記述から，成功者の②「離脱」が適当な表現となる。

問 10.「真ん中」とは，所得格差をめぐって対立する最富裕層と貧困層や，価値観をめぐる「文化戦争」で対立するユダヤ・キリスト教的文化保守層とリベラル勢力などのように反目し合う人びとの双方が，互いに歩み寄って融和し，共有できる事柄を指すものである。これにあてはまるのは②・

③。①の経済的に豊かな大都市が多い東海岸・西海岸以外に住む人たちの価値観は，所得格差を軸に対立する一方の側の価値観なので，不適当。④の対人サービスの仲介者がつなぐサービスの需要者と供給者の関係は，対立ではないので，不適当。⑤・⑥の中間団体と現役世代は，個人と国家や若年世代と高齢世代に等置される，それらとは別個の第三の集団なので，不適当。

問 11．設問の要件は，以上の判旨から導き出せることとして適当なものをすべて選ぶことである。

①適当。引用の判決は，「本件区別取扱いは，その限度で合理的根拠を欠く差別取扱いに当たると解さざるを得ない」として，法の下の平等を定めた憲法 14 条 1 項に違反すると判断している。裏を返せば，憲法 14 条 1 項が合理的根拠のある区別取扱いは認めているということになる。

④適当。判旨（設問文の「　」内）3 行目からの「婚姻によって生じる法的効果を享受することは法的利益であって，同性愛者であっても異性愛者であっても，等しく享受しうる利益と解すべき」の部分に合致する。

②不適。判旨 14 行目以降で「立法府が広範な立法裁量を有することを前提としても，その裁量権の範囲を超えたものであるといわざるを得ず」と札幌地裁が判断している事実に反する。

③不適。判旨 12 行目の「異性愛者に対しては婚姻という制度を利用する機会を提供しているにもかかわらず，同性愛者に対しては，婚姻によって生じる法的効果の一部ですらもこれを享受する法的手段を提供しないとしている」という記述に反する。

⑤不適。判旨 8 行目の「憲法 24 条の存在が同性愛者のカップルに対する一切の法的保護を否定する理由となるものではない」という記述に反する。

⑥不適。登録パートナーシップ制度については判旨に記述がない。

⑦不適。婚姻制度の主たる目的については判旨に記述がない。

経済学部

◀数　学▶

1 **解答** (1)ア．4　イ．4　ウ．5　エ．−7　オ．5

(2)あ−A　い−C　う−B　え−D

(3)カ．−9　キ．0　ク．2

(4)ケ．7　コ．512

◀解　説▶

≪小問4問≫

(1)　$P(x)$ を x^2+x-2 で割ったときの商を $Q(x)$ とおくと

$$P(x)=(x^2+x-2)Q(x)+2x+1$$

と表せて

$$P(x)=(x+2)(x-1)Q(x)+2x+1$$

$$\therefore \quad \begin{cases} P(1)=3 & \cdots\cdots① \\ P(-2)=-3 & \cdots\cdots② \end{cases}$$

また，$P(x)$ を x^2-4x+3 で割ったときの商を $R(x)$ とおくと

$$P(x)=(x^2-4x+3)R(x)-x+a \quad (a \text{ は定数})$$

と表せて，①より

$$P(1)=a-1=3 \qquad \therefore \quad a=4 \quad (\to ア)$$

よって　$P(x)=(x-1)(x-3)R(x)-x+4$

$$\therefore \quad P(3)=1 \quad \cdots\cdots③$$

ここで，$P(x)$ を x^2-x-6 で割ったときの商を $S(x)$ とおくと

$$P(x)=(x^2-x-6)S(x)+bx+c \quad (b,\ c \text{ は定数})$$

と表せて

$$P(x)=(x+2)(x-3)S(x)+bx+c$$

よって，②，③より

$$\begin{cases} -2b+c=-3 \\ 3b+c=1 \end{cases} \qquad (b,\ c)=\left(\frac{4}{5},\ -\frac{7}{5}\right)$$

よって，求める余りは　$\frac{4}{5}x-\frac{7}{5}$　（→イ～オ）

(2)　$A=\left(\sqrt{3}+\frac{1}{\sqrt{3}-1}\right)^{-1}=\left(\sqrt{3}+\frac{\sqrt{3}+1}{2}\right)^{-1}=\left(\frac{3\sqrt{3}+1}{2}\right)^{-1}$

$$=\frac{2}{3\sqrt{3}+1}=\frac{2(3\sqrt{3}-1)}{(3\sqrt{3}+1)(3\sqrt{3}-1)}$$

$$=\frac{3\sqrt{3}-1}{13}=\frac{3\cdot 1.73-1}{13}=0.32\cdots$$

$$B=5^{\log_5\frac{2}{5}}=\frac{2}{5}=0.4$$

$$C=\log_3 1.5=\log_3\frac{3}{2}=1-\log_3 2$$

$$=1-\frac{\log_{10}2}{\log_{10}3}=1-\frac{0.30}{0.47}=0.36\cdots$$

$$D=\log_2\frac{4}{3}=2-\log_2 3$$

$$=2-\frac{\log_{10}3}{\log_{10}2}=2-\frac{0.47}{0.30}=0.43\cdots$$

∴　$A<C<B<D$　（→あ～え）

(3)　$f(x)=ax^2+bx+c$ とおくと，(a)より

$$3\int_0^x(at^2+bt+c)dt+10x\int_{-1}^0(at^2+bt+c)dt$$

$$=-2\int_{-x}^0(at^2+bt+c)dt+12x^3\int_0^1(at^3+bt^2+ct)dt$$

$$3\left[\frac{a}{3}t^3+\frac{b}{2}t^2+ct\right]_0^x+10x\left[\frac{a}{3}t^3+\frac{b}{2}t^2+ct\right]_{-1}^0$$

$$=-2\left[\frac{a}{3}t^3+\frac{b}{2}t^2+ct\right]_{-x}^0+12x^3\left[\frac{a}{4}t^4+\frac{b}{3}t^3+\frac{c}{2}t^2\right]_0^1$$

また

$$ax^3+\frac{3}{2}bx^2+3cx+10\left(\frac{a}{3}-\frac{b}{2}+c\right)x$$

$$=-\frac{2}{3}ax^3+bx^2-2cx+12\left(\frac{a}{4}+\frac{b}{3}+\frac{c}{2}\right)x^3$$

これは x の恒等式であるから，両辺の係数を比較して

$$\begin{cases} a=-\dfrac{2}{3}a+12\left(\dfrac{a}{4}+\dfrac{b}{3}+\dfrac{c}{2}\right) \\ \dfrac{3}{2}b=b \\ 3c+10\left(\dfrac{a}{3}-\dfrac{b}{2}+c\right)=-2c \end{cases}$$

$$\begin{cases} b=0 \quad (\text{→キ}) \\ 2a+9c=0 \quad \cdots\cdots① \end{cases}$$

よって，(b)より

$$\int_0^2 (at^2+c)dt=-20$$

$$\left[\frac{a}{3}t^3+ct\right]_0^2=-20 \qquad \frac{8}{3}a+2c=-20$$

$$4a+3c=-30 \quad \cdots\cdots②$$

①，②より　　$(a,\ c)=(-9,\ 2)$　（→カ，ク）

(4)　　$1000=512+256+128+64+32+8$

$$=2^9+2^8+2^7+2^6+2^5+2^3$$

$$=1111101000_{(2)}$$

$\therefore$　$F(1000)=10-4=6$

$999=1111100111_{(2)}$，$512=1000000000_{(2)}$ だから

$512 \leqq n \leqq 999$ のとき

$$F(n)=10-3=7$$

$511=111111111_{(2)}$，$256=100000000_{(2)}$ だから

$256 \leqq n \leqq 511$ のとき

$$F(n)=9-3=6$$

$128=10000000_{(2)}$，$64=1000000_{(2)}$，$32=100000_{(2)}$ だから

$128 \leqq n \leqq 255$ のとき

$$F(n)=8-3=5$$

$100 \leqq n \leqq 127$ のとき

$$F(n)=7-3=4$$

$64 \leqq n \leqq 99$ のとき

$$F(n)=7-2=5$$

以下，$n \leqq 63$ のとき $F(n) \leqq 4$ である。

よって，$F(n)$ の最大値は 7 である。（→ケ）

また，$F(n)=7$ を満たす最小の n は 512 である。（→コ）

2 解答

(1)サ．1　シ．2　ス．4　セ．3

(2)ソ．−1　タ．3　チ．3　ツ．3　テ．1　ト．3　ナ．3　ニ．3　ヌ．2　ネ．3　ノ．8　ハ．3

(3)　H を中心とする球面の方程式を

$$\left(x-\frac{\sqrt{3}-1}{3}\right)^2+\left(y-\frac{\sqrt{3}+1}{3}\right)^2+\left(z-\frac{2}{3}\right)^2=r^2 \quad \cdots\cdots①$$

とおくと，O を通るとき $r^2=|\overrightarrow{OH}|^2$ であるから

$$r^2=\left(\frac{\sqrt{3}-1}{3}\right)^2+\left(\frac{\sqrt{3}+1}{3}\right)^2+\left(\frac{2}{3}\right)^2$$

よって，①が yz 平面と交わってできる図形の方程式は

$$\left(y-\frac{\sqrt{3}+1}{3}\right)^2+\left(z-\frac{2}{3}\right)^2=\left(\frac{\sqrt{3}+1}{3}\right)^2+\left(\frac{2}{3}\right)^2$$

であり，この円の面積は

$$\pi\left\{\left(\frac{\sqrt{3}+1}{3}\right)^2+\left(\frac{2}{3}\right)^2\right\}=\frac{8+2\sqrt{3}}{9}\pi \quad \cdots\cdots(答)$$

◀解　説▶

≪空間の平面への垂線，四面体の体積，球の断面積≫

(1)　$\overrightarrow{AB}=(\sqrt{3},\ 1,\ -2)$，$\overrightarrow{AC}=(-2,\ 2\sqrt{3},\ -4)$

$|\overrightarrow{AB}|=2\sqrt{2}$，$|\overrightarrow{AC}|=4\sqrt{2}$

$\overrightarrow{AB}\cdot\overrightarrow{AC}=8$

$$\therefore\quad \cos\theta=\frac{\overrightarrow{AB}\cdot\overrightarrow{AC}}{|\overrightarrow{AB}||\overrightarrow{AC}|}=\frac{8}{2\sqrt{2}\cdot4\sqrt{2}}=\frac{1}{2}\quad (→サ，シ)$$

よって

$$\triangle ABC=\frac{1}{2}\sqrt{|\overrightarrow{AB}|^2|\overrightarrow{AC}|^2-(\overrightarrow{AB}\cdot\overrightarrow{AC})^2}$$

$$=\frac{1}{2}\sqrt{8\cdot32-64}$$

$$=4\sqrt{3}\quad (→ス，セ)$$

(2)　$\overrightarrow{AH}=s\overrightarrow{AB}+t\overrightarrow{AC}$ とおくと

$$\overrightarrow{OH}=\overrightarrow{OA}+s\overrightarrow{AB}+t\overrightarrow{AC}$$

$\begin{cases}\overrightarrow{AB}\cdot\overrightarrow{OH}=0\\ \overrightarrow{AC}\cdot\overrightarrow{OH}=0\end{cases}$ だから

$$\begin{cases}\overrightarrow{AB}\cdot(\overrightarrow{OA}+s\overrightarrow{AB}+t\overrightarrow{AC})=-4+8s+8t=0\\ \overrightarrow{AC}\cdot(\overrightarrow{OA}+s\overrightarrow{AB}+t\overrightarrow{AC})=-8+8s+32t=0\end{cases}$$

$$\begin{cases}s=\dfrac{1}{3}\\ t=\dfrac{1}{6}\end{cases}$$

$$\overrightarrow{OH}=\overrightarrow{OA}+\frac{1}{3}\overrightarrow{AB}+\frac{1}{6}\overrightarrow{AC}$$

$$=\left(\frac{-1}{3}+\frac{\sqrt{3}}{3},\ \frac{1}{3}+\frac{\sqrt{3}}{3},\ \frac{2}{3}\right)$$

$\therefore$　$\mathrm{H}\left(-\dfrac{1}{3}+\dfrac{\sqrt{3}}{3},\ \dfrac{1}{3}+\dfrac{\sqrt{3}}{3},\ \dfrac{2}{3}\right)$　(→ソ～ネ)

$$\mathrm{OH}=\sqrt{\left(\frac{\sqrt{3}-1}{3}\right)^2+\left(\frac{\sqrt{3}+1}{3}\right)^2+\left(\frac{2}{3}\right)^2}=\frac{2}{\sqrt{3}}$$

$\therefore$　(四面体 OABC の体積)$=\dfrac{1}{3}\cdot\triangle\mathrm{ABC}\cdot\mathrm{OH}$

$$=\frac{1}{3}\cdot4\sqrt{3}\cdot\frac{2}{\sqrt{3}}$$

$$=\frac{8}{3}$$　(→ノ，ハ)

3　解答

(1)ヒ．2　フ．−2　へ．1　ホ．2

(2)マ．1　ミ．8

(3)ム．5　メ．8

(4)モ．3　ヤ．16

◀解　説▶

≪線分の長さの和，点列上の点が領域に含まれる確率≫

(1)　$P_0P_1=1$ であり，$P_nP_{n+1}=\dfrac{1}{2}P_{n-1}P_n$ であるから，線分の長さの和は

$$1+\frac{1}{2}+\left(\frac{1}{2}\right)^2+\cdots+\left(\frac{1}{2}\right)^{n-1}$$

$$=\frac{1-\left(\frac{1}{2}\right)^n}{1-\frac{1}{2}}$$

$$=2-2\left(\frac{1}{2}\right)^n \quad (\to ヒ〜ホ)$$

(2) P_3として考えられる点は4^3通りあり，これらは同様に確からしい。

P_3が$y \geqq x$かつ$y \leqq 3x$の範囲にあるのは，右図より8個の点である場合であるから，この確率は

$$\frac{8}{4^3}=\frac{1}{8} \quad (\to マ，ミ)$$

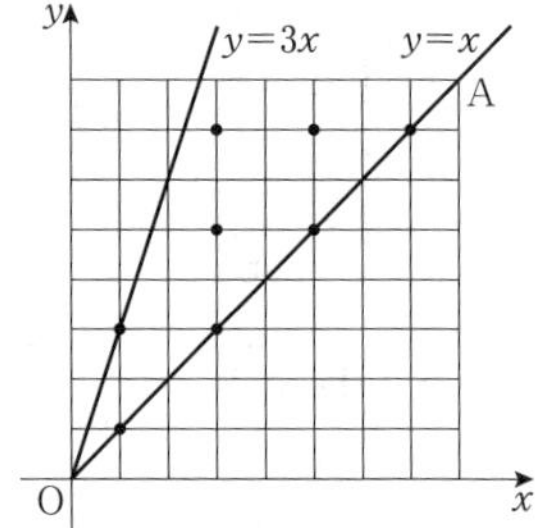

(3) 第1象限内で$P_0P_3>1$となるのは右図の6個の点以外の点であり，他の象限でも同様である。求める事象はこの余事象であるから，求める確率は

$$1-\frac{6\times 4}{4^3}=\frac{5}{8} \quad (\to ム，メ)$$

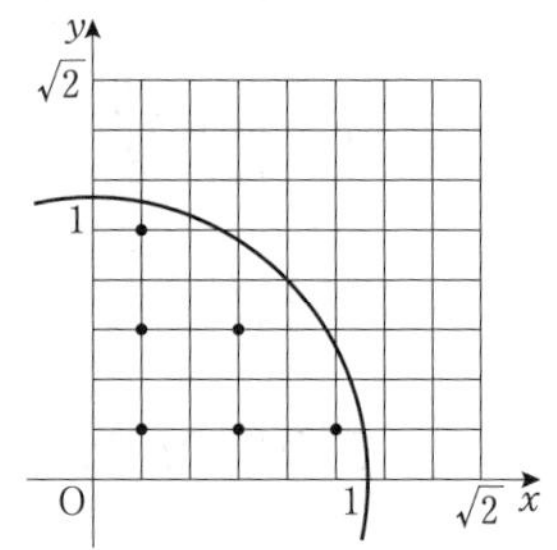

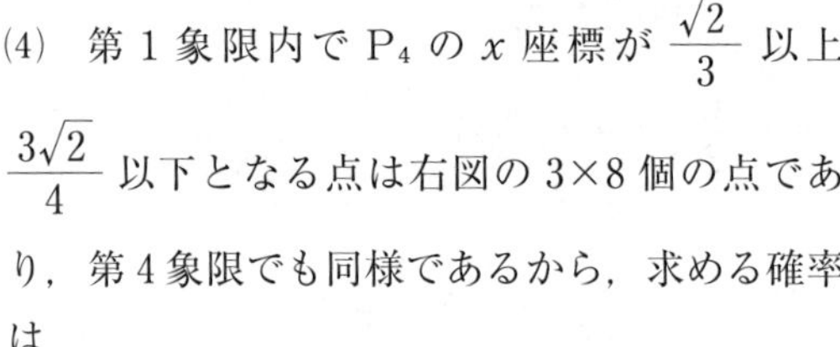

(4) 第1象限内でP_4のx座標が$\frac{\sqrt{2}}{3}$以上$\frac{3\sqrt{2}}{4}$以下となる点は右図の3×8個の点であり，第4象限でも同様であるから，求める確率は

$$\frac{3\times 8\times 2}{4^4}=\frac{3}{16} \quad (\to モ，ヤ)$$

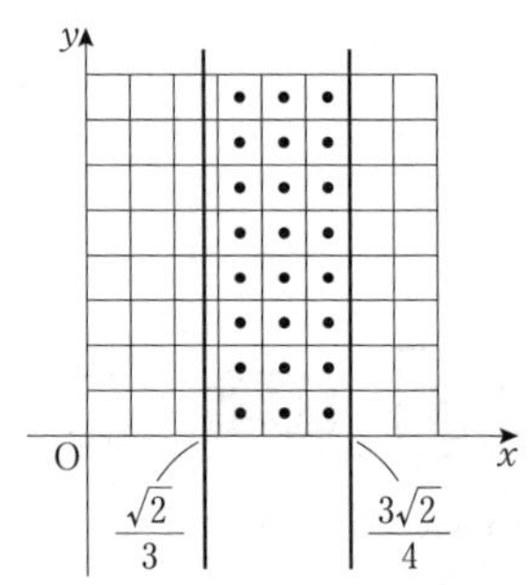

❖講　評

大問 3 題の出題で，1は 4 問の小問集合であり，1，2 (1)，(2)，3はマークセンス法，2 (3)のみ記述式であった。

1 (1)　整式の割り算の余りの式を求めるもので，剰余の定理を利用するものである。

(2)　実数の大小関係を求めるもので，$\sqrt{3}$，$\log_{10}2$，$\log_{10}3$ の概数から無理数の値を計算するものである。指数法則，対数の性質を適用できれば，さほど難度は高くない。

(3)　定積分の恒等式などから整式を求めるものである。定積分を計算し，連立方程式を導くが，計算はやや煩雑である。

(4)　10 進法で表された数を 2 進法にしたときの桁数を表す関数に関するものである。10 進法，2 進法の桁数の規則性をつかまなければならない。

2　空間内の三角形の面積，平面に原点から下ろした垂線の足の座標，四面体の体積，球の断面積を求めるものである。頻出問題の 1 つであり，解法はしっかりマスターしておくべきものである。

3　平面内の点列と確率に関するもので，図形的に考えるのがわかりやすい。P_n は規則性をもった格子点に似た点であり，これが与えられた領域に含まれる個数を考える。

全体として，試験時間の割には問題量が多い。ほとんどがマークセンス法であるため，速くて，正確な計算力が求められる。

◀英　語▶

1 解答

(1)—(i)　(2)—(d)　(3)—(c)　(4)—(j)　(5)—(e)　(6)—(a)
(7)—(h)　(8)—(k)　(9)—(g)　(10)—(b)

◆全　訳◆

≪グローバル企業がとるべき包括的言語政策≫

ますます多くのアメリカ企業が，職場での多様性・包括性・帰属感（DI&B）の支援に取り組む中，取り残されることが多い１つの要素は，世界中にある組織の事業所にこうした新政策を行き渡らせることである。一方，アメリカの文化的・政治的背景に基づく政策が，他の環境で大規模に適用されても効果があるとは限らない。同時に，組織は，世界のどこで事業展開しようとも，自らが宣言した価値観への一貫した取り組みを示すことが不可欠だ。

包括的言語政策の英語以外への拡大

企業のグローバル展開時に見落とされがちなDI&Bの要素の１つが，包括的言語政策である。私たちが使っている言葉は，多様な背景の人々が，見られ，評価されていると感じることを保証する上で，大きな違いを生むことがある。そういうわけで多くの企業が，社内外のコンテンツから問題をはらむ用語を特定し排除することに向けて取り組んでいる。

たとえば2020年，Google社はすべてのプラットフォームで，「ブラックリスト〔好ましくないもののリスト〕」と「ホワイトリスト〔好ましいもののリスト〕」という用語を，「阻止リスト」と「許可リスト」に置き換え，微妙ではあるが影響力のある人種差別の一形態であったものを取り除いた。類似の取り組みが，性別を反映した想定を（しばしば不用意に）含意する用語に対処するために行われている。一部の組織では現在，"man hours" に代わって "work hours（勤務時間）" を，"policeman" に代わって "police officer（警官）" を使っている。

こうした政策は実際の進歩を表している。しかし，グローバル企業はしばしば忘れているが，同じように論争を招きそうな用語が他の言語にも存在しており，そうした用語は英語の同等語の直訳であるとは限らない。この問題に対処するため，私たちは英語版コンテンツ用の包括的言語ガイドの開発時に，私たちが事業展開する他の全言語にも同様の取り組みを推進し，海外の顧客，パートナー，従業員を意図せずに排除したり，不快にしたりする可能性のある用語の特定にネイティブスピーカーとともに必ず取り組むようにした。

たとえば，ポータルサイトのスペイン語版の更新時に，“*Nataly, hola otra vez*”を用いることにした。これは英語で言う“*Nataly, hello again*”「ナタリーさん，またお会いしましたね」である。この構成は，再訪者への挨拶という同じ機能を果たしているが，（元の表現にあった）性別を反映した形容詞を省略している。こうしたわずかな変更は大したことには見えないかもしれないが，私たちのプラットフォームをすべてのアイデンティティの人々に対して全言語で一層包括的にする重要な方法である。

研究によれば，包括性への取り組みは，従業員・顧客・株主に対してますます重要になっており，もっと端的に言えば，正しい行動なのである。しかし，こうした原則への真に一貫した取り組みを示すためには，グローバル企業は，国内に限らず，事業展開する全地域で，価値主導の政策を実施しなくてはならない。

◀解　説▶

⑴ their stated values「組織に宣言された価値観」 their は前出の organizations を受ける。

⑵ in *doing*「～することにおいて，～する際に」 ensure that ～「～を保証する」（≒make sure that ～）

⑶ are working toward identifying and eliminating problematic terms「問題をはらむ用語の特定や排除に向けて取り組んでいる」 and による共通関係で，problematic terms は identify「を特定する」と eliminate「を排除する」（≒remove / eradicate / get rid of / do away with）の共通目的語。ともに toward の目的語なので *doing* の形をとる。

⑷ a subtle yet impactful form of racism「微妙ではあるが影響力のある一種の人種差別」 subtle「微妙な」と impactful「影響力のある」という２つの形容詞が等位接続詞 yet で並列されている。

⑸ that が関係代名詞主格で，(S) terms (V) (＿＿) (O) gendered assumptions の文構造になっている。gendered は⑼直後にもある「性別を反映した」という意味の形容詞。同文中の have been made to … や

now use から，基本時制は現在時制だと判断し，現在形の imply「～を示唆する」を入れる。

(6) similarly charged terms「同じように論争を招きそうな用語」

(7) pursued efforts「取り組みを推進した」(≒make efforts) pursue の直訳は「～を追求する」。

(8) could (　　　) exclude or offend … とつながっており，空所が助動詞と動詞の間にあるので，副詞の(f) laboriously「苦労して」か，(k) unintentionally「意図せずして」が入る。「排除したり，不快にしたりする」を修飾する表現なので，後者が適切。

(9) a construction that serves … but (　　　) … という共通関係があるので，同じく3単現の -s がついた(g) omits「～を省略する」が入る。

(10) value-driven policies「価値主導の政策」 ～-driven は「～に駆り立てられた」が直訳。

2 解答

(11)—(b)　(12)—(a)　(13)—(b)　(14)—(c)　(15)—(b)　(16)—(d)
(17)—(d)　(18)—(b)　(19)—(a)　(20)—(b)

◆全　訳◆

≪イーロン＝マスクを SNL の低迷する視聴率を救うために投入≫

(11)テスラとスペース X の最高経営責任者（であるイーロン＝マスク）が NBC〔注：アメリカの三大テレビネットワークの1つ〕の名物番組の舞台に立つ前の数日，出演者数人が異議を唱えており，その一方で，マスクは彼の Twitter のフォロワー 5,300 万人に直接，素案を求め，さらに，マスク自身も素案を数点出した。

(12)マスクは，2015 年のドナルド＝トランプ以来，財界初の SNL の司会者であり，スポーツ界，メディア・エンタメ界の主に外部の人間としては，ジョン＝マケイン，アル＝ゴア，アル＝シャープトンがそれぞれ 20 年近く前に司会を務めて以来，初の司会者となる。

(13)イーロン＝マスクが SNL に出演するのは，スペース X のドラゴン・カプセルに搭乗した宇宙飛行士4名が，夜にメキシコ湾への着水に成功〔＝宇宙からの帰還に成功〕してからちょうど1週間後の予定だが，この帰還成功は，NASA の宇宙飛行士による 1968 年以来初の帰還として，SNS を大いに盛り上げた。

⒁マスクがアメリカ人数百万人の居間に入り込んで〔＝居間にあるテレビで視聴してもらって〕，よくできたジョークのいくつかも言えば，たとえ自分を犠牲にしてでも，いくつかの認識を覆すことができるだろう。

⒂「普通の人がこれを見ると，『こいつの人生への取り組み方はいいね。自虐精神がある』とか言うんじゃないですか」とマンスターは述べた。「それが 100 万回にもなれば，売り上げにもよいでしょう」

注１　“SNL” は “Saturday Night Live”（アメリカのコメディ番組）の略称である。

≪タイムアウト：すぐにショックを吸収して，仕事のストレスを和らげる 10 の方法≫

⒃もしあなたが大半の人と同様，仕事のストレスをなかなか発散できないならば，あなたに最も近い人にストレスをぶつけることになる。しかし，そうである必要はない。こう考えてほしい。あなたの仕事のストレスは，あなたのものであって，他の誰のものでもない。したがって，その処理はあなたの責任であって，他の誰かの責任ではない。

⒄確立された科学が示しているところでは，ファーストネームで自分に話しかけること，つまり，誰か他の人に話しかけるように，「私」と言わずに自分を名前で呼ぶことは，怒り，ストレス要因，あるいはイライラからの心理的距離を生む自己調整機構である。

⒅次に，一つひとつのものに対する感謝の念について深く考え，今まで当然だと思っていたものを何でも思い浮かべてみよう。もしそれらがなかったら，人生が空虚で無意味になるであろう物，人，さらには，ペットまでも。

⒆あなたが打ちのめされたり，不安やイライラを感じたりしたとき，あるいは，物事が思い通りにならないとき，意識を現在という瞬間に向ければ，ショックが吸収される。これを実現する最も単純で簡単な方法の１つが，呼吸を使うことだ。

⒇研究によれば，わずか 10 分間，休息したり，マッサージを受けたりするだけで，ショックが吸収されて，その結果，ストレスが心理的・生理的に減る。可能であれば，昼寝やマッサージは，ストレスを寄せつけない魔法になることもある。

◀解　説▶

⑾(b)have risen → have raised

rise は自動詞，raise が他動詞である。直後に objections という目的語があるので，他動詞が必要。raise objections で「異議を唱える」の意味。

⑿(a)hosts → to host

the first (person) to *do*「～する最初の人」 the first person と to *do* の間に from the business world という前置詞句が割り込んで，わかりにくくなっている。

⒀(b)boarded over → aboard

(S) four astronauts … (V) splashed down … という文構造なので，(b)以降は述語動詞ではなく，直前の名詞を修飾する形容詞句・節になる必要がある。「～に搭乗した〔して〕」は，前置詞の aboard で表すことができる。four astronauts aboard a SpaceX Dragon capsule で「スペース X のドラゴン・カプセルに搭乗した4名の宇宙飛行士」の意。また他にも，関係代名詞や現在分詞を用いて「～に搭乗した」「～に搭乗している」を表すこともできるが，その場合，board を他動詞で使うのが一般的。

⒁(c)with his own expense → at his own expense

at *one's* (own) expense「自分を犠牲にして」というイディオム。expense の代わりに cost / price / sacrifice も用いることができる。at *one's* (own) expense には，他に「自費で」という意味もある。

⒂(b)makes fun with himself → makes fun of himself

make fun of ～「～をからかう，～をバカにする」(＝ridicule / mock)

⒃(d)deal it → deal with it

deal は自動詞である。deal with ～「～に対処する，～を処理する」(≒cope with / tackle) *cf.* deal in ～「～を商う」

⒄(d)angry → anger

A, *B* or *C* の形で名詞が3つ並ぶ。angry は形容詞で，anger が名詞。

⒅(b)take for granted → taken for granted

you've (＝you have) の直後なので，have *done* で現在完了形にする必要がある。take ～ for granted「～を当然だと思う」

(d)に関しては，下線部前後は things or people, even pets that if you didn't have (them) would leave your life empty and meaningless の

them の省略であり（them は that の先行詞となる 3 つの名詞 things, people, pets を指す），would leave は関係代名詞主格の that からつながっているので，正しい。

⒆（a）overwhelming → overwhelmed

A, *B* or *C* の形で形容詞が 3 つ並ぶ。overwhelming「どうしようもなく強い，圧倒的な」は文意に合わない。be overwhelmed「圧倒される，打ちのめされる」

⒇（b）resulting → resulting in

result は自動詞である。result in ～「～という結果になる」（c）は reduction in ～「～の減少」（＝decrease in ～）で正しい。

3 解答

㉑―（d）　㉒―（a）　㉓―（d）　㉔―（b）　㉕―（c）　㉖―（d）
㉗―（b）　㉘―（d）　㉙―（c）　㉚―（b）

◆全　訳◆

≪鷲を殺す毒 aetokthonotoxin の発見≫

1996 年，ビル＝クリントンが大統領だった頃，彼の故郷であるアーカンソー州で，絶滅危惧種のハクトウワシが死んでいった。29 羽の死骸がデグレイ湖という名の人工貯水池で確認され，その後，死は他の 2 つの湖へと広がった。しかし，科学者たちを本当に困惑させたのは，ワシの死ぬ前の行動だった。威風堂々としたワシが，突然，断崖の正面に飛び込んでいったのだ。木にぶつかり，翼は垂れ，硬い地面の上でも，酔っ払ったようによろめいていた。

「私たちはそんなに頻繁に政治的に注目されなかったんです」と Carol Meteyer は言う。彼女は当時，国立野生生物保護センターの病理学者だったが，この機関は，普段は目立たない連邦政府機関で，動物の死を調査している。しかし，死んだワシの数が合計 70 羽以上へと増えるに伴い，大統領の故郷の州におけるアメリカの国鳥の大量死は，規格外の象徴的重要性を帯びてきた。全米の科学者がこの問題に取り組んだが，成果はあがらないままだった。原因は重金属でも殺虫剤でもなく，何か人類に知られているもののせいとは思えなかった。「宇宙からの放射線のせいだ，と言って電話してくる人たちすらいました」

今，並々ならぬ徹底した新研究において，科学者たちはアーカンソー州のハクトウワシの死因を特定した。この謎を解くのに 25 年かかったのは当然だった。ワシの死因は，特定の藻であった。この藻は，特定の侵入水生植物に寄生し，新たな毒素を生成するが，それは，特定の汚染物質があるときだけである。大量死が発生するためには，すべてがうまくいく（いや，実際にはうまくいかない）必要があった。この複雑な一連の出来事が反映しているのは，まさに，人間が自然の景観をいかに大きく変えてしまったのかといかに多くの点でそうなのかである。

ジョージア大学の水圏科学者で新しい研究の筆頭著者である Susan Wilde がこの謎の死の調査を開始したのは 2001 年だった。その時点までに，死因には少なくとも名称があった。鳥類空胞髄鞘障害（AVM），すなわち，死んだ鳥の脳内にみつかった空所（空胞）のことである。この脳障害が原因で，苦しんだハクトウワシは目が見えなくなり，体の動きがうまくコントロールできなくなったようだ。

彼女は研究に必要な他のいくつかの手がかりを 2001 年までに得ていた。オオバンという同じ湖に住む水鳥も，具合が悪くなり，動きがおかしくなったのだ。オオバンは「ひっくり返って泳いだり，頭を水から出しているのに苦労したりしていました」と Meteyer は言う。Meteyer は当時，国立野生生物保護センターで AVM を調査していた。オオバンはワシの格好の餌食だったが，具合の悪いオオバンを食べたワシは，同様に具合が悪くなってしまったのだった。

では，オオバンは何を食べていたのかというと，水生植物である。科学者たちはアメリカ南東部の 6 州にある 10 の湖で最終的に AVM を特定したが，すべてが人工湖で，黒藻（学名 *Hydrilla verticillata*）と呼ばれる侵入植物に占領されていた。Wilde が以前その湖の 1 つについて博士論文を書いたことがあったが，その後，その湖は黒藻の侵入を受けていた。彼女が湖を再訪すると，この耐寒性植物が高密度で層状になっていた。黒藻は人工湖で繁殖可能だが，人工湖は在来種にとっては栄養が乏しすぎた。彼女は在来種の葉にも斑点を見つけたので，それを蛍光顕微鏡で調べてみた。「ライトで葉を照らしてみて，私は『わぁ，葉が今まで見たこともない種で覆われている』と思わず声が出ました」と Wilde は私に語った。彼女はその斑点が新種のシアノバクテリアだとわかり，それが重要に違いないとすぐに考えた。これが 2001 年のことだ。

一連の実験が彼女の推測を裏づけ始めた。実験室のアヒルやニワトリに，シアノバクテリアが付着していない黒藻を食べさせれば，特に問題はなかった。しかし，アヒルやニワトリにシアノバクテリアが付着した黒藻を食べさせると，ワシのように脳障害が生じた。シアノバクテリアは，魚や鳥を殺せる毒素を実際に生み出すことがある。しかし，こうした有毒なシアノバクテリアは通常，植物に寄生するというより，水中に浮遊しているため，これは異常なことだった。生化学者の Gregory Boyer は言う。「Susan が最初にそれを特定したときのことを思い出せます。懐疑論が多かったですね。既知のどの毒素も無関与でしたから」

Wilde と同僚たちは，毒素自体の特定が必要だとわかっていた。2011 年，彼女は試料をドイツ在住の生化学者 Timo Niedermeyer に送った。Niedermeyer の専門分野はシアノバクテリアが作る分子である。彼と同僚たちは実験室でシアノバクテリアを培養しようとしたが，その成長は驚くほど緩慢だった。非常に苦労して培養したシアノバクテリアは，全く効果がなかった。「2 年費やして，成果はゼロでした」と Niedermeyer は言う。

研究チームは，実験室培養のシアノバクテリアと野生のシアノバクテリアには何か違いがあるのだろうかと考えた。Niedermeyer は，湖で採取した試料に立ち返り，AP-MALDI-MSI と呼ばれる高度な技術を用いた。これは「写真撮影のようだが，光ではなく分子を検出する」と彼は言う。この技術によって，黒藻に生えるシアノバクテリアだけに存在する新分子が明らかになった。実験室培養のシアノバクテリアにも，黒藻自体にも，この分子は存在しなかった。

さらに，この分子は今まで見たこともない化学式をしており，珍しいことに，臭素元素の原子を 5 つ含んでいた。そこで，研究チームは培養中のシアノバクテリアに臭素を加えてみた。驚くべきことに，同様の奇妙な分子が出現した。そしてこの新しいシアノバクテリアの一群は，ニワトリに脳障害を引き起こした。別の共同研究者チームが，シアノバクテリアの遺伝子がこの毒素の合成に与っている可能性が高いことを発見し，研究チームの成果をさらに裏づけた。研究チームは最終的にこの毒素を *aetokthonotoxin* と名づけた。「鷲を殺す毒」という意味である。25 年を経て，この毒素についに名称がついたのだ。

◀解　説▶

(21)「1996 年，科学者たちが不思議に思っていた謎は何だったか」

(a)「なぜ最初にデグレイ湖で 29 羽のハクトウワシが死んでいるのが発見されたのか」

(b)「アーカンソー州の貯水池を作るために，どのようにして男たちはハクトウワシを殺したのか」

(c)「なぜアーカンソー州がハクトウワシの大量生息地だったのか」

(d)「何がアーカンソー州でハクトウワシの変死を引き起こしたのか」

第 1 段第 3 文（But what really …）に「科学者たちを本当に困惑させたのは，ワシの死ぬ前の行動だった」とあり，その「ワシの死ぬ前の行動」が，同段第 4 ～最終文（The stately birds … as if drunk.）で詳述されている。それを the strange deaths of bald eagles「ハクトウワシの変死」とまとめた(d)が正解。第 4 段第 1 文（Susan Wilde, …）にも the mysterious deaths「謎の死」とある。

(22) obscure「目立たない，よく知られていない」≒(a) unknown「知られていない」 同文前半の “We weren't in the political limelight that often,”「そんなに頻繁に政治的に注目されなかった」がヒントになる。(b)「裕福な」 (c)「人気のある」 (d)「客観的な」

(23) exhaustive「徹底的な，網羅的な」≒(d) comprehensive「包括的な，広範囲の」 (a)「並外れた」 (b)「既存の」 (c)「疲れさせる」

(24)「科学者たちが謎を解くのに 25 年かかった理由は」

(a)「科学者たちが，長い間，何が鳥に起こっているのかを監視したかったから」

(b)「その死は特定の要因や出来事の組み合わせによって起こったから」

(c)「自然の風景の中での実験は，行うのが難しかったから」

(d)「宇宙からの放射線は測定するのが難しかったから」

第 3 段第 2 文後半の，コロン（：）以降（The birds died …）に頻出する specific「特定の」や，only in the presence of ～「～があるときだけ」を受けた内容の(b)が正解。

(25)「以下の記述の中で正しくないのはどれか」

(a)「殺虫剤は大量死の原因ではなかった」

第 2 段最後から 3 つ目の文（It wasn't pesticides.）に一致。

(b)「Susan Wilde は 2001 年に大量死の調査を開始した」

第 4 段第 1 文（Susan Wilde, …）に一致。

(c)「大量死の原因は，2001 年には名称すらなかった」

第 4 段第 2 文（By then, …）に矛盾。avian vacuolar myelinopathy, or AVM「鳥類空胞髄鞘障害（AVM)」という名称があった。

(d)「鳥は脳障害のせいで死亡した」

第 4 段第 2 ～最終文（By then, … blind and uncoordinated.）に一致。

(26)「科学者たちがオオバンに注目した主な理由は」

(a)「オオバンはワシを食べるから」

(b)「オオバンもまた絶滅危惧種だったから」

(c)「オオバンとワシは異なる湖に住んでいたから」

(d)「ワシとオオバンには似たような症状が出たから」

(d)が第 5 段第 2 文（Coots, which are …）に一致。(c)は同文に矛盾。different「異なる」湖ではなく the same「同じ」湖に住んでいた。

(27)「Susan Wilde が調査中に『わぁ』と叫んだ理由は」

(a)「彼女が葉の色に魅了されたから」

(b)「彼女が今まで見たことのない細菌を発見したから」

(c)「彼女が 25 年来の謎がついに解けたと思ったから」

(d)「彼女の蛍光顕微鏡で，驚くほどくっきりと葉の表面が見えたから」

直後の *this species I've never seen before*「今まで見たこともない種」に対応する(b)が正解。次の文で a new species of cyanobacteria「新種のシアノバクテリア」と言い換えられている。

(28)「著者が言及している普通でないこととは何か」

(a)「直感が科学的実験で裏づけられたという事実」

(b)「魚や鳥がある種の毒素で死ぬ可能性があるという事実」

(c)「アヒルやニワトリが科学的な実験に使われたという事実」

(d)「このシアノバクテリアが葉に付着して成長していたという事実」

直前の live on plants を grew on leaves と言い換えた(d)が正解。「シアノバクテリアは通常，植物に寄生するというより，水中に浮遊している」ので，unusual「普通でない」のである。

(29)「以下の記述の中で正しくないのはどれか」

(a)「Susan Wilde は Timo Niedermeyer に研究への協力を求めた」

第8段第2文（In 2011, she …）に一致。

(b)「実験に使われた動物の中には，ワシと同じような脳障害を受けたものがいた」

第7段第3文（Those fed hydrilla …）に一致。この Those は，前文の Ducks or chickens のこと。brain lesions ≒ brain damage「脳障害，脳損傷」

(c)「実験室培養のシアノバクテリアは，野生のシアノバクテリアよりもいつも毒性が強かった」

第9段最終文（The lab-grown cyanobacteria …）および最終段の内容に矛盾。実験室培養のシアノバクテリアには，脳障害を起こす毒素の合成に関わる新分子がなかった。

(d)「Timo Niedermeyer と同僚たちは，2年間の努力の後，ほとんど成果を上げなかった」

第8段最終文（"We spent two …）に一致。

(30)「Timo Niedermeyer のチームは最終的に何を発見したか」

(a)「どんなシアノバクテリアでも，ワシを殺した毒素を作ることができる」

(b)「特定のシアノバクテリアの中にある新分子が，その毒素の原因だった」

(c)「*aetokthonotoxin* は，ワシだけを殺す毒素である」

(d)「AP-MALDI-MSI は，生物学実験において効果的な技術であった」

(b)が最終段第4・5文（Another group of … kills the eagle."）に一致。A new molecule「新分子」= *aetokthonotoxin* である。(a)は any，(c)は only が不適。

4　**解答**　(31)―(c)　(32)―(b)　(33)―(c)　(34)―(a)　(35)―(b)　(36)―(a)　(37)―(b)　(38)―(d)　(39)―(c)　(40)―(d)

◆全　訳◆

≪日本の行政デジタル化の推進≫

それは，毎年の桜の花見とほとんど同じくらい頻繁，かつ，はかない儀式である。日本の新政府が，公共サービスのオンライン化推進を公約した。この公約はなされるとほとんど同時に，悲しい桃色の花弁のように地面に落ちる。2001年に日本政府は，すべての行政手続を2003年までにデジタル化すると発表した。しかし，20年近く経って，全体のわずか7.5%の行政手続が，オンラインで完了可能にすぎない。日本人の7.3%しか，何らかの行政サービスをオンライン申請しておらず，これは，韓国，アイスランドだけでなく，メキシコ，スロバキアにも大きく遅れている。日本は電子政府の落第生である。

これは実に残念なことだ。そしてそれは，わかりにくい官庁の中を窓口から窓口へとさまよい歩く日本国民だけの問題ではない。日本の人口は減少し，高齢化している。労働力が縮小する中，日本は，繁栄を維持するために生産性の向上に依存する比率が，他の経済諸国よりもはるかに大きい。東京拠点のシンクタンク，大和総研の計算によれば，行政のオンライン化で，1人あたりのGDP 1%を恒久的に引き上げられる。これができないのは，機会の損失である。

幸いなことに，2020年9月に首相に就任した菅義偉が率いる政府は，この問題を解決しようと通常の形式的努力以上のことをしているようであり，旧来のものをデジタルの世界に引き込むための新たな政府機関を創設中である。この新庁は，政府全体のITシステムの調達を担当して，実際に影響力をもつことになり，官僚ではなく，技術系の高官が主導する。

日本は先進国の中でデジタル公共サービスの導入が遅れているので，外国の経験から学べるという利点が少なくともある。データ規格の政府部局での統一には，エストニアに助言を求めることができよう。エストニアは，手本となるデジタルIDシステムを運用してもいる（日本のデジタルIDシステムは，国民の20%未満しか利用しておらず，パンデミックでその欠点が浮き彫りになっている）。日本は韓国の例に倣って，より多くの公共のデータ，プロセス，サービスを「初期設定では開示」とし，政策立案やサービス設計時のデータ使用に関する透明性を高めることができる。さらに，給付金などの受給率を上げるためには，デンマークから学べる。デンマークは，国民年金の95%，出産手当の100%の申請が今やデジタル処理されているのだから。

こうした成功が達成された要因の1つは，融通のきかない官僚やテクノロジーに不安を抱える年金受給者がもつと予測できる不安をものともせずに，強硬に事を推し進めたことだ。日本は，類似のデジタルシステムを構築し，その利用を任意だとして，そうした人々をなだめる傾向が今まではあった。デジタルサービスの利用率を高めるつもりならば，IT 請負業者だけでなく国民や公務員に対しても，より強硬に臨む必要があろう。実際，行政のデジタル化がより円滑に進めば，それに対する抵抗の多くも雲散霧消する，と役人はわかるかもしれない。文書業務のオンライン化で生じる利点や経費削減が，ますます明らかになっているのだから。

日本の行政担当者がしっかりと行動すれば，生産性における潜在的利益は莫大であろう。人口の高齢化に伴って，行列や申込用紙をなくす恩恵は高齢者にも政府にもより大きなものになる。時間や金，労力は節約されていく一方だ。そして，桜の花のはかない美しさとは違って，より効率的な政府の恩恵は永続的となることだろう。

◀解　説▶

(31) fall to the ground「地面に落ちる，失敗する」(≒fail)

(32) apply for ～「～を申し込む」

(33) rely on ～「～に依存する」(≒depend on ～)　even more than other economies が割り込んで，わかりにくくなっている。

(34) make an attempt at *doing*「～しようと努力する〔試みる〕」(≒attempt to *do* / try to *do*)

(35) drag *A* into *B*「*A* を *B* に引き込む」

(36) be in charge of ～「～を担当する」(≒be responsible for ～)

(37) the advantage of ～「～という利点」　最終段第2文（The older …）の the benefit … of ～ も同義（ともに～に *doing* がきている）。この of は同格を表す。

(38) in part「部分的には」(＝partly)　前置詞句や because 節を修飾することが多い。

(39) arise from ～「～から生じる，～が原因である」(≒result〔come / stem〕from ～)

(40) do away with ～「～を廃止する」(≒abolish)

(41) discovered　(42) immigrants
(43) amazing　(44) allowing
(45) nutritious　(46) Customers あるいは customers　(47) independent

⑷8 famous　⑷9 market　⑸0 tourist

◆全　訳◆

≪なぜサンフランシスコのサワードウが一番美味いのか≫

1848 年，James W. Marshall がサンフランシスコ北部の丘で金を発見したことが引き金となり，大規模な移住が行われた。1 年以内に，国内外から何万人もの移民が，カリフォルニア市やその周辺に移住してきた。彼らは基本的生活必需品だけを持ってやってきた。衣服，大工道具，コーヒー，砂糖，小麦粉などだ。しかし，永遠にカリフォルニア市の歴史の一部となる主要なものが 1 つあった。パン用のスターターである。サワードウを焼くことは，忍耐と存在感を示す素晴らしい機会だ。

栄養の乏しい場所において，パンのスターター（自然発生の細菌とイーストを使って発酵させた生地）は，カリフォルニアのゴールドラッシュ期の貴重な財産であり，鉱夫たちは，くすんだ淡褐色の小麦粉を，栄養があっておいしいパンに変えることができた。どういうわけか，このパンは他のどこのパンよりも舌にピリッとくる上においしく，かくして，サンフランシスコのサワードウが誕生した。

その後 170 年以上経ち，サンフランシスコはサワードウブレッドの代名詞である。客が毎日，列をなして，焼きたてのパンを求めているのは，Tartine Bakery や The Mill といった全粒粉のサワードウを売るパン屋にして独立系コーヒーショップだ。それらはサンフランシスコの有名なビクトリアンハウスの真西にある。地元のどの市場に足を踏み入れても，（客の）買い物かごはサワードウのバゲットでいっぱいだと気づくだろう。あるいは，観光拠点のフィッシャーマンズワーフにある Boudin Bakery で買い物をすれば，熱々のクラムチャウダーが店ならではのサワードウブレッドをくり抜いたものに入って提供される。サワードウ専門家の Josey Baker によれば，「サワードウを焼くことは，学びとくつろぎの素晴らしい機会であり，あなたはそれを誰かと共有するようになるのです」。

◀解　説▶

⑷1 1848 年の出来事であり，第 2 段第 1 文（In a place …）にも during the California Gold Rush「カリフォルニアのゴールドラッシュ期」とあるので，discovered gold「金を発見した」となる。

⑷2 直前文の migration「移住」がヒントになる。migrant が移民全般であ

り，外から内に入ってくるのがimmigrant，内から外へ出ていくのがemigrantである。

(43)最終段最終文（According to sourdough …）に，“baking sourdough is a great chance for … という似た構造の文があるのに着目する（opportunity≒chance「機会」）。空所には，greatの類義語amazing「人を驚かせるような」=「素晴らしい」が入る。

(44)allow *A* to *do*「*A*が～するのを可能にする，*A*に～させる」直前の内容を主語にした分詞構文（allowing≒which allowed）。

(45)同文冒頭にnourishment「栄養」の語があり，それに関連する語でnutritious「栄養がある」（名詞形はnutrition）となる。

(46)パン屋にline up「行列する」のだから，customers「顧客」である。

(47)independent coffee shop「独立系コーヒーショップ」この反意語はfranchised「フランチャイズの，チェーン店の」。

(48)San Francisco's famous Victorian houses「サンフランシスコの有名なビクトリアンハウス〔ビクトリア朝の家屋〕」観光名所として有名。

(49)local market「地元の市場〔マーケット〕」marketとは，独立した小商店が集まった区域のこと。

(50)Fisherman's Wharf「フィッシャーマンズワーフ」もサンフランシスコの有名な観光地である。tourist hub「観光の拠点〔中心地〕」-istで終わる名詞が形容詞的に働いている。*cf.* capitalist society「資本主義社会」feminist criticism「フェミニズム批評」

❖講　評

試験時間75分に対して，大問5題，小問50問の出題（[1]～[5]はすべて小問10問ずつ）。[1]～[4]はマークセンス法で，[5]は長文の空所10カ所に入る英単語を与えられた文字を並べ替えることによって解答する形式である。

[1]　選択肢11語から，空所10カ所を埋めていく形式。品詞がある程度バラついているので，動詞の原形の(e)，3単現の(g)，*doing*の(c)・(d)，副詞の(f)・(k)などを優先的に片づけていきたい。(b)は-drivenの形を知っていれば埋めやすい。(1)・(6)・(7)などで差がつきそうである。

[2]　誤り指摘問題10問で，2つのパッセージからなる（各5問）。(11)

〜⒂はアメリカの大富豪イーロン＝マスクの，自社ロケット打ち上げとSNL 出演に関する最新の話題。⒁〜⒃は定番イディオムの崩れ，⒄・⒆は共通関係の崩れがポイント。⒇result の語法は 2021 年度も出ていた（2の⑼）。

3　25 年前の（bald）eagles「（ハクトウ）ワシ」の大量死の原因解明に関する 900 語程度の英文で，2022 年度の大問で最も読む分量が多く，かつ，内容説明や内容真偽問題が唯一ある大問である。学問分野固有の術語が多く，TOEFL 的な長文である。coots「オオバン；クロガモ」，invasive（water）plant「侵入（水生）植物」＝Hydrilla verticillata＝hydrilla「黒藻」，cyanobacteria「シアノバクテリア〔藍藻，藍色細菌〕」の関係を中心に，avian vacuolar myelinopathy「鳥類空胞髄鞘障害（AVM）」，AP-MALDI-MSI（撮影技術の名称），aetokthonotoxin（毒素の名称）など見慣れない単語が飛び交うが，これらはほとんど記号のように扱ってしまっても，内容一致・不一致の判定は可能である。

4　長文中の前置詞補充問題が 10 問。該当箇所のみで判断できるものも多いので，比較的短時間で処理したい。a new government agency「新たな政府機関」＝This new office「この新庁」とは，2021 年に新設されたデジタル庁（Digital Agency）のことである。move more public services online＝digitise all its procedures＝putting government online＝the adoption of digital public services＝doing paperwork online＝doing away with queues and forms はすべて「デジタル化」に相当する表現。日本政府の施策に関する話題なので，administrative procedures「行政手続」，bureaucrat「官僚」，state pensions「国民年金」，maternity benefits「出産手当」，civil servants「公務員」，officials「役人」，administrators「行政担当者」など行政関係の語彙が多い。

5　英単語の記述 10 問。いわゆるアナグラムだが，文字数の多い単語が多く，パズル的に並べ替えていっても埒があかない。長文中の前後関係から，入るべき語の内容・品詞の見当をつけて臨むしかない。解答を見れば，見たことのない単語はおそらくないはずだが，全体的に思いつきにくい。

/////////////////// · memo · ///////////////////

//////////////////// · **memo** · ////////////////////

//////////////////// · memo · ////////////////////

////////////////////// · memo · //////////////////////

////////////////////// · memo · //////////////////////

教学社 刊行一覧

2025年版 大学赤本シリーズ

374大学556点
全都道府県を網羅

国公立大学（都道府県順）

全国の書店で取り扱っています。店頭にない場合は，お取り寄せができます。

1 北海道大学(文系－前期日程)
2 北海道大学(理系－前期日程) 医
3 北海道大学(後期日程)
4 旭川医科大学(医学部〈医学科〉) 医
5 小樽商科大学
6 帯広畜産大学
7 北海道教育大学
8 室蘭工業大学／北見工業大学
9 釧路公立大学
10 公立千歳科学技術大学
11 公立はこだて未来大学 総推
12 札幌医科大学(医学部) 医
13 弘前大学 医
14 岩手大学
15 岩手県立大学・盛岡短期大学部・宮古短期大学部
16 東北大学(文系－前期日程)
17 東北大学(理系－前期日程) 医
18 東北大学(後期日程)
19 宮城教育大学
20 宮城大学
21 秋田大学 医
22 秋田県立大学
23 国際教養大学 総推
24 山形大学 医
25 福島大学
26 会津大学
27 福島県立医科大学(医・保健科学部) 医
28 茨城大学(文系)
29 茨城大学(理系)
30 筑波大学(推薦入試) 医 総推
31 筑波大学(文系－前期日程)
32 筑波大学(理系－前期日程) 医
33 筑波大学(後期日程)
34 宇都宮大学
35 群馬大学 医
36 群馬県立女子大学
37 高崎経済大学
38 前橋工科大学
39 埼玉大学(文系)
40 埼玉大学(理系)
41 千葉大学(文系－前期日程)
42 千葉大学(理系－前期日程) 医
43 千葉大学(後期日程) 医
44 東京大学(文科) DL
45 東京大学(理科) DL 医
46 お茶の水女子大学
47 電気通信大学
48 東京外国語大学 DL
49 東京海洋大学
50 東京科学大学(旧 東京工業大学)
51 東京科学大学(旧 東京医科歯科大学) 医
52 東京学芸大学
53 東京藝術大学
54 東京農工大学
55 一橋大学(前期日程)
56 一橋大学(後期日程)
57 東京都立大学(文系)
58 東京都立大学(理系)
59 横浜国立大学(文系)
60 横浜国立大学(理系)
61 横浜市立大学(国際教養・国際商・理・データサイエンス・医〈看護〉学部)
62 横浜市立大学(医学部〈医学科〉) 医
63 新潟大学(人文・教育〈文系〉・法・経済科・医〈看護〉・創生学部)
64 新潟大学(教育〈理系〉・理・医〈看護を除く〉・歯・工・農学部) 医
65 新潟県立大学
66 富山大学(文系)
67 富山大学(理系) 医
68 富山県立大学
69 金沢大学(文系)
70 金沢大学(理系) 医
71 福井大学(教育・医〈看護〉・工・国際地域学部)
72 福井大学(医学部〈医学科〉) 医
73 福井県立大学
74 山梨大学(教育・医〈看護〉・工・生命環境学部)
75 山梨大学(医学部〈医学科〉) 医
76 都留文科大学
77 信州大学(文系－前期日程)
78 信州大学(理系－前期日程) 医
79 信州大学(後期日程)
80 公立諏訪東京理科大学 総推
81 岐阜大学(前期日程) 医
82 岐阜大学(後期日程)
83 岐阜薬科大学
84 静岡大学(前期日程)
85 静岡大学(後期日程)
86 浜松医科大学(医学部〈医学科〉) 医
87 静岡県立大学
88 静岡文化芸術大学
89 名古屋大学(文系)
90 名古屋大学(理系) 医
91 愛知教育大学
92 名古屋工業大学
93 愛知県立大学
94 名古屋市立大学(経済・人文社会・芸術工・看護・総合生命理・データサイエンス学部)
95 名古屋市立大学(医学部〈医学科〉) 医
96 名古屋市立大学(薬学部)
97 三重大学(人文・教育・医〈看護〉学部)
98 三重大学(医〈医〉・工・生物資源学部) 医
99 滋賀大学
100 滋賀医科大学(医学部〈医学科〉) 医
101 滋賀県立大学
102 京都大学(文系)
103 京都大学(理系) 医
104 京都教育大学
105 京都工芸繊維大学
106 京都府立大学
107 京都府立医科大学(医学部〈医学科〉) 医
108 大阪大学(文系) DL
109 大阪大学(理系) 医
110 大阪教育大学
111 大阪公立大学(現代システム科学域〈文系〉・文・法・経済・商・看護・生活科〈居住環境・人間福祉〉学部－前期日程)
112 大阪公立大学(現代システム科学域〈理系〉・理・工・農・獣医・医・生活科〈食栄養〉学部－前期日程) 医
113 大阪公立大学(中期日程)
114 大阪公立大学(後期日程)
115 神戸大学(文系－前期日程)
116 神戸大学(理系－前期日程) 医
117 神戸大学(後期日程)
118 神戸市外国語大学 DL
119 兵庫県立大学(国際商経・社会情報科・看護学部)
120 兵庫県立大学(工・理・環境人間学部)
121 奈良教育大学／奈良県立大学
122 奈良女子大学
123 奈良県立医科大学(医学部〈医学科〉) 医
124 和歌山大学
125 和歌山県立医科大学(医・薬学部) 医
126 鳥取大学 医
127 公立鳥取環境大学
128 島根大学 医
129 岡山大学(文系)
130 岡山大学(理系) 医
131 岡山県立大学
132 広島大学(文系－前期日程)
133 広島大学(理系－前期日程) 医
134 広島大学(後期日程)
135 尾道市立大学 総推
136 県立広島大学
137 広島市立大学
138 福山市立大学 総推
139 山口大学(人文・教育〈文系〉・経済・医〈看護〉・国際総合科学部)
140 山口大学(教育〈理系〉・理・医〈看護を除く〉・工・農・共同獣医学部) 医
141 山陽小野田市立山口東京理科大学 総推
142 下関市立大学／山口県立大学
143 周南公立大学 新 総推
144 徳島大学 医
145 香川大学 医
146 愛媛大学 医
147 高知大学 医
148 高知工科大学
149 九州大学(文系－前期日程)
150 九州大学(理系－前期日程) 医
151 九州大学(後期日程)
152 九州工業大学
153 福岡教育大学
154 北九州市立大学
155 九州歯科大学
156 福岡県立大学／福岡女子大学
157 佐賀大学 医
158 長崎大学(多文化社会・教育〈文系〉・経済・医〈保健〉・環境科〈文系〉学部)
159 長崎大学(教育〈理系〉・医〈医〉・歯・薬・情報データ科・工・環境科〈理系〉・水産学部) 医
160 長崎県立大学 総推
161 熊本大学(文・教育・法・医〈看護〉学部・情報融合学環〈文系型〉)
162 熊本大学(理・医〈看護を除く〉・薬・工学部・情報融合学環〈理系型〉) 医
163 熊本県立大学
164 大分大学(教育・経済・医〈看護〉・理工・福祉健康科学部)
165 大分大学(医学部〈医・先進医療科学科〉) 医
166 宮崎大学(教育・医〈看護〉・工・農・地域資源創成学部)
167 宮崎大学(医学部〈医学科〉) 医
168 鹿児島大学(文系)
169 鹿児島大学(理系) 医
170 琉球大学 医

2025年版　大学赤本シリーズ

国公立大学 その他

171 〔国公立大〕医学部医学科 総合型選抜・学校推薦型選抜※ 医 総推
172 看護・医療系大学〈国公立 東日本〉※
173 看護・医療系大学〈国公立 中日本〉※
174 看護・医療系大学〈国公立 西日本〉※
175 海上保安大学校／気象大学校
176 航空保安大学校
177 国立看護大学校
178 防衛大学校 総推
179 防衛医科大学校(医学科) 医
180 防衛医科大学校(看護学科)

※No.171～174の収載大学は赤本ウェブサイト(http://akahon.net/)でご確認ください。

私立大学①

北海道の大学(50音順)

201 札幌大学
202 札幌学院大学
203 北星学園大学
204 北海学園大学
205 北海道医療大学
206 北海道科学大学
207 北海道武蔵女子大学・短期大学
208 酪農学園大学(獣医学群〈獣医学類〉)

東北の大学(50音順)

209 岩手医科大学(医・歯・薬学部) 医
210 仙台大学 総推
211 東北医科薬科大学(医・薬学部) 医
212 東北学院大学
213 東北工業大学
214 東北福祉大学
215 宮城学院女子大学 総推

関東の大学(50音順)

あ行(関東の大学)

216 青山学院大学(法・国際政治経済学部－個別学部日程)
217 青山学院大学(経済学部－個別学部日程)
218 青山学院大学(経営学部－個別学部日程)
219 青山学院大学(文・教育人間科学部－個別学部日程)
220 青山学院大学(総合文化政策・社会情報・地球社会共生・コミュニティ人間科学部－個別学部日程)
221 青山学院大学(理工学部－個別学部日程)
222 青山学院大学(全学部日程)
223 麻布大学(獣医、生命・環境科学部)
224 亜細亜大学
226 桜美林大学
227 大妻女子大学・短期大学部

か行(関東の大学)

228 学習院大学(法学部－コア試験)
229 学習院大学(経済学部－コア試験)
230 学習院大学(文学部－コア試験)
231 学習院大学(国際社会科学部－コア試験)
232 学習院大学(理学部－コア試験)
233 学習院女子大学
234 神奈川大学(給費生試験)
235 神奈川大学(一般入試)
236 神奈川工科大学
237 鎌倉女子大学・短期大学部
238 川村学園女子大学
239 神田外語大学
240 関東学院大学
241 北里大学(理学部)
242 北里大学(医学部) 医
243 北里大学(薬学部)
244 北里大学(看護・医療衛生学部)
245 北里大学(未来工・獣医・海洋生命科学部)
246 共立女子大学・短期大学
247 杏林大学(医学部) 医
248 杏林大学(保健学部)
249 群馬医療福祉大学・短期大学部
250 群馬パース大学 総推
251 慶應義塾大学(法学部)
252 慶應義塾大学(経済学部)
253 慶應義塾大学(商学部)
254 慶應義塾大学(文学部) 総推
255 慶應義塾大学(総合政策学部)
256 慶應義塾大学(環境情報学部)
257 慶應義塾大学(理工学部)
258 慶應義塾大学(医学部) 医
259 慶應義塾大学(薬学部)
260 慶應義塾大学(看護医療学部)
261 工学院大学
262 國學院大學
263 国際医療福祉大学 医
264 国際基督教大学
265 国士舘大学
266 駒澤大学(一般選抜T方式・S方式)
267 駒澤大学(全学部統一日程選抜)

さ行(関東の大学)

268 埼玉医科大学(医学部) 医
269 相模女子大学・短期大学部
270 産業能率大学
271 自治医科大学(医学部) 医
272 自治医科大学(看護学部)／東京慈恵会医科大学(医学部〈看護学科〉)
273 実践女子大学 総推
274 芝浦工業大学(前期日程)
275 芝浦工業大学(全学統一日程・後期日程)
276 十文字学園女子大学
277 淑徳大学
278 順天堂大学(医学部) 医
279 順天堂大学(スポーツ健康科・医療看護・保健看護・国際教養・保健医療・医療科・健康データサイエンス・薬学部) 総推
280 上智大学(神・文・総合人間科学部)
281 上智大学(法・経済学部)
282 上智大学(外国語・総合グローバル学部)
283 上智大学(理工学部)
284 上智大学(TEAPスコア利用方式)
285 湘南工科大学
286 昭和大学(医学部) 医
287 昭和大学(歯・薬・保健医療学部)
288 昭和女子大学
289 昭和薬科大学
290 女子栄養大学・短期大学部 総推
291 白百合女子大学
292 成蹊大学(法学部－A方式)
293 成蹊大学(経済・経営学部－A方式)
294 成蹊大学(文学部－A方式)
295 成蹊大学(理工学部－A方式)
296 成蹊大学(E方式・G方式・P方式)
297 成城大学(経済・社会イノベーション学部－A方式)
298 成城大学(文芸・法学部－A方式)
299 成城大学(S方式〈全学部統一選抜〉)
300 聖心女子大学
301 清泉女子大学
303 聖マリアンナ医科大学 医
304 聖路加国際大学(看護学部)
305 専修大学(スカラシップ・全国入試)
306 専修大学(前期入試〈学部個別入試〉)
307 専修大学(前期入試〈全学部入試・スカラシップ入試〉)

た行(関東の大学)

308 大正大学
309 大東文化大学
310 高崎健康福祉大学
311 拓殖大学
312 玉川大学
313 多摩美術大学
314 千葉工業大学
315 中央大学(法学部－学部別選抜)
316 中央大学(経済学部－学部別選抜)
317 中央大学(商学部－学部別選抜)
318 中央大学(文学部－学部別選抜)
319 中央大学(総合政策学部－学部別選抜)
320 中央大学(国際経営・国際情報学部－学部別選抜)
321 中央大学(理工学部－学部別選抜)
322 中央大学(5学部共通選抜)
323 中央学院大学
324 津田塾大学
325 帝京大学(薬・経済・法・文・外国語・教育・理工・医療技術・福岡医療技術学部)
326 帝京大学(医学部) 医
327 帝京科学大学 総推
328 帝京平成大学 総推
329 東海大学(医〈医〉学部を除く－一般選抜)
330 東海大学(文系・理系学部統一選抜)
331 東海大学(医学部〈医学科〉) 医
332 東京医科大学(医学部〈医学科〉) 医
333 東京家政大学・短期大学部 総推
334 東京経済大学
335 東京工科大学
336 東京工芸大学
337 東京国際大学
338 東京歯科大学
339 東京慈恵会医科大学(医学部〈医学科〉) 医
340 東京情報大学
341 東京女子大学
342 東京女子医科大学(医学部) 医
343 東京電機大学
344 東京都市大学
345 東京農業大学
346 東京薬科大学(薬学部) 総推
347 東京薬科大学(生命科学部) 総推
348 東京理科大学(理学部〈第一部〉－B方式)
349 東京理科大学(創域理工学部－B方式・S方式)
350 東京理科大学(工学部－B方式)
351 東京理科大学(先進工学部－B方式)
352 東京理科大学(薬学部－B方式)
353 東京理科大学(経営学部－B方式)
354 東京理科大学(C方式、グローバル方式、理学部〈第二部〉－B方式)
355 東邦大学(医学部) 医
356 東邦大学(薬学部)

2025年版　大学赤本シリーズ

私立大学②

357 東邦大学(理・看護・健康科学部)
358 東洋大学(文・経済・経営・法・社会・国際・国際観光学部)
359 東洋大学(情報連携・福祉社会デザイン・健康スポーツ科・理工・総合情報・生命科・食環境科学部)
360 東洋大学(英語〈3日程×3カ年〉)
361 東洋大学(国語〈3日程×3カ年〉)
362 東洋大学(日本史・世界史〈2日程×3カ年〉)
363 東洋英和女学院大学
364 常磐大学・短期大学 総推
365 獨協大学
366 獨協医科大学(医学部) 医

な行(関東の大学)

367 二松学舎大学
368 日本大学(法学部)
369 日本大学(経済学部)
370 日本大学(商学部)
371 日本大学(文理学部〈文系〉)
372 日本大学(文理学部〈理系〉)
373 日本大学(芸術学部〈専門試験併用型〉)
374 日本大学(国際関係学部)
375 日本大学(危機管理・スポーツ科学部)
376 日本大学(理工学部)
377 日本大学(生産工・工学部)
378 日本大学(生物資源科学部)
379 日本大学(医学部) 医
380 日本大学(歯・松戸歯学部)
381 日本大学(薬学部)
382 日本大学(N全学統一方式−医・芸術〈専門試験併用型〉学部を除く)
383 日本医科大学 医
384 日本工業大学
385 日本歯科大学
386 日本社会事業大学 総推
387 日本獣医生命科学大学
388 日本女子大学
389 日本体育大学

は行(関東の大学)

390 白鷗大学(学業特待選抜・一般選抜)
391 フェリス女学院大学
392 文教大学
393 法政大学(法〈Ⅰ日程〉・文〈Ⅱ日程〉・経営〈Ⅱ日程〉学部−A方式)
394 法政大学(法〈Ⅱ日程〉・国際文化・キャリアデザイン学部−A方式)
395 法政大学(文〈Ⅰ日程〉・経営〈Ⅰ日程〉・人間環境・グローバル教養学部−A方式)
396 法政大学(経済〈Ⅰ日程〉・社会〈Ⅰ日程〉・現代福祉学部−A方式)
397 法政大学(経済〈Ⅱ日程〉・社会〈Ⅱ日程〉・スポーツ健康学部−A方式)
398 法政大学(情報科・デザイン工・理工・生命科学部−A方式)
399 法政大学(T日程〈統一日程〉・英語外部試験利用入試)
400 星薬科大学 総推

ま行(関東の大学)

401 武蔵大学
402 武蔵野大学
403 武蔵野美術大学
404 明海大学
405 明治大学(法学部−学部別入試)
406 明治大学(政治経済学部−学部別入試)
407 明治大学(商学部−学部別入試)
408 明治大学(経営学部−学部別入試)
409 明治大学(文学部−学部別入試)
410 明治大学(国際日本学部−学部別入試)
411 明治大学(情報コミュニケーション学部−学部別入試)
412 明治大学(理工学部−学部別入試)
413 明治大学(総合数理学部−学部別入試)
414 明治大学(農学部−学部別入試)
415 明治大学(全学部統一入試)
416 明治学院大学(A日程)
417 明治学院大学(全学部日程)
418 明治薬科大学 総推
419 明星大学
420 目白大学・短期大学部

ら・わ行(関東の大学)

421 立教大学(文系学部−一般入試〈大学独自の英語を課さない日程〉)
422 立教大学(国語〈3日程×3カ年〉)
423 立教大学(日本史・世界史〈2日程×3カ年〉)
424 立教大学(文学部−一般入試〈大学独自の英語を課す日程〉)
425 立教大学(理学部−一般入試)
426 立正大学
427 早稲田大学(法学部)
428 早稲田大学(政治経済学部)
429 早稲田大学(商学部)
430 早稲田大学(社会科学部)
431 早稲田大学(文学部)
432 早稲田大学(文化構想学部)
433 早稲田大学(教育学部〈文科系〉)
434 早稲田大学(教育学部〈理科系〉)
435 早稲田大学(人間科・スポーツ科学部)
436 早稲田大学(国際教養学部)
437 早稲田大学(基幹理工・創造理工・先進理工学部)
438 和洋女子大学 総推

中部の大学(50音順)

439 愛知大学
440 愛知医科大学(医学部) 医
441 愛知学院大学・短期大学部
442 愛知工業大学 総推
443 愛知淑徳大学
444 朝日大学 総推
445 金沢医科大学(医学部) 医
446 金沢工業大学
447 岐阜聖徳学園大学 総推
448 金城学院大学
449 至学館大学 総推
450 静岡理工科大学
451 椙山女学園大学
452 大同大学
453 中京大学
454 中部大学
455 名古屋外国語大学 総推
456 名古屋学院大学 総推
457 名古屋学芸大学 総推
458 名古屋女子大学 総推
459 南山大学(外国語〈英米〉・法・総合政策・国際教養学部)
460 南山大学(人文・外国語〈英米を除く〉・経済・経営・理工学部)
461 新潟国際情報大学
462 日本福祉大学
463 福井工業大学
464 藤田医科大学(医学部) 医
465 藤田医科大学(医療科・保健衛生学部)
466 名城大学(法・経営・経済・外国語・人間・都市情報学部)
467 名城大学(情報工・理工・農・薬学部)
468 山梨学院大学

近畿の大学(50音順)

469 追手門学院大学 総推
470 大阪医科薬科大学(医学部) 医
471 大阪医科薬科大学(薬学部) 総推
472 大阪学院大学 総推
473 大阪経済大学 総推
474 大阪経済法科大学 総推
475 大阪工業大学 総推
476 大阪国際大学・短期大学部 総推
477 大阪産業大学 総推
478 大阪歯科大学(歯学部)
479 大阪商業大学 総推
480 大阪成蹊大学・短期大学 総推
481 大谷大学 総推
482 大手前大学・短期大学 総推
483 関西大学(文系)
484 関西大学(理系)
485 関西大学(英語〈3日程×3カ年〉)
486 関西大学(国語〈3日程×3カ年〉)
487 関西大学(日本史・世界史・文系数学〈3日程×3カ年〉)
488 関西医科大学(医学部) 医
489 関西医療大学 総推
490 関西外国語大学・短期大学部 総推
491 関西学院大学(文・法・商・人間福祉・総合政策学部−学部個別日程)
492 関西学院大学(神・社会・経済・国際・教育学部−学部個別日程)
493 関西学院大学(全学部日程〈文系型〉)
494 関西学院大学(全学部日程〈理系型〉)
495 関西学院大学(共通テスト併用日程〈数学〉・英数日程)
496 関西学院大学(英語〈3日程×3カ年〉) 新
497 関西学院大学(国語〈3日程×3カ年〉) 新
498 関西学院大学(日本史・世界史・文系数学〈3日程×3カ年〉) 新
499 畿央大学 総推
500 京都外国語大学・短期大学 総推
502 京都産業大学(公募推薦入試) 総推
503 京都産業大学(一般選抜入試〈前期日程〉)
504 京都女子大学 総推
505 京都先端科学大学 総推
506 京都橘大学 総推
507 京都ノートルダム女子大学 総推
508 京都薬科大学 総推
509 近畿大学・短期大学部(医学部を除く−推薦入試) 総推
510 近畿大学・短期大学部(医学部を除く−一般入試前期)
511 近畿大学(英語〈医学部を除く3日程×3カ年〉)
512 近畿大学(理系数学〈医学部を除く3日程×3カ年〉)
513 近畿大学(国語〈医学部を除く3日程×3カ年〉)
514 近畿大学(医学部−推薦入試・一般入試前期) 医 総推
515 近畿大学・短期大学部(一般入試後期) 医
516 皇學館大学 総推
517 甲南大学 総推
518 甲南女子大学(学校推薦型選抜) 新 総推
519 神戸学院大学 総推
520 神戸国際大学 総推
521 神戸女学院大学 総推
522 神戸女子大学・短期大学 総推
523 神戸薬科大学 総推
524 四天王寺大学・短期大学部 総推
525 摂南大学(公募制推薦入試) 総推
526 摂南大学(一般選抜前期日程)
527 帝塚山学院大学 総推
528 同志社大学(法、グローバル・コミュニケーション学部−学部個別日程)

2025年版　大学赤本シリーズ

私立大学③

529 同志社大学(文・経済学部－学部個別日程)
530 同志社大学(神・商・心理・グローバル地域文化学部－学部個別日程)
531 同志社大学(社会学部－学部個別日程)
532 同志社大学(政策・文化情報〈文系型〉・スポーツ健康科〈文系型〉学部－学部個別日程)
533 同志社大学(理工・生命医科・文化情報〈理系型〉・スポーツ健康科〈理系型〉学部－学部個別日程)
534 同志社大学(全学部日程)
535 同志社女子大学 総推
536 奈良大学 総推
537 奈良学園大学 総推
538 阪南大学 総推
539 姫路獨協大学 総推
540 兵庫医科大学(医学部) 医
541 兵庫医科大学(薬・看護・リハビリテーション学部) 総推
542 佛教大学 総推
543 武庫川女子大学 総推
544 桃山学院大学 総推
545 大和大学・大和大学白鳳短期大学部 総推
546 立命館大学(文系－全学統一方式・学部個別配点方式)／立命館アジア太平洋大学(前期方式・英語重視方式)
547 立命館大学(理系－全学統一方式・学部個別配点方式・理系型3教科方式・薬学方式)
548 立命館大学(英語〈全学統一方式3日程×3カ年〉)
549 立命館大学(国語〈全学統一方式3日程×3カ年〉)
550 立命館大学(文系選択科目〈全学統一方式2日程×3カ年〉)
551 立命館大学(IR方式〈英語資格試験利用型〉・共通テスト併用方式)／立命館アジア太平洋大学(共通テスト併用方式)
552 立命館大学(後期分割方式・「経営学部で学ぶ感性＋共通テスト」方式)／立命館アジア太平洋大学(後期方式)
553 龍谷大学(公募推薦入試) 総推
554 龍谷大学(一般選抜入試)

中国の大学(50音順)

555 岡山商科大学 総推
556 岡山理科大学 総推
557 川崎医科大学 医
558 吉備国際大学 総推
559 就実大学 総推
560 広島経済大学
561 広島国際大学 総推
562 広島修道大学
563 広島文教大学 総推
564 福山大学／福山平成大学
565 安田女子大学 総推

四国の大学(50音順)

567 松山大学

九州の大学(50音順)

568 九州医療科学大学
569 九州産業大学
570 熊本学園大学
571 久留米大学(文・人間健康・法・経済・商学部)
572 久留米大学(医学部〈医学科〉) 医
573 産業医科大学(医学部) 医
574 西南学院大学(商・経済・法・人間科学部－A日程)
575 西南学院大学(神・外国語・国際文化学部－A日程／全学部－F日程)
576 福岡大学(医学部医学科を除く－学校推薦型選抜・一般選抜系統別日程) 総推
577 福岡大学(医学部医学科を除く－一般選抜前期日程)
578 福岡大学(医学部〈医学科〉－学校推薦型選抜・一般選抜系統別日程) 医 総推
579 福岡工業大学
580 令和健康科学大学 総推

医 医学部医学科を含む
総推 総合型選抜または学校推薦型選抜を含む
DL リスニング音声配信　新 2024年 新刊・復刊

掲載している入試の種類や試験科目，収載年数などはそれぞれ異なります。詳細については，それぞれの本の目次や赤本ウェブサイトでご確認ください。

難関校過去問シリーズ

出題形式別・分野別に収録した
「入試問題事典」
20大学 73点

定価**2,310～2,640**円(本体2,100～2,400円)

先輩合格者はこう使った!
「難関校過去問シリーズの使い方」

61年，全部載せ!
要約演習で，総合力を鍛える

東大の英語
要約問題 UNLIMITED

国公立大学

東大の英語25カ年[第12版] 改
東大の英語リスニング20カ年[第9版] DL 改
東大の英語 要約問題 UNLIMITED
東大の文系数学25カ年[第12版] 改
東大の理系数学25カ年[第12版] 改
東大の現代文25カ年[第12版] 改
東大の古典25カ年[第12版] 改
東大の日本史25カ年[第9版] 改
東大の世界史25カ年[第9版] 改
東大の地理25カ年[第9版] 改
東大の物理25カ年[第9版] 改
東大の化学25カ年[第9版] 改
東大の生物25カ年[第9版] 改
東工大の英語20カ年[第8版] 改
東工大の数学20カ年[第9版] 改
東工大の物理20カ年[第5版] 改
東工大の化学20カ年[第5版] 改
一橋大の英語20カ年[第9版] 改
一橋大の数学20カ年[第9版] 改
一橋大の国語20カ年[第6版] 改
一橋大の日本史20カ年[第6版] 改
一橋大の世界史20カ年[第6版] 改
筑波大の英語15カ年 新
筑波大の数学15カ年 新
京大の英語25カ年[第12版]
京大の文系数学25カ年[第12版]
京大の理系数学25カ年[第12版]
京大の現代文25カ年[第2版]
京大の古典25カ年[第2版]
京大の日本史20カ年[第3版]
京大の世界史20カ年[第3版]
京大の物理25カ年[第9版]
京大の化学25カ年[第9版]
北大の英語15カ年[第8版]
北大の理系数学15カ年[第8版]
北大の物理15カ年[第2版]
北大の化学15カ年[第2版]
東北大の英語15カ年[第8版]
東北大の理系数学15カ年[第8版]
東北大の物理15カ年[第2版]
東北大の化学15カ年[第2版]
名古屋大の英語15カ年[第8版]
名古屋大の理系数学15カ年[第8版]
名古屋大の物理15カ年[第2版]
名古屋大の化学15カ年[第2版]
阪大の英語20カ年[第9版]
阪大の文系数学20カ年[第3版]
阪大の理系数学20カ年[第9版]
阪大の国語15カ年[第3版]
阪大の物理20カ年[第8版]
阪大の化学20カ年[第6版]
九大の英語15カ年[第8版]
九大の理系数学15カ年[第7版]
九大の物理15カ年[第2版]
九大の化学15カ年[第2版]
神戸大の英語15カ年[第9版]
神戸大の数学15カ年[第5版]
神戸大の国語15カ年[第3版]

私立大学

早稲田の英語[第11版] 改
早稲田の国語[第9版] 改
早稲田の日本史[第9版] 改
早稲田の世界史[第2版] 改
慶應の英語[第11版] 改
慶應の小論文[第3版] 改
明治大の英語[第9版] 改
明治大の国語[第2版] 改
明治大の日本史[第2版] 改
中央大の英語[第9版] 改
法政大の英語[第9版] 改
同志社大の英語[第10版]
立命館大の英語[第10版]
関西大の英語[第10版]
関西学院大の英語[第10版]

DL リスニング音声配信
新 2024年 新刊
改 2024年 改訂

共通テスト対策関連書籍

共通テスト対策も赤本で

① 過去問演習

2025年版

共通テスト赤本シリーズ

全12点

A5判／定価1,320円（本体1,200円）

- 英国数には新課程対応オリジナル実戦模試 掲載！
- 公表された新課程試作問題はすべて掲載！
- くわしい対策講座で得点力UP
- 英語はリスニングを10回分掲載！赤本の音声サイトで本番さながらの対策！

- 英語 リーディング／リスニング DL
- 数学I, A／II, B, C
- 国語
- 歴史総合, 日本史探究
- 歴史総合, 世界史探究
- 地理総合, 地理探究
- 公共, 倫理
- 公共, 政治・経済
- 物理
- 化学
- 生物
- 物理基礎／化学基礎／生物基礎／地学基礎

DL 音声無料配信

② 自己分析

赤本ノートシリーズ　**過去問演習の効果を最大化**

▶共通テスト対策には

赤本ノート（共通テスト用）

赤本ルーズリーフ（共通テスト用）

共通テスト赤本シリーズ

新課程攻略問題集

全26点に対応!!

▶二次・私大対策には

大学赤本シリーズ

全556点に対応!!

赤本ノート（二次・私大用）

③ 重点対策

共通テスト赤本プラス

新課程攻略問題集

基礎固め&苦手克服のための分野別対策問題集!!
厳選された問題でかしこく対策

- 英語リーディング
- 英語リスニング DL
- 数学I, A
- 数学II, B, C
- 国語（現代文）
- 国語（古文, 漢文）
- 歴史総合, 日本史探究
- 歴史総合, 世界史探究
- 地理総合, 地理探究
- 公共, 政治・経済
- 物理
- 化学
- 生物
- 情報I

DL 音声無料配信

全14点 好評発売中！

A5判／定価1,320円（本体1,200円）

手軽なサイズの実戦的参考書

目からウロコのコツが満載！

直前期にも！

満点のコツシリーズ

赤本ポケット

いつも受験生のそばに―赤本

大学入試シリーズ＋α
入試対策も共通テスト対策も赤本で

入試対策

赤本プラス

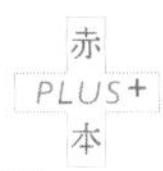

赤本プラスとは，**過去問演習の効果を最大にする**ためのシリーズです。「赤本」であぶり出された弱点を，赤本プラスで克服しましょう。

大学入試 すぐわかる**英文法** DL
大学入試 ひと目でわかる**英文読解**
大学入試 絶対できる**英語リスニング** DL
大学入試 すぐ書ける**自由英作文**
大学入試 ぐんぐん読める
　英語長文〔BASIC〕 DL
大学入試 ぐんぐん読める
　英語長文〔STANDARD〕 DL
大学入試 ぐんぐん読める
　英語長文〔ADVANCED〕 DL
大学入試 正しく書ける**英作文**
大学入試 最短でマスターする
　数学I・II・III・A・B・C
大学入試 突破力を鍛える**最難関の数学**
大学入試 知らなきゃ解けない
　古文常識・和歌
大学入試 ちゃんと身につく**物理**
大学入試 もっと身につく
　物理問題集（①力学・波動）
大学入試 もっと身につく
　物理問題集（②熱力学・電磁気・原子）

入試対策

英検®赤本シリーズ

英検®（実用英語技能検定）の対策書。
過去問集と参考書で万全の対策ができます。

▶過去問集（2024年度版）
英検®準1級過去問集 DL
英検®2級過去問集 DL
英検®準2級過去問集 DL
英検®3級過去問集 DL

▶参考書
竹岡の英検®準1級マスター DL
竹岡の英検®2級マスター CD DL
竹岡の英検®準2級マスター CD DL
竹岡の英検®3級マスター CD DL

CD リスニングCDつき　DL 音声無料配信
新 2024年新刊・改訂

入試対策

赤本プレミアム

赤本の教学社だからこそ作れた，
過去問ベストセレクション

東大数学プレミアム
東大現代文プレミアム
京大数学プレミアム〔改訂版〕
京大古典プレミアム

入試対策

赤本メディカルシリーズ

過去問を徹底的に研究し，独自の出題傾向をもつメディカル系の入試に役立つ内容を精選した実戦的なシリーズ。

〔国公立大〕医学部の英語〔3訂版〕
私立医大の英語〔長文読解編〕〔3訂版〕
私立医大の英語〔文法・語法編〕〔改訂版〕
医学部の実戦小論文〔3訂版〕
医歯薬系の英単語〔4訂版〕
医系小論文 最頻出論点20〔4訂版〕
医学部の面接〔4訂版〕

入試対策

体系シリーズ

国公立大二次・難関私大突破へ，自学自習に適したハイレベル問題集。

体系英語長文　体系世界史
体系英作文　体系物理〔第7版〕
体系現代文

入試対策

単行本

▶英語
Q&A即決英語勉強法
TEAP攻略問題集 CD
東大の英単語〔新装版〕
早慶上智の英単語〔改訂版〕

▶国語・小論文
著者に注目! 現代文問題集
ブレない小論文の書き方 樋口式ワークノート

▶レシピ集
奥薗壽子の赤本合格レシピ

入試対策　共通テスト対策

赤本手帳

赤本手帳（2025年度受験用） プラムレッド
赤本手帳（2025年度受験用） インディゴブルー
赤本手帳（2025年度受験用） ナチュラルホワイト

入試対策

風呂で覚えるシリーズ

水をはじく特殊な紙を使用。いつでもどこでも読めるから，ちょっとした時間を有効に使える！

風呂で覚える英単語〔4訂新装版〕
風呂で覚える英熟語〔改訂新装版〕
風呂で覚える古文単語〔改訂新装版〕
風呂で覚える古文文法〔改訂新装版〕
風呂で覚える漢文〔改訂新装版〕
風呂で覚える日本史〔年代〕〔改訂新装版〕
風呂で覚える世界史〔年代〕〔改訂新装版〕
風呂で覚える倫理〔改訂版〕
風呂で覚える百人一首〔改訂版〕

共通テスト対策

満点のコツシリーズ

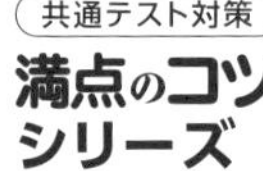

共通テストで満点を狙うための実戦的参考書。
重要度の増したリスニング対策は
「カリスマ講師」竹岡広信が一回読みにも
対応できるコツを伝授！

共通テスト英語〔リスニング〕
　満点のコツ〔改訂版〕 新 DL
共通テスト古文 満点のコツ〔改訂版〕 新
共通テスト漢文 満点のコツ〔改訂版〕 新

入試対策　共通テスト対策

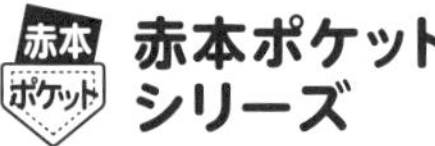

赤本ポケットシリーズ

▶共通テスト対策
共通テスト日本史〔文化史〕

▶系統別進路ガイド
デザイン系学科をめざすあなたへ

大学赤本シリーズ

赤本ウェブサイト

過去問の代名詞として、70年以上の伝統と実績。

新刊案内・特集ページも充実！
受験生の「知りたい」に答える

akahon.netでチェック！

志望大学の赤本の刊行状況を確認できる！

「赤本取扱い書店検索」で赤本を置いている書店を見つけられる！

赤本チャンネル＆赤本ブログ

YouTubeやTikTokで受験対策！

赤本チャンネル

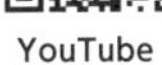

TikTok

人気講師の大学別講座や
共通テスト対策など、
受験に役立つ動画 を公開中！

赤本ブログ

受験のメンタルケア、合格者の声など、
受験に役立つ記事 が充実。

2025年版　大学赤本シリーズ　No. 281
上智大学（法学部・経済学部）

編　集　教学社編集部
発行者　上原 寿明
発行所　教学社
〒606-0031
京都市左京区岩倉南桑原町56
電話　075-721-6500
振替　01020-1-15695
印　刷　加藤文明社

2024年7月10日　第1刷発行
ISBN978-4-325-26339-5
定価は裏表紙に表示しています